科学家学术成长资料采集工程

工程院院士传记丛书

出乎其经

沈志强传

戴志强 吴 慧 陈 洁◎著

年   1949 年 1953 年 1956 年 1960 年   1991 年 1997 年

江湖州 加入中国共产党 加入中科院上海药 留学金苏医学科学 成为国防科研项目首席科学家 获国家自然科学二等奖 当选中国工程院院士
           物所血防任务组 院实验医学研究所

老科学家学术成长资料采集工程
中国工程院院士传记 丛书

池志强 传

神乎其经

戴志强 吴慧 陈洁◎著

中国科学技术出版社
上海交通大学出版社

图书在版编目（CIP）数据

神乎其经：池志强传／戴志强，吴慧，陈洁著 . —北京：中国科学技术出版社，2017.4

（老科学家学术成长资料采集工程丛书　中国工程院院士传记丛书）

ISBN 978-7-5046-7440-1

I. ①神… II. ①戴… ②吴… ③陈… III. ①池志强－传记 IV. ① K826.2

中国版本图书馆 CIP 数据核字 (2017) 第 067638 号

责任编辑	韩　颖　何红哲	
责任校对	焦　宁	
责任印制	张建农	
版式设计	中文天地	

出　　版	中国科学技术出版社　上海交通大学出版社	
发　　行	中国科学技术出版社发行部	
地　　址	北京市海淀区中关村南大街 16 号	
邮　　编	100081	
发行电话	010-62173865	
传　　真	010-62173081	
网　　址	http://www.cspbooks.com.cn	

开　　本	787mm×1092mm　1/16	
字　　数	243 千字	
印　　张	14.75	
彩　　插	2	
版　　次	2017 年 5 月第 1 版	
印　　次	2017 年 5 月第 1 次印刷	
印　　刷	北京华联印刷有限公司	
书　　号	ISBN 978-7-5046-7440-1 / K·208	
定　　价	62.00 元	

老科学家学术成长资料采集工程简介

　　老科学家学术成长资料采集工程（以下简称"采集工程"）是根据国务院领导同志的指示精神，由国家科教领导小组于 2010 年正式启动，中国科协牵头，联合中组部、教育部、科技部、工信部、财政部、文化部、国资委、解放军总政治部、中国科学院、中国工程院、国家自然科学基金委员会等 11 部委共同实施的一项抢救性工程，旨在通过实物采集、口述访谈、录音录像等方法，把反映老科学家学术成长历程的关键事件、重要节点、师承关系等各方面的资料保存下来，为深入研究科技人才成长规律，宣传优秀科技人物提供第一手资料和原始素材。

　　采集工程是一项开创性工作。为确保采集工作规范科学，启动之初即成立了由中国科协主要领导任组长、12 个部委分管领导任成员的领导小组，负责采集工程的宏观指导和重要政策措施制定，同时成立领导小组专家委员会负责采集原则确定、采集名单审定和学术咨询，委托科学史学者承担学术指导与组织工作，建立专门的馆藏基地确保采集资料的永久性收藏和提供使用，并研究制定了《采集工作流程》《采集工作规范》等一系列基础文件，作为采集人员的工作指南。截至 2016 年 6 月，已启动 400 多位老科学家的学术成长资料采集工作，获得手稿、书信等实物原件资料 73968件，数字化资料 178326 件，视频资料 4037 小时，音频资料 4963 小时，具有重要的史料价值。

　　采集工程的成果目前主要有三种体现形式，一是建设"中国科学家博物馆网络版"，提供学术研究和弘扬科学精神、宣传科学家之用；二是编辑制作科学家专题资料片系列，以视频形式播出；三是研究撰写客观反映老科学家学术成长经历的研究报告，以学术传记的形式，与中国科学院、中国工程院联合出版。随着采集工程的不断拓展和深入，将有更多形式的采集成果问世，为社会公众了解老科学家的感人事迹，探索科技人才成长规律，研究中国科技事业的发展历程提供客观翔实的史料支撑。

总序一

中国科学技术协会主席　韩启德

　　老科学家是共和国建设的重要参与者，也是新中国科技发展历史的亲历者和见证者，他们的学术成长历程生动反映了近现代中国科技事业与科技教育的进展，本身就是新中国科技发展历史的重要组成部分。针对近年来老科学家相继辞世、学术成长资料大量散失的突出问题，中国科协于2009年向国务院提出抢救老科学家学术成长资料的建议，受到国务院领导同志的高度重视和充分肯定，并明确责成中国科协牵头，联合相关部门共同组织实施。根据国务院批复的《老科学家学术成长资料采集工程实施方案》，中国科协联合中组部、教育部、科技部、工业和信息化部、财政部、文化部、国资委、解放军总政治部、中国科学院、中国工程院、国家自然科学基金委员会等11部委共同组成领导小组，从2010年开始组织实施老科学家学术成长资料采集工程。

　　老科学家学术成长资料采集是一项系统工程，通过文献与口述资料的搜集和整理、录音录像、实物采集等形式，把反映老科学家求学历程、师承关系、科研活动、学术成就等学术成长中关键节点和重要事件的口述资料、实物资料和音像资料完整系统地保存下来，对于充实新中国科技发展的历史文献，理清我国科技界学术传承脉络，探索我国科技发展规律和科技人才成长规律，弘扬我国科技工作者求真务实、无私奉献的精神，在全社会营造爱科学、学科学、用科学的良好氛围，是一件很有意义的事情。采集工程把重点放在年龄在 80 岁以上、学术成长经历丰富的两院院士，以及虽然不是两院院士、但在我国科技事业发展中作出突出贡献的老科技工作者，充分体现了党和国家对老科学家的关心和爱护。

自 2010 年启动实施以来，采集工程以对历史负责、对国家负责、对科技事业负责的精神，开展了一系列工作，获得大量反映老科学家学术成长历程的文字资料、实物资料和音视频资料，其中有一些资料具有很高的史料价值和学术价值，弥足珍贵。

以传记丛书的形式把采集工程的成果展现给社会公众，是采集工程的目标之一，也是社会各界的共同期待。在我看来，这些传记丛书大都是在充分挖掘档案和书信等各种文献资料、与口述访谈相互印证校核、严密考证的基础之上形成的，内中还有许多很有价值的照片、手稿影印件等珍贵图片，基本做到了图文并茂，语言生动，既体现了历史的鲜活，又立体化地刻画了人物，较好地实现了真实性、专业性、可读性的有机统一。通过这套传记丛书，学者能够获得更加丰富扎实的文献依据，公众能够更加系统深入地了解老一辈科学家的成就、贡献、经历和品格，青少年可以更真实地了解科学家、了解科技活动，进而充分激发对科学家职业的浓厚兴趣。

借此机会，向所有接受采集的老科学家及其亲属朋友，向参与采集工程的工作人员和单位，表示衷心感谢。真诚希望这套丛书能够得到学术界的认可和读者的喜爱，希望采集工程能够得到更广泛的关注和支持。我期待并相信，随着时间的流逝，采集工程的成果将以更加丰富多样的形式呈现给社会公众，采集工程的意义也将越来越彰显于天下。

是为序。

总序二

中国科学院院长　白春礼

　　由国家科教领导小组直接启动，中国科学技术协会和中国科学院等 12 个部门和单位共同组织实施的老科学家学术成长资料采集工程，是国务院交办的一项重要任务，也是中国科技界的一件大事。值此采集工程传记丛书出版之际，我向采集工程的顺利实施表示热烈祝贺，向参与采集工程的老科学家和工作人员表示衷心感谢！

　　按照国务院批准实施的《老科学家学术成长资料采集工程实施方案》，开展这一工作的主要目的就是要通过录音录像、实物采集等多种方式，把反映老科学家学术成长历史的重要资料保存下来，丰富新中国科技发展的历史资料，推动形成新中国的学术传统，激发科技工作者的创新热情和创造活力，在全社会营造爱科学、学科学、用科学的良好氛围。通过实施采集工程，系统搜集、整理反映这些老科学家学术成长历程的关键事件、重要节点、学术传承关系等的各类文献、实物和音视频资料，并结合不同时期的社会发展和国际相关学科领域的发展背景加以梳理和研究，不仅有利于深入了解新中国科学发展的进程特别是老科学家所在学科的发展脉络，而且有利于发现老科学家成长成才中的关键人物、关键事件、关键因素，探索和把握高层次人才培养规律和创新人才成长规律，更有利于理清我国科技界学术传承脉络，深入了解我国科学传统的形成过程，在全社会范围内宣传弘扬老科学家的科学思想、卓越贡献和高尚品质，推动社会主义科学文化和创新文化建设。从这个意义上说，采集工程不仅是一项文化工程，更是一项严肃认真的学术建设工作。

中国科学院是科技事业的国家队，也是凝聚和团结广大院士的大家庭。早在1955年，中国科学院选举产生了第一批学部委员，1993年国务院决定中国科学院学部委员改称中国科学院院士。半个多世纪以来，从学部委员到院士，经历了一个艰难的制度化进程，在我国科学事业发展史上书写了浓墨重彩的一笔。在目前已接受采集的老科学家中，有很大一部分即是上个世纪80、90年代当选的中国科学院学部委员、院士，其中既有学科领域的奠基人和开拓者，也有作出过重大科学成就的著名科学家，更有毕生在专门学科领域默默耕耘的一流学者。作为声誉卓著的学术带头人，他们以发展科技、服务国家、造福人民为己任，求真务实、开拓创新，为我国经济建设、社会发展、科技进步和国家安全作出了重要贡献；作为杰出的科学教育家，他们着力培养、大力提携青年人才，在弘扬科学精神、倡树科学理念方面书写了可歌可泣的光辉篇章。他们的学术成就和成长经历既是新中国科技发展的一个缩影，也是国家和社会的宝贵财富。通过采集工程为老科学家树碑立传，不仅对老科学家们的成就和贡献是一份肯定和安慰，也使我们多年的夙愿得偿！

鲁迅说过，"跨过那站着的前人"。过去的辉煌历史是老一辈科学家铸就的，新的历史篇章需要我们来谱写。衷心希望广大科技工作者能够通过"采集工程"的这套老科学家传记丛书和院士丛书等类似著作，深入具体地了解和学习老一辈科学家学术成长历程中的感人事迹和优秀品质；继承和弘扬老一辈科学家求真务实、勇于创新的科学精神，不畏艰险、勇攀高峰的探索精神，团结协作、淡泊名利的团队精神，报效祖国、服务社会的奉献精神，在推动科技发展和创新型国家建设的广阔道路上取得更辉煌的成绩。

总序三

中国工程院院长　周　济

　　由中囯科协联合相关部门共同组织实施的老科学家学术成长资料采集工程，是一项经国务院批准开展的弘扬老一辈科技专家崇高精神、加强科学道德建设的重要工作，也是我国科技界的共同责任。中国工程院作为采集工程领导小组的成员单位，能够直接参与此项工作，深感责任重大、意义非凡。

　　在新的历史时期，科学技术作为第一生产力，已经日益成为经济社会发展的主要驱动力。科技工作者作为先进生产力的开拓者和先进文化的传播者，在推动科学技术进步和科技事业发展方面发挥着关键的决定的作用。

　　新中囯成立以来，特别是改革开放 30 多年来，我们国家的工程科技取得了伟大的历史性成就，为祖国的现代化事业作出了巨大的历史性贡献。两弹一星、三峡工程、高速铁路、载人航天、杂交水稻、载人深潜、超级计算机……一项项重大工程为社会主义事业的蓬勃发展和祖国富强书写了浓墨重彩的篇章。

　　这些伟大的重大工程成就，凝聚和倾注了以钱学森、朱光亚、周光召、侯祥麟、袁隆平等为代表的一代又一代科技专家们的心血和智慧。他们克服重重困难，攻克无数技术难关，潜心开展科技研究，致力推动创新发展，为实现我国工程科技水平大幅提升和国家综合实力显著增强作出了杰出贡献。他们热爱祖国，忠于人民，自觉把个人事业融入到国家建设大局之中，为实现国家富强而不断奋斗；他们求真务实，勇于创新，用科技为中华民族的伟大复兴铸就了辉煌；他们治学严谨，鞠躬尽瘁，具有崇高的科学精神和科学道德，是我们后代学习的楷模。科学家们的一生是一本珍贵的教科书，他们坚定的理想信念和淡泊名利的崇高品格是中华民族自强不息精神的宝贵财富，永远值得后人铭记和敬仰。

通过实施采集工程，把反映老科学家学术成长经历的重要文字资料、实物资料和音像资料保存下来，把他们卓越的技术成就和可贵的精神品质记录下来，并编辑出版他们的学术传记，对于进一步宣传他们为我国科技发展和民族进步作出的不朽功勋，引导青年科技工作者学习继承他们的可贵精神和优秀品质，不断攀登世界科技高峰，推动在全社会弘扬科学精神，营造爱科学、讲科学、学科学、用科学的良好氛围，无疑有着十分重要的意义。

中国工程院是我国工程科技界的最高荣誉性、咨询性学术机构，集中了一大批成就卓著、德高望重的老科技专家。以各种形式把他们的学术成长经历留存下来，为后人提供启迪，为社会提供借鉴，为共和国的科技发展留下一份珍贵资料。这是我们的愿望和责任，也是科技界和全社会的共同期待。

周济

池志强

2015 年 5 月 20 日，池志强与采集小组合影

2012 年 9 月 20 日，秦伯益与戴志强（左）、陈洁（右）在上海合影

2012 年 9 月 25 日，丁光生与戴志强（左）、吴慧（右）在上海药物所办公室合影

序

　　中国科办组织实施"老科学家学术成长资料采集工程"项目，把我列入了采集对象之一。2011年夏天，戴志强和项目筹备小组人员来到我办公室，说明列项宗旨和项目的实施计划后，我看了相关文件和材料，觉得为了推动我国科学技术的发展，从采集老科学家的学术成长资料着手，来整理、保存20世纪以来的我国科技发展史料是一件好事。但自己贡献不大，另外长期从事国防科研，没什么好说的。他们认为，我是国防科研大协作组负责人，还得了奖；神经药理学涉及基础研究和民生健康，这个领域不可或缺；把我列为对象肯定是有代表性的。我只好勉为其难地答应尽力配合。

　　一年多来，采集小组忙忙碌碌，非常辛苦。他们上山下乡，去了我念书的山林寺院，走访了我的家乡；专程去北京、杭州、台州等地的有关学校、档案馆、图书馆查阅有关原始资料。他们收集我的工作、生活照片，整理有关文件、手稿、信件、报道、文章、著作，制订了撰写研究报告的目录大纲。他们对我及我的亲友、同事、学生等相关人员进行了录像、录音采访，在此基础上采集小组梳理出我的大事年表。随着采访工作的深入，他们把完成的研究报告文字稿逐章送我过目。其间，采集小组不断地对文稿中涉及的重要历史人物、事件进行调研、考证，对文稿内容、文字进行修改、完善。有些我没有搞清的事情他们为我搞清了，有些我不知道的事情他们给挖掘出来了。采集小组的工作是非常有成效的。在2013年春节到来之际，终于完成了研究报告，较为详细地反映了我一生经历和学术成长的主要史实。对此我深表感谢。

我出生在一个知识分子家庭，从小兴趣广泛。受中学老师的影响，爱上了化学。为了谋生出路，又转学药学。大学期间，在爱国学生运动的熏陶下，我投身革命，加入了中共地下党。我服从组织调配，养成了做一行、爱一行、钻研一行、自己努力创造工作条件的习惯。这种敬业精神，为我以后从事科研工作带来了好处。由于家庭经济条件比较困难，我很早就开始自食其力，当过小学教师、中学教师、家庭教师，当过水文站的工人，还留校当过大学老师。这些经历使我的表达能力和思维逻辑能力得到提高，也使我懂得一个道理：生活中、工作中、社会实践中都存在大量学问，无论干什么事只要虚心学习，就可从中获得终生受用的教益。

从国家需要出发，我开始了一辈子从事药理研究的航程。先后参与了血吸虫病防治药物研究，负责防治辐射损伤药物以及国防科研任务等多项研究。从20世纪70年代，开始新的强效镇痛剂的寻找。在总结前人经验的基础上，举一反三，发掘一定的规律来指导工作，这是科研创新的动力和源泉。我们在获得羟甲芬太尼高强度镇痛剂后，从应用研究及时转入基础性研究，确立了开展羟甲芬太尼与阿片受体结合机理研究和 μ 阿片受体结构研究的学术导向，依靠整个研究团队的齐心协力，取得了被国际同行验证、认可的系列重要成果。

神经药理学的兴起和发展是现代药理学研究的重点方向和前途所在。科学研究需要看准方向，不断深入。当今神经药理学研究更需要多学科的交叉合作、协同作战，才能得到高效率的进展。这是我在科研道路上的一些心得体会。

池志强
2013.2.21

目　录

图片目录

导 言

　　池志强院士是我国著名的神经药理学家，对于他的传记的取名可谓深思熟虑。最后选用《神乎其经：池志强传》作为书名的主要思路是取"神"之"奇异莫测，异乎寻常"的含意，做"高水平"的解释；取"经"之"被尊重为典范的著作"及"经历"的含意，做"学术人生"的解释；而"神经"又是学科名称。用"神乎其经"来形容池志强在神经领域的非凡学术生涯，简明而有内涵，希冀引起读者的思索和深入了解的兴趣。

　　1924 年 11 月 16 日，池志强出生于浙江省湖州的一个知识分子家庭，祖籍浙江省黄岩县。初中、高中及大学一、二年级因日寇侵犯，学校避难，而在山林寺院上课。其间为照顾弟妹和因家境困难，两次辍学，四次从教。1946 年 8 月，从浙江大学龙泉分校化学系转入药学系学习。1949 年 8 月，以首届药学系第一名的成绩毕业留校，任药物化学教授张其楷的助教。1951 年 1 月，他无条件服从组织调动，成为浙江省文化事业管理局科普科二部，兼任科普协会浙江省分会业务部部长，后晋升社会文化科副科长、电影科科长。1953 年 7 月，根据中央"开展科技人员归队工作"的安排，调入中国科学院上海药物研究所，从事血吸虫防治药物研究工作。1955 年，经推荐、考试进入留苏预备学校学习。1956 年 8 月，成为苏联列宁格勒市儿科医学院药理学教研室主任卡拉西克院士的研究生，兼任列宁格勒市中国留学生党总支书记。三年后，他的副博士论文证明由中国化学家合成的二巯基丁二酸钠较苏联合成的二巯基丙基磺酸钠对血吸虫病治疗锑剂吐酒石的治疗指数高一倍而让导师刮目相看。自苏联学成归国后，他长期担任中科院上海药物研究所第五研究室室主任。从 60 年代起，任防护辐射损伤特种药物研究和 6003 国防科研大协作组的首席科学家。期间，他努力克服"文化大革命"的干扰，组织协调参事的七个单位近百人研究队伍团结奋进，出色完成了任务。70 年代起，注重军民结合，开创了强效镇痛剂和神经受体研究新方向，是国内最早开展阿片受体及其亚型高选择性配体研究并取得突出成就的科学家。他带领团队取得的系列重大成果包括：

（1）羟甲芬太尼的发现及阿片受体选择性配体研究。独创设计并系统研究了 3- 甲基芬太尼衍生物，从中找到一个作用极强的强效镇痛剂羟甲芬太尼，其镇痛强度为吗啡的 6300 倍，是一个高选择性、高亲和力的 μ 受体激动剂。"羟甲芬太尼高选择性 μ 阿片受体激动剂研究"获中国科学院科技进步二等奖和国家自然科学二等奖，研究成果得到国际同行承认。1986 年，池志强当选国际麻醉品研究会执委，这是阿片类研究领域唯一的国际学术权威机构，而他本人是担任该组织执委的首位中国人。

（2）羟甲芬太尼手性化合物研究。定向合成了 8 个羟甲芬太尼的异构体，系统比较了 8 个异构体的药理特性，其中以 F-9204 的作用最强，是吗啡的 6182 倍；发现 F-9204 及 F-9202 两个异构体是目前国际上选择性最高的 μ 受体激动剂，它们对 μ 受体结合亲和力与 δ 受体结合亲和力之比可达 2 万多倍。在上述研究基础上，池志强实验室又对 8 个羟甲芬太尼立体异构体进行结构修饰，合成了一批衍生物。发现对氟羟甲芬太尼是一类具有临床潜能的长效镇痛剂，其镇痛效能比吗啡强 8786 倍，是继羟甲芬太尼之后又一个超级镇痛剂。"羟甲芬太尼立体异构体的结构功能研究"成果于 2002 年获得上海市自然科学奖二等奖。此外，池志强还领导"氮杂二环壬烷衍生物研究"获得中科院自然科学奖三等奖。

（3）阿片受体的纯化和三维结构计算机模拟及羟甲芬太尼与 μ 受体

结合位点研究。自从 μ 阿片受体在脑内存在被确认后，对 μ 阿片受体结构的研究就成为举世瞩目的重大课题。池志强悉心指导研究生纯化 μ 阿片受体获得成功，而且较国际上宣称纯化成功的三个实验室更具创新特色。为了阐明 μ 阿片受体的三维结构，在未获得足够蛋白的情况下，池志强与陈凯先院士实验室合作，采用计算机模拟构建了 μ 阿片受体三维结构，在国际上首先发表了有关文章，同时还预测了羟甲芬太尼与 μ 阿片受体的可能结合位点。经美国同行验证，证明羟甲芬太尼与 μ 阿片受体结合位点中三个氨基酸残基确具有重要作用。为了制备足够数量的 μ 受体蛋白，池志强研究建立了 μ 阿片受体的高表达系统，采用 Sf 9 昆虫细胞为表达系统取得进展。在此过程中，首次发现人 μ 阿片受体存在二聚体结构，并深入研究了同源二聚体的内吞及循环机制，成为引领二聚体研究之先驱。

从 1978 年 8 月起，池志强肩挑几副重担，先后兼任上海药物所科研处处长、副所长和中科院上海分院副院长，为研究所化学与生物两学科的平衡协调发展、推动药物基础研究、加大中科院沪区各所生物技术的科研投入和拓展国际合作谋篇布略，成绩卓著。1988 年 10 月起，他兼任《生命科学信息》（一年后改名《生命科学》）主编，为生命科学的学术传播殚精竭虑，获得了诸多荣誉。

鉴于他的突出成就，池志强于 1997 年被评为中国工程院院士。

采集小组构成及运行机制

2011 年 4 月，中科院上海药物所同时启动池志强等三位院士学术成长资料的采集工程项目。该项目由所党委书记成建军牵头，所信息中心高柳滨主任总负责。池志强院士采集工程小组成员共 5 名，组长戴志强和吴慧为信息中心人员，负责采集工程的主体工作和传记撰写；上海科学事业发展中心主任张弘负责协调及联系视频拍摄；另有传主弟子的课题组人员陈洁负责与传主联络、资料采集和部分传记撰写工作；所档案室工作人员俞伟娟在半年后退出小组。2012 年 3 月，返聘陈黎琳老师为三个采集小组进行资料整理及编目工作。

在项目运行时，三个组统筹采购设备并互相借用。根据需要充分调用信息中心的现有资源，请网络部的老师负责采访现场的照片拍摄，信息服务部的老师负责论文的全文传递及各类资料的复印、扫描等。三个采集小组建立了良好的交流机制，经常就重要节点及重大问题开展业务研讨，成建军书记经常赶来参加，了解需求，给予指导。项目组内遇到了困难，随时沟通或请示，以便及时解决问题。此外，我们积极参加了中国科协及上海科协组织的每次学习、交流活动，回所后还组织了传达和讨论，以求目标明晰、步调一致。

采集工作思路与流程

自2011年4月参加"老科学家学术成长资料采集工程培训"后，采集工程小组购买及借阅各类相关书籍，学习口述访谈的知识，阅读了中国科技史、现代传记学和多种名人传记。在初步了解传主生平概貌和重要成果的基础上，采集工程小组对其学术成长过程进行了系统分析，拟定了采集思路，即以时间发展为主线，围绕其家庭背景、求学经历、师承关系、学术攻略等主要环节，梳理出对其学术成长产生深刻影响的关键场合、关键人物及关键事件，抓住这些关键点，由点及面地收集资料、采访考察，尽可能详细地先行完成传主的大事年表，为后续研究报告的撰写、理顺传主的学术思想脉络、提炼学术成长特征创造了条件。

因传主年老体弱、记忆力衰退，对早年经历的史实回忆有些困难。此种状况向科协领导汇报后，指示我们可以减少对传主本人的采访。为此，我们在加强档案查阅和资料收集的同时，把口述采访重点扩大到传主的同事、部下和相关外围人员，向传主所有已毕业的研究生发出了学术成长资料征集函。对相关人员访谈之前，先就访谈的主题和内容进行详尽的案头准备，写出访谈提纲，列出可以追问的线索。访谈提纲至少早3天交给被访谈人做准备，力求每次访谈的深度和翔实。其次，从传主的人事档案中寻找线索，开始实地采访工作。我们沿着池志强的成长轨迹，尽可能地进行了实地调研，对池志强曾经生活和学习过的环境、乡情、文化有了切身感受。同时，通过对浙江省、浙江大学、浙江大学龙泉分校旧址、台州市黄岩区、黄岩县立中学、台州中学、北京外国语大学档案馆（室）和上海图书馆等地相关资料的调研，获取了很有价值的传主学术成长的证明性及补充性资料，对池志强人生各阶段的经历在他学术成长历程中的地位和作用有了进一步的认识和把握。

我们以查阅传主的人事档案、相关科研档案和文书档案所获得的资料为基础，随着访谈和实地采访工作的推进，池志强一生各个时期的重要经历所涉及的人、事、时间和地点逐渐明晰，采集工程小组也随之充实、完善了传主的大事年表。据此，我们对已收集的传主相关资料进行了详细解读，开始报告的撰写工作。

已实施的采集工作

音视频采访：池志强采集小组共进行了两次视频采访，都是对传主本人的采访，一次在家里，另一次在办公室。采访内容涉及其家庭背景、求学经历、师承关系和文化局工作的经历。由于传主年近九旬，记忆力衰退，对早年经历的事情和时间仅有粗略印象，首次访谈即发现他具体回忆有些困难。为此，我们在第二次访谈前，根据档案材料和采集资料写出访谈提示稿，以帮助他重温当年的场景、尽可能地落实重要时间节点和若干具体情节。从 2012 年 5 月起传主两次因病住院至今，春节也没回家。我们按照科协专家组的意见，不再对传主做视频采访，而把采访重点转向传主的外围人员。期间，适时挑选传主病体较稳定的时候，在医院和家里做了两次录音访炎、三次非正式访谈，以核对和落实传主在留苏期间、"文化大革命"期间和从事科研工作的一些人、事细节。对传主相关外围人员的正式录音访谈共有 14 人，其中中国科学院上海药物研究所第五研究室各个时期的科技骨干人员 6 人（金文桥、陶正琴、戴淇源、赵国民、黄嘉鑫和刘景根）、亲属 4 人（传主弟弟、二姐、儿子和女儿）、药理室首任研究室主任丁光生、留苏同学秦伯益院士及《生命科学》杂志的同事于建荣和岳东方。非正式访谈多人。

实地采访：采集小组先后赴浙江杭州、台州、龙泉和北京。在杭州主要到浙江大学档案馆、校史馆以及浙江省档案馆做调研。传主从浙江大学调到浙江省文化局的三年工作情况，在传主的人事档案和自述中罕见提及，我们的采访填补了这方面的空白。在浙江台州市去了黄岩区（当年为县）档案馆以及台州中学、黄岩中学的档案室和校史室，受到当地政府、学校领导和档案馆负责人的热情接待，收获甚丰。获赠黄岩池氏宗谱和校史回忆录，找到了池志强幼年居住的"将军第"以及抗战期间在深山老林紫箨山山顶求学的广度寺。去浙江龙泉参观了浙江大学龙泉分校旧址博物馆，感受到传主当年战乱时期求学的艰辛；还在龙泉市档案馆获赠浙江大学龙泉分校珍贵旧照。在北京采访了传主的二姐池志立，在传主的心目中，二姐是他走上革命道路的"第一引路人"。由于池志立精神矍铄、记忆力特别好，她的侃侃而谈使我们了解到了传主青少年的许多故事。在北京外国语大学档案馆我们也发现了嘉奖令等珍贵的资料。

资料采集：在项目启动之初，我们就向传主和他的学生、助手、朋友进行征集，获得一些手稿、信件和照片。在案头准备阶段，获得各类报道、论文、档案、证书等。在实地采访中，又获得许多照片及档案资料。最难得的是传主一家分批提供了大量照片、证书、手稿、信件等，极大地丰富了采集资料的内容。此外，还从传主实验室获得了传主当年使用过的显微镜等仪器设备。至今，共采集到实物类资料总计509件，除了工程技术图纸类和专利类无实物，其余12类都收集到数量不等的实物资料。实物资料中比较多的为照片和证书，这与传主喜爱摄影和获奖、学术兼职较多有关。论文和著作相对较少，则是传主长期从事国防科研项目，遵守保密规定所致。此外，传记回忆、新闻报道和同行评价类资料也趋少，这与传主为人低调不无关系。

经过我们多方协调，传主捐献实物原件首批18件，第二批22件，第三批42件，共计82件。

采集获得的重要成果

重大发现

（1）池志强领衔的中国科学院上海药物所第五研究室是化学与药理密切结合研究室，是典型的任务带学科的建制，这种体制在研究工作中显示出独特的优势，是上海药物所历史上的一个成功特例。第五研究室不同时期的科研档案和6名科技骨干人员的口述访谈再现了池志强作为学术带头人的风采和贡献。目前，国内著名的几个药物研究所都是学科建制。认真总结池志强领导第五研究室 40 多年来取得丰硕成果的经验具有现实指导意义。

（2）1986 年，池志强悉心指导的研究生王锋纯化 μ 阿片受体获得成功，取得了突破性学术成果。王锋因硕士论文《大鼠脑阿片受体的分离纯化研究》达到国际前沿水平而被包括美国同行在内的 10 名专家评审委员会授予博士学位，这是上海药物所建所 80 年来的第一例，也开创了中国科学院研究生培养史上的先例。

其他重要史料

（1）池志强实验室定向合成羟甲芬太尼的 8 个异构体后，发现 F-9204 的作用最强，是吗啡的 6182 倍，是国际上选择性最高的 μ 受体激动剂。它被国外同行了解、怀疑、验证直至认错、钦佩。

（2）新中国成立初期，浙江省文化局科普科（后为社会文化科）在文化部科学普及局领导下，通过中国科学工作者协会和浙江省科普协会开展科普教育的史实，为我国政府历来重视科普教育提供了证据。

（3）北京外国语大学的前身之一——北京俄语学院当年开办留苏预备班时，院长张锡俦曾于 1956 年 5 月签发授予"先进班"和"优等生"称号的嘉奖令。此前未见有报道。

（4）新发现 1956 年留苏预备班学生干部曾被国家副主席董必武接见合影的照片。

（5）未被收录的池志强留苏期间用俄文发表论文的单印本。

（6）发现考证池志强的出生地并非人事档案所载的浙江黄岩，而是浙江湖州。

（7）发现考证池志强老家门匾所书"将军第"三字并非池家传说的系清朝皇帝所赐，而是池志强的高祖父的后人所书。

研究报告简介

此前已出版的传记、回忆录资料的综述

经详细查阅，目前发现有关传主的传记资料及报道都较少。传记类条

目仅 2 件:《我的科研生涯》和《池志强传记》，前者系自传，发表在《生命科学》杂志上；后者为原所长陈凯先撰写，约 6000 余字，收录在《池志强 80 周年论文集》中。报道类条目约 18 篇，包括一份 2004 年上海市委组织部为传主拍摄的视频，题目为《药理济世——药理学家池志强》，约 22 分钟。其余 17 篇报道先后发表在《中国药学杂志》《中国新药杂志》《中国药物与临床》《中国药理学通报》《中国处方药》《科学 24 小时》《中国科学院》《生命科学》等各类药学及科普期刊上。这些报道都是对池志强生平与研究成果的简短介绍，仅一页或者两三页，比较粗略，内容大同小异，存在以讹传讹的情况。一份视频，时空跳跃，描述流畅，但太简单，时间、地点也有出入。两份传记概述了他一生主要经历和科研成果，由于不是研究性质的报告，缺乏对传主学术成长各个重要环节的完整描述和细致考证，也未能对传主学术思想、观点和理念产生、形成、发展做探讨，从而提炼出其学术成长经历的特征。

本报告的思路

（1）池志强一生经历丰富，可圈可点处甚多。他听从组织安排，不论是在党政岗位还是业务一线都取得卓著成绩。甚至两者兼职，也难不倒他，两份工作都干得很出色。他在学术成长的征途中攀登的最高峰是国防科研项目和羟甲芬太尼系列研究。我们把研究报告的重点放在后者，并以翔实的文献资料为依据，再现羟甲芬太尼发现的复杂性、艰苦性，以及 8 个羟甲芬太尼的异构体的深入研究结果被国外同行从怀疑到钦佩的过程，希冀在神经药理学的国际大背景下，来深入理解池志强学术思想的深远影响和引领价值。

（2）在漫长的二十多年时间里，池志强作为国防科研项目的主帅、七家单位近百人研究队伍的首席科学家，排除"文化大革命"干扰，攻克难关，终获硕果，受到参事单位和科研人员的一致赞扬。可以想象，国防科研项目大协作组应该留有翔实的工作轨迹、丰富的学术资料和许许多多生动感人的事迹。然而，由于这是一项定为绝密级的国防任务，至今尚未解密，能采集的资料甚少，我们无法复原国防任务大会战的整幅大拼图，只能知难而上，根据当年参与者局限于本职岗位的碎片式回忆和零星资料，勉强重建个别时段的局部场景，希冀对传主的这段精彩人生有尽可能生动的介绍。

（3）在池志强的学术成长过程中自始至终都能体察到药理学家张昌绍教授和丁光生教授的影响。特别是丁光生教授，他把欧美先进、科学的科研方法和专业基本功规范在我国推广而名驰遐迩，影响了我国药理界几代人。本报告通过丁光生教授的回忆，池志强、秦伯益和金国章三位院士及其刘景根等研究生的叙述，揭示了我国药理界的优良学术传承的脉络和后继有人的前景。

（4）池志强的学术成长过程有个人的特质因素，但不可否认第五研究室以军工任务带学科的建制为他提供了首席科学家充分施展才华的舞台。他高瞻远瞩的大局观，善于学习而引领学科的学术思想，体察下情、知人善任而富有的凝聚力，都借助这个舞台而有极致的发挥。本报告努力还原第五研究室的特殊科研背景，尝试分析池志强的学习能力、思维方式和管理模式的历史渊源和创新之处，探讨科学建制、社会背景和地下党经历对池志强学术成长的影响。同时，为我国创新药物研究事业如何遴选池志强式首席科学家，如何推行任务带学科的研究团队模式，如何实现我国新药研究体制优化提供了一个新视角。

报告结构

本报告是以时间脉络为纵线的编年体。共分八章：家世渊源和中小学时期；大学和浙江文化局期间；血吸虫防治新药研究；国防科研项目首席科学家；羟甲芬太尼系列和神经受体研究；学术传播和传道；兼职行政领导；爱的奉献和收获。以重要时间节点和工作阶段作为章节划分的主要依据，但第四章、第五章年代划分有交叉。此外，还有同类事情的整合，例如传主四段教师生涯就归并在同一节讲述。最后三章："学术传播和传道""兼职行政领导"和"爱的奉献和收获"涉及传主的科学精神和人文情怀，是传主一生品行的描述，我们采取跨越时空的综述。

另外，需要说明的是，第六章"羟甲芬太尼系列和神经受体研究"涉及传主最主要的学术业绩，其中第三节"结构攻坚"系基础研究成果。为了讲清楚传主开展人 μ 阿片受体同源二聚体方面的研究过程和学术贡献，尽管力求深入浅出地描述，但还是出现了较多专业用语。对于有专业兴趣的学者可以据此加深理解传主的学术成就；对于一般读者即便跳过这些专业词段，也不影响对传主一生学术成长历程的了解。

第一章
家世渊源和中小学时期

将 军 门 第

1924 年 11 月 16 日池志强出生于浙江省湖州城里一个知识分子家庭。父亲池雲，号嘘甫（1888—1943），是一个旧社会的知识分子，早期参加了中山先生的同盟会，后来又加入国民党。池雲少年时代求学于浙江省立黄岩中学的前身清献书院，16 岁离家进入南京陆军测绘学校，毕业后旋即在湖州长兴煤矿任职①。母亲何宗淑（1888—1941），浙江湖州人，出生在税务职员家庭。小时候念过几年私塾，是个有文化的家庭妇女。父母亲此前已有两个女儿，大

图 1-1　池志强父亲池雲

---

① 池志立访谈，2011 年 10 月 14 日，北京。资料存于采集工程数据库。

图1-2 池志强母亲何宗淑

女儿志诚（1918—1990），二女儿志立（1921—）。36岁才有第一个儿子，全家喜出望外。父母亲几经商议，给儿子取乳名延年，希望能长寿；大名取志强，以寄心志，为国图强。

池志强四岁那年，父亲擢任南京国民政府建设委员会技士①，全家随之从湖州迁居南京。居住地附近的水西门里有一所崔八巷小学，两个姐姐就近在这所学校求学。两年后，6足岁不到的池志强也高高兴兴地跟随姐姐上学了。崔八巷小学已有百年的历史，原先是尼姑修行的莲花庵堂。改为小学校时，庵堂的两侧廊房作为课堂，原先的庵堂大殿作为教职员办公室。前后空地，因陋就简改做学校的操场。前操场两旁，树高叶茂、挺拔葱郁；后操场中有一方池塘，每届春夏之交，岸柳垂荫、池水映绿，是个授业、读书的好环境。崔八巷小学出了许多名人，台湾诗人余光中②就在此校小学毕业。然而，池志强念完一上、一下两个学期，就离开南京回浙江黄岩老家了，主要原因是祖父池子明病故。祖父母先后生育三男三女，父亲排行老大。祖父去世后，留下薄地十八亩，弟池志莘和妹池志平尚未成家。按当地风俗习惯，老大要继承家业，主持家政。另一个原因是1931年春天以来，日本在东北地区相继制造了中村事件、万宝山事件，南京等城市发生大规模抗日集会，民众情绪激愤，国内局势动荡不安。眼看南京城里民生日益凋敝，生活负担越来越重，父亲决定全家搬回黄岩老家。于是，老家人员陡增，11人的大家庭生活来源主要

---

① 有关池志强同志家庭出身的调查（1978年5月16日）。存于中国科学院上海药物研究所档案室。

② 余光中（1928-），台湾当代著名诗人、散文家和诗歌评论家。因创作《乡愁》等中国情结诗篇而成为当代著名人物。

靠父亲每月100多元的薪金收入[①]，祖传田地每年出租所收取的谷子仅能供全家两三个月的口粮。

祖传老家宅院是当地传统的"目"形三透大宅院，在黄岩县城关镇东门小校场3号。石基砖砌的院墙虽不是特别高大，但台门匾上的阴文刻石"将军第"三字非常引人注目。历经百年风雨，犹显遒劲笔力，隐约透露出墙门内居家的历史传承和深厚渊源。

图1-3　将军第大门

黄岩，浙东壮邑，山川秀丽，物产丰茂，因盛产"天下果实第一"的蜜橘而有"橘乡"之称。池家老宅离城区东部九峰公园仅几百米距离。公园因九峰环立而得名，有灵台、华盖、文笔、接引、宝鼎、灵鹫、双阙、卧龙、翠屏9个山峰，康有为曾赞"九峰环立，峭碧摩天……，其地分雁宕之幽奇"[②]。九峰公园是浙江省开园最早的县级公园，素有一石、二潭、三井和八亭之说，又有三塔、六溪、九峰和十二景之称。公园内还有九峰书院等人文景点。

黄岩建县1300多年来，尚智好学，文脉云集，人才辈出。黄岩池氏一直是当地望族。据《浙江省黄岩县志》[③]记载:《黄岩池氏宗谱》，自南宋宝祐二年（1254）始修，而后经历多次续修。从1994年第9次重修

---

①　有关池志强同志家庭出身的调查（1978年5月16日）。存于中国科学院上海药物研究所档案室。

②　傅亚文，严振非:《黄岩风物志》。北京：中华书局，2010年，第7页。

③　严振非:《浙江省黄岩县志》。上海：上海三联书店，1992年。

的《黄岩池氏宗谱》①中世系衍脉图查见，元末明初，黄岩池氏十五世祖生五子，分金、木、水、火、土五支，其金支繁衍400余年，至二十八代池志强的天祖父池凤翔，曾任黄岩镇总兵标下左营把总。嘉庆十五年，池凤翔巡海遇盗，英勇搏斗而殉国。其子池建功（池志强的高祖父）世袭云骑尉，清道光二十二年抗击英军有功官至玉环参将，咸丰八年署理泉州提督（从一品）。池建功有一弟，名亮，曾任黄岩镇总兵标下的中营守备。长子名维屏（池志强的曾祖父）署玉环参将。池亮之子名维翰，为赏戴蓝翎之把总。维翰之子铭恩，光绪二十年任海标城守营守备。一家四代有六位武将，可称将军世家。其住宅冠以"将军第"也属名副其实。

按辈分池志强应为金支三十二代，是池建功的玄孙（第四代）。打从懂事起，他就从父辈口中知晓先祖抗击英军的事迹，觉得很了不起。7岁回到祖宅后，每日进进出出，"将军第"三个字更是百看不厌。他一直以为这是清朝某个皇帝的御笔而多有仰视。事实上，经族人深入考证，"将军第"三字并无落款，实系池建功后人所写。尽管不是御笔，但也是历史遗迹。"文化大革命"期间，族人为保护"将军第"三字免遭破坏而用水泥涂抹至今，现正考虑申请地方历史遗迹保护，尽力恢复原貌。

"将军第"全盛时期占地有几十亩。门口有条河，可以行船。附近有供操练的小校场。到了池志强儿童时期，大宅院一半已属毛家。剩余的一半尽管还有大小60多间房间，但分别由数个池姓大家庭居住，已显局促。拾级进"将军第"大门即是一个广场，地坪铺的青砖。面向广场的是一排二层楼堂屋，穿过中堂大厅就是一个天井，天井郁郁葱葱，绿化非常好。两边是厢房，正面是一排七间二层楼的正房，正房粗大的廊柱、斗拱及雕梁不知是什么好木料，历经百年仍坚硬无比。正房后面是一个后花园，花园边上还有一排放杂物的小屋。花园里除了花草，还种了两棵枣树、两棵金橘树。到了秋天，金橘刚成熟，放学回家，池志强就会到后花园采金橘吃。金橘采得差不多了，枣子也熟了。枣树高大，每当池志强拿起放在墙角的

---

① 池氏宗谱修委员会：《黄岩池氏宗谱（第九次重修）》。1994年，第87页。存于中国科学院上海药物研究所信息中心。

细长竹竿打树上的枣子时，同族的弟妹们就在旁边忙不迭地边捡边吃，笑声连连。据池志强回忆，童年时代由于家境困难，除了偶尔有块家乡特产乌饭麻糍吃，从树上打下来的枣子就成了很美的零食。

图 1-4　祠堂八角形天花板

正房二楼居中是一间天花板呈八角形的祠堂，内有佛像及池建功等先人遗像，为祭拜祖宗的专用场合。据池志强回忆[①]，"每年到了过年的时候，我们家里都要把老祖宗这些将军的画像展出来，每年都这样。对我们是一个爱国主义教育。"祠堂右侧隔开两间即是书房。推开书房窗户可眺望黄岩九峰美景，青山瀑布，双塔高耸。凭窗安放一张书案，在上面写字做作业，疲倦了看看窗外风景，不仅调节了精神，而且激起池志强对九峰景区无限的遐想，心里会默默盘算着下次登山的计划。已记不清有多少个假日的清晨，池志强与小伙伴们穿林过壑，时而走在陡峭的山路上，时而又钻进人迹罕至的茅草丛，尽管汗流浃背，却兴致盎然，享受着发现奇草异木和野禽蛋的喜悦。最让人流连忘返的是九峰山上的泉水，奔流淙淙，穿行于青石间，水质甘洌清澈，而且无论天气多么干旱，泉水都不会断流。池家及附近邻居的饮水都取自九峰，街路上也有以此为生的卖水人，每日里推着木桶水车定时为订户送水。如今，黄岩县的用水早已由集雨面积 441 平方千米、水质一级的长潭水库所供给，家家户户都通上了自来水。但池志强难忘当年登山途中一掬泉水沁入肺腑而欲快步登顶的感觉。

---

① 池志强访谈，2011 年 10 月 11 日，上海。资料存于采集工程数据库。

　　从小学二年级起，池志强转入老家附近的县立中心小学求学直至小学毕业。县立小学在黄岩城内坦前巷，校舍是一排老平房，历史悠久，学风宽松，推崇全面发展。由于记性好、有悟性，池志强念书并不感觉是负担。他喜欢读古典小说，如《三国演义》《西游记》《水浒》等，对林冲、武松等个性鲜明、是非分明的人物很是崇拜。当时，小学老师罗精益见池志强求知欲旺盛，一直给予较多肯定和鼓励，从而增强了池志强学习的自觉性和参与班级活动的积极性。在班级文艺表演队中他成为了骨干力量。有一次他和小伙伴们根据历史故事排练了一出话剧"墨子非攻"①，讲的是春秋战国时期，墨子反对侵略战争、推崇兼爱的故事。正式演出时，同校的二姐也来看了，回家大加赞赏。姐姐的鼓励增强了池志强的表演欲，有时候在家里他拿床单披起来当服装演着玩，演讲、表达的潜能由此得到了很好的发掘。池志强后来主持国防重大科研项目以及担任行政领导期间，善于做组织动员工作，往往能声情并茂、旁征博引、举重若轻，这种能力的形成应与他少年时期的爱好和锻炼不无关联。

　　在家庭教育方面，由于父亲工作单位不在黄岩，常年不在家里（继1928年担任南京国民政府建设委员会技士之后，又于1937年年底，杭州沦陷前后任职浙江省民政厅第四科科长、天台县测量队长、福建省地政局测量技士）②，子女教育主要由母亲承担。母亲有文化、有涵养，对子女教育很重视，也很开明，不重男轻女，在经济困难、生活拮据的情况下，千方百计筹措学费，让池志强的两个姐姐和一个妹妹都念到高中以上。母亲平时不管头管脚，很放手。除了督促，从不打骂，鼓励发挥天性，培养孩子自己主动学习的好习惯。池志强兄弟姐妹5个人，自立能力都比较强，这与母亲的培养、引导有关。父亲偶然回家，顾问子女的学业是例行公事。他壮实的身体、圆圆的脸庞，留着一撮八字胡，不言自威。据池志强的弟弟池志莘回忆③，如果学习成绩差，父亲打手心、罚跪也是有的。但池

---

　　① 池志立访谈，2011年10月14日，北京。资料存于采集工程数据库。

　　② 池志平：家庭情况社会关系及我对池志强的认识（1955年3月31日）。存于中国科学院上海药物研究所档案室。

　　③ 池志莘访谈，2012年5月16日，黄岩。资料存于采集工程数据库。

志强却无此说，可能他读书成绩好，很少甚至从未享受过这种"待遇"而毫无印象。

夏天的晚上，"将军第"的天井是乘凉的好地方，也是孩子们的乐园。池志强常常与小伙伴们围坐一起，观看夜空的星星，辨别北斗星；他特别感兴趣的是彗星，喜欢考虑彗星是怎么回事？彗星跑到哪里去了？变成什么东西了？时而一颗流星斜曳着长长的光带，倏然划过，激起孩子们一阵欢呼。童年时期的池志强对遥远的星空充满了兴趣和想象，幻想有朝一日能遨游太空[①]。这份从小就有的好奇心，是他以后从事科研工作、追求真理的基础和动力。

烽 火 弦 歌

小学毕业后，池志强考进了浙江省黄岩县立中学。父母亲是又喜又愁，喜的是考进县立中学非常难，大儿子为弟弟妹妹树立了好榜样；愁的是学费是笔大开销，还没有着落。由于父亲减薪，大姐、二姐找了个小学老师的岗位，一个位置两个人教，收入刚够吃饭。为了筹措池志强及其弟妹3人的学费，父母亲往往背着子女关门商量大半日。而后，池志强看到的，不是父亲拖着沉重的步伐出面向姑母等族中亲友借贷，就是母亲翻箱倒柜，找出几件较值钱的衣服去典当。每次去当铺，只要大儿子在家，母亲往往让他帮忙拿着典当物一同去。在高高的典当柜台前，每当池志强看着母亲抖抖霍霍地数着典当来的钞票，便从内心深处感受到生活的艰辛和母亲对自己的期望。当时，国民党统治区物价波动，为了保值，缴学费都以大米和黄豆代之。每次池志强扛着母亲借贷来的大米和黄豆向校方缴纳学杂费时总感到无比的沉重，也早早萌生了要为家庭分挑重担的念头。

---

① 池志强：我的科研生涯。见：中国科学院上海生命科学信息中心上海药物研究所编，《池志强论文选集》。上海：中国科学院上海生命科学信息中心期刊联合编辑部出版部，2004年，第413页。

黄岩县立中学位于城东双桂巷。其前身为清朝乾隆时期创建的萃华书院。清同治十二年（1873 年）县令孙熹扩建书院讲堂（即仰山堂）和东西精舍，并镌刻训词于仰山堂石碑上。训词为"从容而不后事，急遽而不失容，脱略而不疏忽，简静而不凉薄，率真而不鄙俚，湿润而不脂韦，光明而不浮浅，沈潜而不阴险，严毅而不苛刻，周布而不烦碎，权变而不谲诈，精明而不尖刻，亦可以为成人矣。"[①] 训词从做事、待人、律己、处世等方面为书院生员提出了修身养性的准则。1900 年在维新思想推动下，书院改为清献中学堂，成为浙江省最早的现代中学之一。池志强入校时，学校执行"注重道德教育，以实利主义教育、军国民教育辅之，更以美感教育完成其道德"的教育方针，艰苦办学、道德教育为重的精神得以传承。

1937 年 7 月 7 日，卢沟桥事变发生后，抗日战争全面爆发。1938 年 9 月 24 日上午 7 时，日机第一次轰炸黄岩城，黄岩城十几处被炸[②]。池志强亲眼目睹住家附近的一个医院遭到轰炸，里面一个很有名的医生被炸死。血肉模糊的惨状对一个十几岁的少年造成了何等强烈的震撼，以致 70 多年后说起此事，池志强仍激动愤慨，难以释怀。

中国人的传统观念是，"小乱避城，大乱避乡"。日机肆虐过后，很多城里家庭都逃难避到乡下去了。而后不久，日机又两次把炸弹投进黄岩县立中学，"仰山堂"被毁。师生安全受到威胁，不时躲避空袭，学校已摆不下一张安定的书桌。在这样的情况下，1938 年 10 月，全校一千多名师生逐步西迁到离县城约 20 千米的灵石书院及山对面的崇法寺。池志强所在的 1936 年秋季入学初中班全部在灵石书院上课。灵石书院内的灵石寺，建于公元 403 年东晋朝代，历史久远。寺内有宏伟的大雄宝殿，其东西两侧有灵石寺塔，据考证，它建于公元 964 年的宋朝乾德年间。从以后的出土文物报道得知，其中有珍贵的彩绘佛像，是研究黄岩佛教历史的国宝。灵石书院地处偏僻的乡村，自然环境极佳——荷塘月色、古木森天、小桥流水，远离战争干扰。但学习条件很艰苦，教室是建在山坡上的简陋草棚，

---

① 章云龙：文脉绵绵。见：章云龙、陈建华主编，《叩问历史 1789–2010》。杭州：西泠印社出版社，2010 年，第 33 页。

② 同①。

四面通风，下面是泥土地。上课时教室很安静，但麻雀却在草棚顶上吵开了。由于教室分散，上、下课及用餐均以吹军号为令。晚间，同学们点着菜籽油灯到教室里复习，菜籽油灯靠两三根或三四根草芯浸油发光，光线昏暗。住的地方是几十人、上百人一间的房间，睡的是双人床。吃的主食是糙米饭，副食是咸菜、豆腐、冬瓜、萝卜，早餐以稀饭为主……学生就餐时，值日校领导亲临现场，值日生班长喊"立正、稍息、开动"的口号，学生才能拿筷吃饭。由于把大雄宝殿作餐厅，佛像都拆了。经常出现学生在下面吃饭，顶上的蝙蝠、老鼠在上面拉屎，拉到碗里，抹掉再吃。餐厅大门上贴着一副对联："咬得菜根香，尚思天下有饥者，尝将胆味苦，才是世间无敌人。"[1] 那时，为了学习英语，买个金属笔尖，将其缚竹筷顶端，就成了钢笔。练习本的纸张，仅比土纸好一点。学习条件艰苦，但学习生活却是丰富多彩。初中部开设的课程包括公民、体育、国文、英语、算学、历史、地理、劳作、卫生、生物、物理、化学、画图、音乐和童子军。学校实施战时教育，制定训育目标，对学生进行"国防、体格、德性、

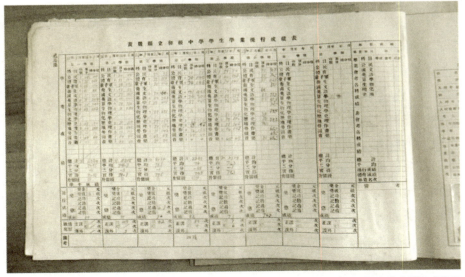

图1-5　池志强初中学业操行成绩表

① 章云龙：文脉绵绵。见：章云龙、陈建华主编，《叩问历史 1789-2010》。杭州：西泠印社出版社，2011年，第36页。

政治、社会、服务"等多种训练。童子军教练组织初中生野外锻炼，以训练他们在各种环境下的生存能力，培养守纪、吃苦的精神和分工配合的组织能力。此外，学校还定期举行歌颂、朗诵、演讲、作文、书画和球类比赛，组织书报读写会、文虎（灯谜）会及文艺演出等活动。

黄岩县中当时是黄岩学生运动的民主堡垒，这里聚集了一批开展抗日救亡运动的中共地下党员和地下新民主主义青年团员，他们是团结进步师生开展学运活动的核心人物。学校附近开设了救亡室。中共派党员祁崇孝、罗汉加入任专职干事，他们秘密发展党员成立党支部，公开建阅览室，陈列《论持久战》《西行漫记》《政治经济学》《大众哲学》等进步书刊，举办民众夜校和抗日讲座，组织剧团、歌咏队和抗日救亡服务队。池志强经常去阅览室阅读，从中了解全国抗战的发展形势及红军长征的故事，逐渐对中国共产党产生了敬仰并渴望有更多了解。

抗战期间，一批北京、上海、杭州及浙江其他名校的教师南迁，被黄岩县立中学引延。这些教师的加入，对提高教学质量发挥了骨干作用。这一时期虽然教学环境艰苦，但是心系国运，教师勤勉治学，学生勤奋努力，教学质量很高。池志强初中三年级的各科成绩[1]，除了国文稍差，其余各科都在 80 分以上。1939 年 6 月与池志强同一届初中毕业的同学共 57 位[2]。

60 年后的 1998 年 11 月 20 日，池志强回母校参观新建校园和校史展览室并为母校题词："发扬黄中优良传统，培养优秀建国人才"。下午为全校师生做报告，晚上为教师做有关知识经济的讲座。2000 年 12 月 16 日值黄中百年校庆，池志强偕上海校友向母校赠送了"母校情结"铜牌，铜牌上书：发轫黄中倏数旬，老来感念胜思亲；植根沃土森森茂，也赖良师德业醇。2010 年 11 月 27 日，他已是 86 岁的耄耋之年，再次以校友身份挂着拐杖参加了黄岩县立中学 110 周年校庆座谈会。母校培养他成才，他对母校也怀着深厚的感情。

---

① 1936 年 9 月至 1939 年 7 月黄岩县初级中学学生学业操行成绩表（1094–1200）。存于黄岩中学档案室。

② 林福华：校友名录（1789–1960）。见：林福华主编，《精神坐标 1789–2010》。杭州：西泠印社出版社，2010 年，第 214 页。

百十年沧桑，树起凌云丰碑。黄岩县立中学校庆 110 周年结集出版的纪念册《叩问历史 1789—2010》，以"名师荟萃""院士风范""革命志士""政界名流""将星璀璨""科教俊才""商界精英""文艺撷英"等栏目介绍了 100 多位优秀学子的事迹。在"院士风范"栏目下，除池志强外，还有吴全德[①]、陈芳允[②]、罗宗洛[③]、方秦汉[④]、柯俊[⑤]、黄志镗[⑥]和章亮炽[⑦]等人。

1939 年 6 月，池志强从黄岩县立中学初中毕业。黄岩县立中学本身有高中部，但他却希望换个环境，自信能考入名望更大的浙江省立台州中学读高中。两个月后，他如愿以偿收到入学通知。然而，处在抗日烽火中的台州中学此时也在颠沛流离之中。台州中学原来在台州海门。1939 年 1 月，日寇于始进犯海门镇，学校屡遭日机轰炸，常常一日而受数十惊。于是学校就一分为二，高中部搬迁到位于仙居县城北 15 千米的广度寺，初中部迁到广度寺附近的三井寺。广度寺地处广度乡海拔 800 米紫箨山的山顶，是个三面环山、云雾缭绕、远离城市喧嚣的佛教圣地。古寺始建于唐朝天宝元年，后屡毁屡建，尤以道光五年重修最为宏敞，可容五百圣僧。从黄岩城关镇到广度寺有 80 多千米，要跋山涉水，一路上很艰苦。起初返校，池志强总是在傍晚乘船出发，这是一种有蓬舢板船，摇摇晃晃要坐一夜。第二天早晨到临海后换船，再从水路乘船到仙居已是下午，然后上岸，沿着弯曲陡峭的小道爬十多里山路，走到广度寺天也快黑了。后来，

---

① 吴全德（1923-），1942 年黄岩县立中学毕业。北京大学教授，北大纳米科学与技术研究中心主任，创吴氏理论。中国科学院院士。

② 陈芳允（1916-2000），电子学家、空间系统工程专家，中国卫星测量、控制技术的奠基人之一，"两弹一星功勋奖章"获得者，中国科学院院士，国际宇航科学院院士，曾任国际宇航联合会（IAF）副主席。

③ 罗宗洛（1898-1978），浙江黄岩人，植物生理学家。1948 年选聘为中央研究院院士，1955 年选聘为中国科学院院士。

④ 方秦汉（1925-），中国工程院院士，参加或主持了武汉长江大桥等数十座大桥的设计和研究。

⑤ 柯俊（1917-），浙江黄岩人，金属物理学家，北京科技大学教授，中国科学院院士。

⑥ 黄志镗（1928-），原籍浙江黄岩，著名化学家。1991 年当选为中国科学院学部委员（院士）。

⑦ 章亮炽（1958-），澳大利亚工程院院士、新南威尔士大学机械与制造学院杰出教授。

图1-6　广度寺旁的台州中学校舍废墟

为了省钱，从临海下船就直接走上山，摸黑才到学校[1]。山上念书几乎与外界隔离。学校管理很严，每天早上6点起床，折被、洗漱、跑步，每周爬山。住在寺庙里打地铺，上课是另搭的稻草房。教学条件简陋，但井然有序。吃的也很差，难得的荤菜是一种咸得不能再咸的"鱼生"，开饭时却很安静。如果一有警报拉响，师生一律听从指挥躲到山洞里。

直到20世纪60年代，在广度寺的山门外"五峰亭"的对面，还竖立着一块石碑，石碑中间刻着"烽火弦歌"四个大字，左右则各刻着一行小字，上面的字依然可辨："中华民国卅一年三月九日本校迁广度三周年纪念""浙江省立台州中学勒题"。如今，在浙江省立台州中学校史展览厅里还陈列着石碑的拓片。

在翠峦环拥中隐藏的台州中学几乎与世隔绝，相对比较安全。于是，上海、杭州等地名校的老师便因战乱而转移到当地来。台州中学因此名师荟萃，极一时之盛。其中，有一位陆希龄化学老师[2]，给池志强的印象深

---

①　池志强访谈，2011年10月11日，上海。资料存于采集工程数据库。

②　陆希龄，1940-1942年任台州中学高中化学老师，后任江苏省常熟中学副校长。

刻。他讲课非常生动，讲元素化学特性，编了一个顺口溜，"钾钠钡镁铝硅锌"，帮助你记忆元素周期表。化学实验没有条件让学生自己动手，陆老师就精心设计制氧、制氢的示范实验，做出来后再燃烧，直观生动，激发起池志强浓厚的兴趣。他多次提到，自己之所以最终选择化学专业深造，高中阶段化学老师的影响起了决定性作用[①]。另外有些老师，如英语老师张其春[②]，给池志强影响也是非常大的。当时学校里面要举行英语比赛，张老师觉得池志强英语还不错，就让他去参加比赛。谁知由于准备不够充分和紧张，池志强上台讲了一半就讲不下去了。张老师就给予鼓励和机会，继续相信和推荐他参加比赛，池志强的英语水平就逐渐锻炼出来了。学生喜欢上老师的课，对老师评价高；老师善于发掘学生的优点，及时给予激励。良好的师生关系显然是教育的生产力。在紫箨山山顶求学这段往事池志强至今念念不忘，每每提及，他由衷地感谢老师的栽培。

在台州中学档案室存放的《台州中学校友录》中，可见 1942 年 7 月的高中毕业班学生名册共有学生 52 名，池志强是其中之一。在"民国叁拾壹年高中毕业生"学籍册中有池志强的学籍表，在其"家庭经济状况"一栏的"富裕""平常"和"困难"三个可选词中，打钩是"困难"。艰苦的生活条件使池志强养成了吃苦耐劳、勤俭朴实的生活习惯。与此同时，办学条件也困难，台州中学却始终保持着战前的教学秩序和教学水平，在艰苦的条件下坚持为国家培养人才。从"学业成绩"表中可见高中阶段六个学期都开设了公民、体育、国文、英语、算术、历史、地理、画图、音乐和军训课。一年级的第一、第二学期还有生物课、农艺课和劳训课；二年级的第三、第四学期有化学课和特种教育课；三年级的第五、第六学期有物理课。池志强高中毕业时的各科平均成绩，化学、物理、生物、历史、地理、农艺、英语、军训和特种训练都在 80 分以上。化学、物理和算术三门课的毕业考总成绩名列全班第二名。池志强高中六个学期的各科平均

---

① 池志强：我的科研生涯。见：中国科学院上海生命科学信息中心上海药物研究所编，《池志强论文选集》。上海：中国科学院上海生命科学信息中心期刊联合编辑部出版部，2004 年，第 413 页。

② 张其春，浙江宁波鄞县人，1939-1942 年任台州中学高中英语老师。哥哥为浙江大学文学院院长张其昀教授。

图 1–7　五院士合影以贺母校百年华诞（左起：陈洪渊、闻邦椿、池志强、吴全德、徐世浙）

成绩分别为：公民 79；国文 74；历史 80；地理 81；算术 72；英语 82；生物 82；化学 83；物理 86；画图 66；音乐 79；体育 74；军训 80；劳训 70；农艺 84；特种训练 80，在班级里名列前茅。

　　在抗战动荡的时局下，基于深山老林的简陋条件，能取得上述成绩是相当不易的。特别是从军训和特种训练都取得 80 分的成绩可见，面临国仇家恨，为踏上社会、报效祖国，池志强已经历练而逐渐成熟。

　　2002 年 5 月，母校台州中学举办百年校庆。正在北京参加两院院士大会的池志强与校友陈洪渊[①]、闻邦椿[②]、吴全德、徐世浙[③]相约合影，以贺母校百年华诞。

---

　　①　陈洪渊（1937–），浙江三门县人。1961 年毕业于南京大学化学系，1981–1984 年联邦德国 Mainz 大学访问学者。南京大学分析科学研究所和化学生物学研究所所长。2001 年，当选为中国科学院院士。在电分析化学基础研究与应用的多个前沿领域做出重要贡献。

　　②　闻邦椿（1930–），浙江杭州人。1955 年东北工学院机电系毕业，1957 年研究生毕业后留校任教。1991 年当选为中国科学院学部委员。曾任东北大学工程机械研究所所长。是我国机械动力学和工程机械专家。

　　③　徐世浙（1936–2012），浙江省台州市人。1956 年长春地质学院地球物理勘探系毕业，后相继在中国科技大学、青岛海洋大学和浙江大学任教。2001 年当选为中国科学院院士。在计算地球物理方面卓有建树。

初 为 人 师

离开台州中学后，池志强原来希望考大学继续深造。但由于抗战的形势更加吃紧，杭州、温州相继被日寇沦陷后，国内名校均内迁西南、西北各省，开始了史无前例的文化大迁移。浙江大学也已西迁到贵州遵义。池志强对浙江大学心仪已久，想去遵义，但一时无法筹措路费，只好暂且辍学，在家等待时机。不久，经同学介绍，就去临海东塍小学当了一名教员，开始了初为人师的自立生活，每月的薪俸为伪法币 80 元。由于物价飞涨，教师的薪金就折为口粮计算。不久，校长克扣教师的生活费被发现，引起教师的公愤。当时东塍小学的几个老师，如方杏荣，他是池志强在台州中学的高中同学，年轻人，血气方刚，胆子比较大，大家决定联合起来跟校长评理，搞反对。东塍小学并不是私立小学，但地方政府无暇顾及。一搞反对，关系就僵掉了。两个月后，池志强毅然与几个教师同时离职而去。最后离校的场景池志强至今难忘：天真的学生列队欢送我们。还是小孩儿的学生都哭了，他心里也是酸酸的，可见师生关系非常好。这段初次踏上社会的简短经历，体现了池志强为人的正义感，也使他感受到社会的复杂性和自己亟待提高的处世能力。

离开东塍小学后，经在浙江泰顺温州师范附属小学教书的大姐介绍，池志强在温州师范附属民教馆找到了第二份工作，当上了教导主任，主要负责社会教育，兼管图书馆。民教馆实际上就是文化馆，一共就三个工作人员，馆长李鸿梁，兼美术教师；还有一个本地高中生叶国平（同样是等待考大学的高中生）负责教民校。第二年的夏天，池志强考取了大学就离开了民教馆。尽管在温州师范附属民教馆搞社会教育仅 10 个月，但这段时间使池志强有较多机会接触到生活在社会底层的贫困大众，体会到他们的疾苦和呼声。1943 年 8 月，池志强考进了浙江大学龙泉分校。进入 1945 年，全国抗战节节胜利，5 月 3 日，杭州解放。浙江大学龙泉分校要迁回杭州。由于浙江大学本部从遵义搬杭州要一段时间，龙泉分校的学生要借读厦门大学或休学一年。考虑到家里面父亲母亲都已经故世了，弟弟妹妹比较小、还在上中学，池志强选择了休学一年，决定回黄岩老家，安排好弟弟妹妹的学习、生活，同时找一个工作，可以拿到一点薪水，以解决去杭州浙江大学的路费。经过多方努力，1945 年 8 月，他在龙泉县李岱年（李岱年是旧政府的一个职员）家做家庭教师，薪金为每月一万法币。到了年底，李岱年全家迁到杭州，为了照顾弟弟妹妹，池志强就离开了李家。

回老家不到 3 个月，同住在"将军第"的婶婶与浙江黄岩县中灵石分部的校董比较熟悉，经她的介绍，池志强在离开浙江黄岩县中灵石分部6 年后，又重回母校当老师，教初中化学和英语。当时与池志强一起到该校里教书的还有叶国平，他是池志强在温州师范附属民教馆就职的同事。在黄岩中学 110 周年出版的《精神坐标》一书中，"一九三九年六月初中毕业班名册"和"历任教职工名册"中都留有池志强的姓名。

重返黄岩县中灵石分部，从学生蜕变为老师，池志强深感命运之奇特，人生之精彩。灵石书院是他再熟悉不过的地方：校门口需两三人合抱的古樟依然是华盖如荫，倾身欲亲吻荷塘；六面七级的灵石寺塔看上去则更加厚重而有斑驳的创伤感；石碑、曲桥、小溪、古井，都是那么亲切；唯有的大变化是五间保存完好的大殿已由饭堂改为学校的阅览室。在池志强看来，或许这就是抗战胜利后将给学校带来安定环境的前兆。

此时，国共合作还没有破裂。学校附近的救亡室和书店仍是池志强爱去的地方。书店里的进步书刊也比过去更多了，比如说《文萃》《周报》以及苏商的 *Daily News*，在书店里都可以翻阅或者购买。《文萃》是在国民党统治区出版发行的时事政治性周刊，1945 年 10 月 9 日在上海创刊，黎澍、陈子涛先后任主编，主要选载重庆、成都、昆明等地报刊上的进步文章，也发表少量特约稿件，作者有郭沫若、茅盾、田汉、马叙伦、宦乡、邓初民、胡绳、姚溱等。该刊揭露了国民党发动内战、镇压民主运动的行径，反映群众呼声，宣传中国共产党的政策主张。《周报》，1945 年 9 月 8 日在上海创刊，柯灵、唐弢任主编，是抗战胜利后民主运动中创办的"中间性"刊物，该刊物以"加强团结，实行民主"为使命。由于此前二姐已投奔去共产党领导的解放区，池志强非常留意来自解放区的消息，对形势及时局的变化也特别关心。池志强认为，受这些书刊的影响，何为正义与反动，他看得更清楚了。

第二章
大学和浙江文化局期间

龙 泉 分 校

　　1937年7月，抗日战争爆发，8月杭州危急。为了坚持学业，为国家保留一批知识精英，浙江大学竺可桢校长毅然率领全体师生踏上西迁流亡办学的艰苦历程。1937年9月，浙江大学一年级迁往浙江的西天目山上课，12月全部迁往浙江的建德，这就是浙江大学的第一次搬迁。12月24日，杭州沦陷，浙江大学开始撤离建德，师生们走上了极其困难的赴赣历程，继迁江西吉安、泰和。但时局多变，半年后，江西北部的马当、彭泽相继失守，浙江大学不得不再次西迁，经过艰难跋涉，于1938年10月底到达广西宜山。1939年2月15日，18架敌机轰炸宜山，落在浙江大学校舍的炸弹就有100多枚，造成10多间房舍被毁，有100多名学生的衣物用品遭劫。此间环境已不安定，浙江大学第四次打起行装搬迁到贵州遵义。考虑到浙江大学西迁后，浙江及周边地区的青年学子会因交通和经济等原因不能升学，竺可桢便于1939年1月提请在浙东设立先修班，2月，派教务长

郑晓沧教授 [1] 及文学院史地系陈训慈教授 [2] 到浙江筹设分校。在时任浙江省政府主席黄绍竑 [3] 和时任龙泉县县长唐巽泽 [4] 的鼎力支持下，最终决定在龙泉县办学 [5]。7月，浙江大学浙东分校把地点选在龙泉县坊下村曾家大屋 [6]。曾家大屋原是该村绅士曾水清在民国二十一年（1932年）所建，占地面积约3亩，坐南朝北，共二进七开间，一进为两层，二进为三层，天井两侧有厢房，还有后花园。整栋建筑立面为巴洛克风格，内厅土木结构中西合璧，有99根落地柱、72个房间，建筑面积3000多平方米。

浙东分校设文学院、理学院、工学院、农学院4个学院，1940年4月1日改为龙泉分校。1941年8月增设二年级，9月增设师范学院初级部国文科、数学科两班。不久，在离坊下村1千米的石坑垅村新建师范学院、教职员和学生简易宿舍、大膳厅等8座建筑。龙泉分校地处浙闽边陲、穷乡僻壤的"坊下"山村，郑晓沧教授赴任后按浙江海宁家乡口音将它改名为"芳野"，寓桃李遍野之意。正是本着这个理想，郑晓沧教授在山村的平房草舍里，在生命安全毫无保障的情况下，冲破重重阻力，聘请到一批我国学术界的知名教授。当时在分校任教的学者专家有著名教育学家孟宪承 [7]、数学家毛路真 [8]、

① 郑晓沧（1892-1979），浙江省海宁县人，著名教育学家。美国哥伦比亚大学师范学院教育学博士。曾任中央大学教育学院院长，浙江大学教育系主任、师范学院院长、代理校长。

② 陈训慈（1901-1991），浙江慈溪人。1920年入南京高等师范学校文史地部，1932年出任浙江省立图书馆馆长。1938年兼任浙江大学史地学系教授，1938年再兼教务处图书科主任。1939年为浙江大学浙东分校第一任主任。

③ 黄绍竑（1895-1966），广西容县人。1932年任国民政府内政部部长兼交通部部长。1934年及1937-1945年任浙江省主席。1949年为国共和谈代表。新中国成立后，当选民革中央常委、全国政协常委。

④ 唐巽泽（1911-1968），湖南湘潭人。上海复旦大学法律系毕业。新中国成立后，历任政协浙江省副主席、水产厅厅长，中国民主建国会中央常委、民建浙江省主任委员。

⑤ 蓝伶俐：《纪念浙江大学在龙泉办学七十周年》。2009年，第15页。存于龙泉市档案馆。

⑥ 王玉芝，罗卫东：《浙江大学校史简本》。杭州：浙江大学出版社，2010年8月，第48页。

⑦ 孟宪承（1899-1967），江苏省武进县人。早年毕业于圣约翰大学，留学美国获华盛顿大学教育学硕士学位。回国后，先后受聘于国立东南大学、圣约翰大学和浙江大学，后专任华东师范大学校长。

⑧ 毛路真（1904-1961），浙江奉化人。1927年毕业于武昌中山师范大学数学系，后长期在浙江大学任教。曾编著中国第一本《大代数》。

词学家夏承焘[①]、文学家王季思[②]、生物学家董聿茂[③]等几十位教授，师资力量相当雄厚。他们遵循竺可桢校长确立的"求是"校训，相互钦佩，相互尊重，相互学习，奋力工作，虽生活艰苦，但甘之如饴，为灾难深重的中华民族培养了一大批优秀学生。

龙泉分校距离被日寇占领的丽水市只有100多千米，为了救亡图存，龙泉分校的师生冒着风险在仅距战火硝烟一步之遥的地方顽强崛起，这种勇气和毅力为世人所赞誉。正如龙泉分校英语教授毛昭晰在开学典礼上所言，龙泉分校设立的最大意义在于显示我们中国具有最伟大的力量[④]。在抗战后期东南各省的大学中，龙泉分校是那时东南各省青年学生最向往的大学，还没有一所可与之相匹敌的。

1943年初夏，池志强和大姐池志诚慕名报考浙江大学龙泉分校，结果姐弟俩均被录取。正当两人整装待发之际，父亲突发病故，全家悲痛不已。丧事料理之后，大姐作为一家之长，考虑到小妹、小弟都在老家念中学，大妹在福建音乐专科学校求学，大弟刚考进浙江大学龙泉分校公费生，自己有责任把这个家撑起来，就毅然决定放弃了离家深造机会，继续当小学老师，以菲薄的薪水维持全家的生活[⑤]。

池志强到浙江大学龙泉分校报到后正式上课已是当年的10月，龙泉分校刚刚结束战乱避难，从100千米外的松溪县大布南麓的罗汉寺回迁，曾家大屋又恢复了生气。此时，龙泉分校仍处于日寇南侵的紧张氛围之中，同时又在日寇细菌战所致的鼠疫蔓延威胁之下，与浙江大学总校关山

---

① 夏承焘（1900–1986），浙江温州人。现代词学的开拓者和奠基人。先后担任浙江大学、浙江师范学院、杭州大学教授，中国科学院文学研究所特约研究员。代表作品有《唐宋词人年谱》《唐宋词论丛》。

② 王季思（1906–1996），浙江永嘉人。1929年东南大学毕业，先后在江苏松江女中、浙江大学、之江文学院和广州中山大学任教。潜心研究中国文学史及元人杂剧，完成著作《西厢五剧注》《集评校注西厢记》。

③ 董聿茂（1897–1990），浙江奉化人。1928年日本京都帝国大学动物学系毕业，后获博士学位。历任浙江省立西湖博物馆馆长、浙江大学生物系主任和杭州大学教授。编著有《东海深海甲壳动物》《浙江动物志》。

④ 毛昭晰：芳野与浙江大学龙泉分校。《龙泉文史资料》，第9辑，第48页。

⑤ 池志强访谈，2012年2月15日，上海。资料存于采集工程数据库。

图 2-1 浙江大学龙泉分校旧址——曾家大屋全景

远隔，再加上物价飞涨，分校师生日常生活陷于"瓜菜代食""数月不知肉味"的日子。池志强所在的理学院一年级有数理系、化学系近 20 位同学，他们在一个教室里面上基础课。在这个十几平方米的房子里，听课、自习、晚上自修都在这里面。晚上看书，每人一盏桐油灯，灯盏内放一两根灯芯草，灯光如豆。随着时间的延长，灯火会越来越小，于是经常得用一根小棒去掉灯芯草的焦头，把灯芯草往上挑，使灯火大一点、亮一点。众人"挑灯夜读"，熏得满房间都是油烟，烟味难闻，而且鼻孔里面全是黑乎乎的粉粒，但大家都习以为常了，非常珍惜在抗战艰难时期能有这样的学习条件，为抗战救国而读书、为探求知识和真理而乐此不疲。

池志强的同学谷超豪[①]院士曾于 2004 年赋诗《祝贺志强同志八十寿辰》："芳野相识六十年，斗室共吸桐油烟……"，后一句就是当年夜读的生动场景[②]。据池志强回忆，"当时学校的条件比较差，但是教学质量不差，教学效果还是比较好的。举一个例子，做化学实验的时候，没有现在这种加热用灯这些东西，只能用炭炉子加热。冷凝管就是用一根玻璃管，外面用生铁

---

① 谷超豪（1926-2012）：浙江温州人，数学家，中国科学院院士。1943 年考入浙江大学龙泉分校，1948 年浙江大学数学系毕业留校任教，1953 年起在复旦大学任教。历任复旦大学副校长、中国科学技术大学校长、温州大学校长等职。撰有《数学物理方程》等专著。2010 年 1 月 11 日，获得 2009 年度国家最高科学技术奖。

② 谷超豪：祝贺志强同志八十寿辰。见：谷超豪著，《奋斗的历程——谷超豪文选》。上海：复旦大学出版社，2005 年，第 252 页。

皮敲的一个通水的管子，就是这样子来做冷凝管的。没有自来水，用两个木桶摆水，先摆在上面，再摆在下面，是这样来的冷凝水。条件是比较艰苦，但实际上一样可以得到教学效果，所以基础打得还比较扎实"[1]。

1943年，郑晓沧出任龙泉分校主任，主持全校工作。为了活跃学术气氛、开拓知识领域、提高学生对文艺的欣赏和评价能力，郑晓沧教授积极支持并参与同学们组织的各种学习研究会和文艺团体，如"天文学会""文学研究社""芳野剧艺社"等，还办壁报、举行篮球赛等。在烽火连天、硝烟弥漫的夹缝中，龙泉分校的课外活动十分活跃，弦歌之声不辍。为此，中文系的胡伦清老师曾自撰了一副对联："以弦以歌，往哲遗规追鹿洞；学书学剑，几生清福到龙泉"。如今，这副对联还贴在曾家大屋正厅前的柱子上，它借用朱熹鹿洞办学的典故刻画出了浙江大学的"求是"学风以及在艰难世事中的坚持。

池志强的大学一二年级都是在龙泉分校度过的，第一年有数学、物理、化学、国文、英语、体育、伦理学、三民主义和中国通史等10门课，第二年有德文、经济学、电磁学、肥料学和有机化学等8门课。浙江大学档案馆至今还保存着学号为32172号的理学院化学系池志强的学习成绩单[2]，第一学年的平均成绩为70.4分，第二学年的平均成绩为73分，属于上游水平。据统计，浙江大学分校在龙泉的七年中，共招收学生1000多名，而在这1000多名学生当中，竟有100多人成为推动社会前进和历史发展的名贯中西的科学家、文学家、教育家。

2013年3月5日，国务院印发了《关于核定并公布第七批全国重点文物保护单位的通知》（国发〔2013〕13号）文，浙江大学龙泉分校旧址（曾家

图2-2　全国重点文物保护单位立碑

① 池元强访谈，2011年10月11日，上海。资料存于采集工程数据库。
② 国立浙江大学学生成绩单（学号32172号池志强）。存于浙江大学档案馆。

大屋）被核定列入名单（近现代重要史迹及代表性建筑类别），成为全国重点
文物保护单位。

姐 弟 之 间

　　池志强兄弟姐妹关系融洽，特别是与性格爽朗的二姐年龄仅差三岁，
有较多的共同语言。

　　1944 年，池志强正在浙江大学龙泉分校念书，二姐池志立则在福建省
省会永安的国立福建音乐专科学校求学。5 月的某天，二姐的同学李小玉
从封闭的学校逃出来，到浙江大学龙泉分校告诉他二姐被捕的消息。池志
强非常气愤，也受到了一次深刻的教育。池志强后来在《自传》[①] 中写道：

　　　　（李小玉介绍了）二姐在福建音专由于参与学生进步活动而遭特
　　务迫害、传讯的情况，而且分析了蒋匪特务统治及学生斗争的意义。
　　第一次使我认识到蒋匪特务统治的事实与我们党领导的正义斗争。这
　　使我从糊涂的睡梦中得到震动。

　　在福建音专地下党组织的积极营救下，不久，池志立等 5 人由校长
保释出狱。经过这次考验，池志立在福建音专加入地下党，奔向延安解
放区的愿望也更强烈了。

　　1945 年 8 月，池志立从福建音专毕业，并在党组织的帮助下奔赴解放
区。临走之前，她到浙江大学龙泉分校与池志强告别，希望带弟弟一起去。

　　　　那时候我弟弟在浙江大学学习，我就说有这个机会可能要去延安，
　　问他是不是跟我一块去。他也觉得国民党不太地道，但是他说现在对

---

　　① 　池志强：自传（1955 年 4 月 29 日）。存于中国科学院上海药物研究所档案室。

图 2-3　姐弟合影

共产党不太了解。我弟弟是个很认真的人，他说再了解了解。他比较
实在。不是你说好，那我就跟着。他很有思想，有独立思考的能力。①

　　池志强没有跟二姐走的另一个考虑是这一年庶母何氏病故，弟弟妹妹
在老家要上中学，他觉得自己有责任留下来照顾弟弟妹妹。他在《自传》
中写道②：

　　　　（二姐）进行了正面的形势教育，我感觉到这些比较新鲜，打破
　　了我对和谈的幻想，对时局的看法有了新的认识，也有了一些新的希
　　望……另外，我觉得家里面母亲都去世了，还有弟弟妹妹也需要我们
　　照顾。她去解放区，家里面更没有人了。在这种情况下，我也不会说
　　是跟着她跑，就是这样情况。

　　但二姐的言行还是给予了他很大的触动，"二姐早年参加革命，使我对
党有很大的景仰"，在他的心目中，二姐始终是"革命的第一引路人"。

---

① 　池志立访谈，2011 年 10 月 14 日，北京。资料存于采集工程数据库。
② 　池志强：自传（1955 年 4 月 29 日）。存于中国科学院上海药物研究所档案室。

入党前后

　　抗日战争胜利后，池志强就读的浙江大学龙泉分校要迁回杭州。由于在杭校舍经历战乱破坏，满目疮痍，需要一段时间重建校园。池志强于1946年8月才回浙江大学复学，那时浙江大学已设立药学系。池志强回忆"当时从将来出路考虑，药学系毕业可能找工作好找一点，因为应用性比较强，所以就转学到药学系去了"①。

　　抗日战争的胜利，使饱经战乱之苦的中国人民获得了一个近百年来少有的进行和平建设与发展的历史性机遇。中国共产党提出了和平、民主、团结的口号，主张团结一切爱国民主力量，通过和平的途径，建立民主联合政府来建设一个独立、自由、民主、统一、富强的新中国。但是，国民党坚持实行一党专政和独裁统治，企图通过发动内战来消灭共产党和人民军队。杭州作为国民党统治核心地区的重要城市，便成为国共两党展开斗争和较量的重要战场。在浙江大学地下党领导下，浙江大学学生爱国民主运动连绵不绝，以"东南民主堡垒"享誉史册。池志强龙泉分校的好友谷超豪此时已是浙江大学学生自治会代表会数学系代表。池志强从不满国民党统治现状、景仰共产党的朴素感情出发，也卷入学生运动的洪流中，先后参加了三次重要的学生罢课、游行示威活动。

　　1946年12月30日，北平学生为抗议美国士兵皮尔逊强奸北大女生沈崇的暴行，举行了大规模的示威游行。池志强和他的浙江大学同学积极响应，于1947年元旦联合之江大学等大中学校学生2500余人举行要求"撤退美军、制止内战"的示威大游行。游行者扛着一幅反映美军丑态的大漫画，一路高呼"抗议美军暴行"等口号②。

　　1947年5月4日，上海学生举行示威游行，提出"要饭吃，要和平，

---

　　① 池志强访谈，2012年2月15日，上海。资料存于采集工程数据库。

　　② 朱之平，金灿灿，张淑改：1946-1949年的浙江大学学生爱国民主运动。《浙江大学学报：人文社会科学版》，2011年第5期，第26页。

要自由；反饥饿，反内战，反迫害"。示威学生遭到国民党特务的殴打，各校学生立即罢课抗议。5 月 20 日，南京各校学生与上海、杭州、苏州等地学生代表 6000 余人，组成请愿团在南京举行联合大游行，向行政院提出了五项要求，结果游行群众遭到国民党军警镇压，伤百余人。参加请愿的浙江大学学生代表崔兆芳从南京归来报告了"五·二○"惨案经过，激起了池志强和他的同学们的义愤。5 月 24 日，浙江大学又联合杭州其他学校千余学生举行"反饥饿、反内战、反迫害"示威游行，宣布罢课，抗议"五·二○"惨案[1]。

影响最大的是震惊全国的"于子三运动"。于子三是浙江大学农学院农艺系 1944 级学生，被竺可桢认定为一位"好学生"。他参加进步学生组织"新潮社"和中共的外围秘密组织"新民主青年社"，并担任浙江大学学生自治会代表会主席，又被选为罢课执行委员会主席。1947 年 10 月 26 日，于子三在校外被国民党中统特务秘捕，3 天后惨遭杀害。浙江大学师生闻讯后既震惊又气愤，就进行游行抗议，发起了"反迫害、争自由"的"于子三运动"，先后得到杭州、北平、天津、昆明、上海、南京等全国二十多个城市大中学生的积极响应。它是新中国成立前夕爆发的最后一次全国规模的学生运动，也是新中国成立前浙江大学学生爱国民主运动史上最为光辉的火炬[2]。

于子三牺牲后，国民党当局一面镇压学生运动，一面又派遣和扶植一些学生争夺学生自治会的领导权。为此，浙江大学学生自治会就在运动中进行改选。地下党与三青团都全力以赴参加竞选。池志强龙泉分校的同学谷超豪由于在历次运动中做了不少工作，热心为同学服务，而且功课好，所以在学生中威信很高。竞选期间，学校的壁报上出现了一条醒目标语：科学＋民主＝谷超豪。开票时，谷超豪高票当选副常务理事，后兼任主任秘书，成为浙江大学学生自治会主要负责人之一[3]。

---

① 陈其明："反饥饿、反内战、反迫害"运动.《北京师范学报》，1980 年第 1 期，第 70 页。
② 钱永红，吴大信，高亮之，等：党领导下的新中国成立前浙江大学学生运动.《浙江大学校报电子版》，2011 年第 410 期，第 4 页。
③ 谷超豪：答中央电视台"大家栏目"记者问。见：谷超豪，《奋斗的历程——谷超豪文献》. 上海：复旦大学出版社，2005 年，第 218 页。

1955 年 4 月 29 日，池志强对这段学运历史做了自我剖析：

从 1947 年的沈崇事件开始，经过了反饥饿、反内战、五·二〇、于子三事件，使我从景仰党、从正义感出发、不满现状，逐步提高到对统治阶级的本质认识。但还只是从小资产阶级知识分子本身要求解放而同情革命，参加学生运动。在运动中主要是随着大家罢课游行的基本群众，运动的积极拥护者。[①]

1948 年 12 月，淮海战役胜利了，全国的形势有了很大的变化。浙江大学的国民党要迁校，要搬到台湾去。在这种情况下，地下党提出不必要迁校，而应该护校。为了防止当局在溃逃前的捣乱、破坏，浙江大学师生员工在中共地下党的领导下，掀起了护校运动，迎接解放。1948 年 12 月 11 日，学生自治会发表"为坚持不迁校告师长同学工友书"并成立了"应变委员会"。池志强被选为应变委员会的候补委员，负责安全部的一部分工作。据池志强回忆：

安全部的主要工作之一就是值班，白天、晚上值班，保卫学校里边的安全。另外是查血象、调查血型，为了战争打起来后为输血做准备。所以，要做好这方面的准备工作。

由于"工作表现积极负责"，有"责任感、正义感和一定的政治觉悟"，1948 年年底，中共党组织根据工作需要考虑发展池志强入党。1949 年 1 月，池志强入党。入党后，池志强便接替杨锡龄（浙江大学学生自治会主席），主动争取承担安全部的主要工作，负责保卫工作（组织守夜、纠察队等）。

1949 年 1 月 18 日，竺可桢接受学生的建议，加固学校的围墙，同时成立学校安全委员会，下设救护、消防、警卫、情报联络等组，还储备了

---

① 池志强：自传（1955 年 4 月 29 日）。存于中国科学院上海药物研究所档案室。

粮食①。

1949年1月26日，浙大数百人前往第一监狱迎接浙大地下党支部书记吴大信等五人出狱。5个月前，他们被杭州市特刑庭便衣警察从校园内非法绑走，后因吴大信拒绝写"不再参加政治活动"的保证书而被判刑十年。在竺可桢校长、苏步青训导长和全校师生的不断努力下，特刑庭被迫放人。在党的领导下，将欢迎出狱组织成一次游行示威活动。一路上大家很兴奋，池志强领喊口号，

图2-4　1949年1月26日，浙江大学学生迎接
五位学生出狱（左二为池志强抬着吴大信）

竟叫哑了喉咙。当被关押、折磨多月的吴大信等五人蹒跚走来，同学们把他们高高举起，池志强抬着吴大信走在游行队伍的前列。事后，在湖滨分局担任警察局局长的堂叔池桂生曾让在杭州当小学教员的妹妹池志平转告池志强：不要太起劲，弄得喉咙都叫哑了②。

一天，池桂生突然来电约见池志强，说是有要事求教。经请示党组织后，池志强到杭州湖滨警察分局会见堂叔。堂叔是被迫留守下来的，想探求今后的出路，池志强借机获取了国民党军政大员逃跑后残留警察的想法，并立即向党组织作了汇报，为杭州的顺利解放提供了重要信息③。

1949年4月24日，在竺可桢校长的倡议下，"为应付环境，急需加强安全委员会之组织"，决定将"学校安全委员会"改名为"浙江大学应变执行会"④。同月底，值杭州解放前夕，浙江大学的安全警卫工作非常紧

---

① 竺可桢：《竺可桢日记（六集）》。上海：上海科技教育出版社，2006年，第354页。

② 池志平：家庭情况社会关系及我对池志强的认识。存于中国科学院上海药物研究所档案室。

③ 池志强：杭州第二警察分局会见池桂生之经过情况。存地同②。

④ 同①，第426页。

张。浙江大学全体在校同学都轮流值班，四周墙上扎上铁丝网，校门口也摆了铁丝网和许多障碍物、石灰、棍棒等。池志强是安全警卫负责人，他连续几天坚守岗位，不敢睡觉。

1949 年 5 月 3 日，杭州解放。浙江大学终于毫发无损地迎接到解放的一天。5 月 4 日晚，杭州市 4000 多名学生、工人、店员等涌进浙江大学，会同 2000 多名浙江大学师生员工举行"纪念'五·四'庆祝杭州解放联欢晚会"。晚会喧闹之时，池志强终于能躺下睡个安稳觉，这一觉足足睡了两天。

名 列 前 茅

在浙江大学本部药学系的 3 年，池志强在如火如荼的学生爱国民主运动和护校斗争中经受了锻炼和考验，是带领同学投入革命洪流的中坚力量；政治上也更臻成熟，成为新中国成立前浙江大学 52 名地下党之一。与此同时，他的药学专业学习也是出类拔萃。他善于利用时间，有很高的学习效率，这种能力或许有天赋的因素，但更是后天努力的结果，是一个特殊大环境孕育的产物，与浙江大学深厚的文化底蕴和药学系优良的办学传统密切相关。

1936 年 4 月，第二届"庚款"留美生、获哈佛大学博士学位的气象学家竺可桢在前任校长郭任远被学潮逐走后主政浙江大学。他向国民党政府提出的条件是"财政须源源接济，用人校长有全权，不受政党之干涉"[①]。在就职仪式上，他推出办学的 6 条宗旨，殷殷教诲莘莘学子秉承"求是"的传统，提出"大学最大的目标是蕲求真理"。在浙江大学"西迁"途中，他目睹时艰，对大学生的培养目标有更深层次的认识，所谓大学生，不仅在"造就多少专家如工程师、医生之类，尤在乎养成公忠坚毅、能担当大任、主持风会、转移国运的领导人才"。他对学生说："乱世道德堕落，历史上均是，但大学犹如海上灯塔，吾人不能于此时而降落道

---

① 张薇，余欣：消失的大学——纪念 1952 年大陆高校院系调整 60 周年。《凤凰周刊》，2012 年第 5 期，第 100 页。

德标准。切记：异日逢有作弊机会，是否能涅而不淄，磨而不磷，此乃现代教育之试金石也"①。竺可桢校长标高绝响的办学理念，除了自己身体力行外，还通过"导师制"等措施而得到贯彻，并把选好德才兼备的教授视为一所大学至关重要的一环。药学系的创建和教学实践则是竺校长办学理念的生动诠释。

　　1943 年，在战乱的摧残下，霍乱、痢疾、疟疾、结核等多种疾病的流行对大后方的人民构成莫大威胁。当时，在国外磺胺类药物已普遍用于临床治疗，青霉素也已问世，但对我国的一般群众而言，皆属不可企及的奢侈品。于是，加速培养我国自己的药学人才、发展民族制药工业便成为当务之急。竺校长与理学院院长胡刚复心系国情民意，萌生浙江大学创建药学系的考虑。他们深知当时已在生物系的生理学教授孙宗彭先生②曾在美国施贵宝药厂从事研究工作，对药学科学素有了解，对药学教育更具卓见，足以承担筹建药学系之任。于是，就向教育部提出在浙江大学理学院增设药学系的申请。获准以后，即在浙江大学西迁贵州湄潭的艰难环境中设立了药学系的办公室。1944 年秋季，药学系招收第一届新生。"当年招到朱淬砺③、徐黻本④、张淑改⑤、朱谱强⑥、周清梅、陈雅琴和郑秀七人"。1946 年暑期，浙江大学返回杭州西子湖畔学院路"求是书院"原址后，池志强便从化学系转入该班⑦。孙宗彭教授对这批学生倾注了满腔热情，实施了悟性教育。

①　应尚伟：《名流浙江大学》。杭州：浙江大学出版社，2007 年，第 54 页。
②　孙宗彭（1895-1972），东南大学生物系毕业，美国 Pennsylvania 大学哲学博士。曾任美国 Squibb 药厂研究员和中央大学生物系主任等职，为我国老一辈的生理学和药理学家。
③　朱淬砺（1923-1983），1949 年浙江大学首届药学系毕业。上海第一医学院药学系合成药化教研室教授。
④　徐黻本，1949 年浙江大学首届药学系毕业。中国药科大学教授。
⑤　张淑改（1925-2012），1949 年浙江大学首届药学系毕业。1953 年 7 月进入药物所从事药理研究。历任中国科学院上海药物所科研处处长、《中国药理学报》编辑部主任等职。
⑥　朱谱强（1923-），1949 年浙江大学药学系毕业。杭州市化工研究院研究室副主任、教授级高工。
⑦　张淑改：忆湄潭——纪念浙江大学理学院药学系建系六十二周年。浙江大学网站，2007-05-22。

（孙宗彭曾说）古代大思想家、科学家亚里士多德（Aristotle）对生物学和论证科学饶有兴趣，给学生授课不照书宣讲。有一次亚里士多德给学生们每人发一条鱼，要学生自己解剖观察后写出各自的记录，以了解学生的洞察能力，然后由他提出各人不足之处，帮助学生自我提高。孙教授举这个例子实际上是强调学生自学的重要性，只有这样才会有新的发现和创新。他是把最根本思路和方法教给大家，这是孙教授培养研究性人才的高招。①

据池志强、朱谱强、徐戫本三位药学系首届同班同学回忆：

孙教授创办的浙江大学理学院药学系有三个特点：一是确定以培养研究型的药学人才为目标，制订学制为5年的教学计划，充分汲取浙江大学理学院化学系、生物系和基础医学有关学科的特长，与药学专业授课融合一体，为国内培养高级药学科研人才。孙教授的办学理念，就是要使学生能胜任各种科研工作，能开展多方面的药学研究，以药理作用机制、研发新药为重点，并能承担国家所需的科研任务。而当时国内一般药学院系往往局限于培养药剂人才。后来，历届毕业生在科学研究中做出很好的成绩，验证了他办学理念的远见卓识。二是孙教授倾其全力，尽一切可能从国内外筹措经费，购置教学、科研仪器，使系内药品试剂充沛、仪器基本齐备，并有大型冰箱可供实验之需，这是当时国内药学院校所少有的。由于他在美国工作时的成就，在医药界、有关院校有一定知名度。他向美国研究部门、国际友人、Rockfeller基金会等提出呼吁，说明中国在反抗日本侵略的正义战争中办学，很需要国际友人的支援，先后收到国际红十字会、匹兹堡大学、宾夕法尼亚大学以及朋友们寄来的十几批大小仪器设备。这使浙江大学药学系在整个国家十分艰苦的条件下，仍能较系统地开展药物化学、药理学以及制剂学、植物化学、生药学等各项教学和科研工作，使学生在学习过程打下扎实的基

---

① 朱谱强，徐戫本，池志强，等：孙宗彭教授和他的办学理念。《浙江大学报》，2007年12月21日。

础。三是在国内、国外聘请一流的专业授课教师。当年最早聘请到的，有药理学专业的张耀德教授①，药物化学、有机药物合成专业的张其楷教授②，生药学的刘宝善教授③，这是短期内药学系完成的第一阶段师资队伍建设。1947年，又从英国聘请顾学裘教授④任药剂学教授。1949年，请到许植方教授⑤讲授植物化学。上述这些教授从欧美回国，云集浙江大学，使药学系达到原来制订的化学、生物学、基础医学与专业学科相融合的教学目标。⑥

药学系的办学特点是在浙江大学综合大学办学优势基础上实现的。浙江大学设有文、理、工、农、医、法等学院，强调文理结合，重视文理科的教育。全校学生的数、理、化、生等基础课由理学院讲授；理学院学生的必修文科基础课程有语文、英文、第二外国语、中国通史等，药学系甚至还有孙宗彭主任为学生特设的英文名著课。这些课程均由文学院讲授，使学生具有较好的文、理基础。而专业课程由药学系发挥自己的优势，要求学生学习理论知识和掌握实验技术，每周有5—6个下午是实验课，有时还需要在星期日补上。实验课除有助教或讲师辅导学生独立操作外，授课教授也大多亲临指导，还要求学生系统查阅有关毕业论文课题的文献。学生可选修化学系、生物系或其他院系开设的有关课程，并可旁听其他系的很多讲座，接受新颖的科学理论；参加音乐文艺欣赏，发挥学生的兴趣爱好。

---

① 张耀德（1906-1998），齐鲁大学医学院毕业，药理学家。1945-1947年在浙江大学执教，后赴美国国立卫生研究院（NIH）从事麻风病化疗之研究。

② 张其楷（1912-1995），中央大学化学系毕业，德国 Munster 大学哲学博士，药物化学家。院系调整后去军事医学科学院工作，多次获得军队和国家奖励。

③ 刘宝善（1896-1991），东南大学生物系毕业，在植物分类和中药学方面有特殊造诣。院系调整后在军事医学科学院从事科学研究。

④ 顾学裘（1912- ），药剂学家。1947-1949年在浙江大学药学系执教药剂学，后在沈阳药学院任教。

⑤ 许植方（1894-1983），植物化学家。1949-1952年在浙江大学药学系执教植物化学与药物分析，后赴上海医学院药学系任教。

⑥ 朱谱强，徐戴本，池志强，等：孙宗彭教授和他的办学理念.《浙江大学报》，2007年12月21日。

图 2-5　1950 年池志强（中）在浙江大学实验室工作

药学系的办学成绩还得益于系主任的人格力量。孙宗彭教授为人大度、真诚，易与人相处。他关爱学生，师生情谊十分密切。当时系里提倡"四互相"，即互相友爱、互相学习、互相团结、互相鼓励，逐渐形成很深厚的情谊。在浙江大学重返杭州后，药学系内学生约 30 余人自发组成系会，联系师生情谊，成为"全系一家"的和睦大家庭。系里常有师生的共同活动，或开联欢会，或外出郊游，孙教授总是积极参与，融入师生的欢乐之中。在异常艰苦的战乱环境下，师生们不畏艰难，互相勉励。池志强是公费生，平时生活拮据，三、四年级两个暑期他都要到钱江水文站勤工俭学当水文观测员①。但他自强不息，成为其中"公忠坚毅、能担当大任、主持风会的领导人才"。他是学运的带头人，又是专业学习的领跑者。1949 年 7 月，池志强完成大学学业，拿到新任校长马寅初签发的毕业证书。证书背面有历年各课成绩，除体育课外共计修课 50 门，全年平均成绩 82.97，在浙江大学药学系首届毕业生中名列第一。②

1949 年 8 月，因学习成绩优秀，药学系首届毕业生池志强留校，被聘为张其楷教授的药物化学助教。除了当张老师的助教外，他还兼任植物化学、药物分析和实验课程的助教③。当时杭州刚解放不久，市场上流通的很多药品质量有问题。由于涉及人命，卫生部门经常抽检市场上出售的药品，将它们送到浙江大学药学系检验。池志强在许植方教授指导下挑起了

①　池志强：自传（1955 年 4 月 29 日）。存于中国科学院上海药物研究所档案室。

②　池志强浙江大学毕业证书（背面有五年的学习成绩）。资料存于采集工程数据库。

③　浙江大学（离校）教职员工登记表（ZD-1952-XZ-0022-4）。存于浙江大学档案馆。

这副重担，他边干边学，认真把关，一丝不苟，出色完成了任务。这一时期的学习和实践为其后来在药学研究领域大放异彩奠定了基础。

长 生 路 精 神

1949 年 2 月底，中共杭州地下党市委决定成立科协工作组，谷超豪担任组长[①]。科协党组的任务是保全杭州各科技机构，为迎接解放而努力。1949 年 5 月 3 日杭州解放，浙江大学陈立教授[②] 担任中国科协杭州分会理事长，谷超豪担任分会理事、秘书和科协党支部书记。同年 9 月，池志强由学联支部转入科协支部，参与科学工作者协会的组织工作。由于白天当助教，业务工作非常忙，科协的工作只能晚上加班。1951 年 1 月，浙江省科普协会成立。因工作需要，谷超豪担任省文教厅文化事业管理局科普科科长，并将池志强调离浙江大学药学系到该局上班，同时担任科普协会浙江省分会常委兼业务部部长。

那时中央文化部设有科学普及局。中国科协杭州分会的主要工作是"努力组织科技工作者为浙江省经济建设提供咨询和建议，结合生产需要开展科普工作"。科协的办公地点在杭州长生路 4 号。长生路 2 号是妇联，团委也在这条路上。科协把科普工作搞得有声有色，许多科学家都热情参加。池志强和徐振声作为党支部成员和具体经管人员发挥了骨干作用。当年科技界人士经常在长生路 4 号开会学习，领会有关精神。至今他们还会亲切地回忆起"长生路 4 号精神"，实际上，这是一种提倡齐心协力让科学为人民服务的精神。对此，作为党组书记的谷超豪有诗称赞："万众共庆解放天，科技兴省宜争先。长生路上精神好，志强振

---

① 钱永红，吴大信，高亮之，等：党领导下的新中国成立前浙江大学学生运动。《浙江大学校报电子版》，2011 年第 410 期，第 4 页。

② 陈立（1902-2004），湖南平江人。1933 年获得英国伦敦大学心理学博士学位。我国工业心理学的创始人、智力理论和心理测验研究的先驱。新中国成立后，历任浙江大学教育系主任，浙江师范学院副院长、院长，杭州大学副校长、校长等职。

图 2-6　池志强和夫人胡文瑛结婚照

声皆栋梁。"①

在科普科的这段半年不到的日子里，池志强有幸结识了另一位影响他一生的贵人，这个人就是他的夫人胡文瑛。1948 年 7 月，她从上海圣约翰大学植物生产系毕业，不久便进入华东人民革命大学学习。1949 年 9 月，她成为浙江省金华县人民政府民政局农林科的工作人员。1951 年 1 月，调任浙江省科普协会干事。同年年底，任浙江省文化局社会文化科科员②。在政治上、业务上池志强是领导，但与人为善、乐于助人的作风使他成为可以倚重的老大哥。工作上的频繁接触、生活上的互相关怀，使两人逐渐建立了感情。两年后的春天，池志强和胡文瑛在西子湖畔誓结百年之好，开始了一段白头到老的姻缘。

1951 年 6 月，浙江省文化局科普科改名社会文化科，池志强晋升为副科长。社会文化科的工作重心是以文化馆为基地，开展各类面向基层、群众喜闻乐见的文化活动。浙江省的文化馆是在 1949 年新中国成立初期接收 18 个民教馆的基础上建立起来的。当时，信息传播渠道十分有限，有些县配备了一台收音机，算是最先进的宣传工具。由县政府设置的收音员在每年大年初二开始，都要挑着铺盖、收音机、干电池及天线等一担货上山下乡，让农民及时收听中央和省台的春节农民特别节目③。到 1952 年，全省文化馆在数量上达到了每县、市一馆，在设备上亦基本完成中央所规定的"三机、一室、一台、一报、一挑、一团、一校的规格"④。其中，"三机"为收音机、幻灯机、扩音机，"一室"为图书室，"一台"为广播台，"一报"

①　谷超豪：祝贺志强同志八十寿辰。见：谷超豪著，《奋斗的历程——谷超豪文选》。上海：复旦大学出版社，2005 年，第 253 页。

②　胡文瑛同志生平。存于上海电子仪表科技情报研究所档案室。

③　王惠萍：永不消逝的电波。《中国遗产》，2013 年第 1 期，第 100 页。

④　浙江省一九五二年文化馆工作总结。存于浙江省档案馆。

为黑板报，"一挑"为文化挑，"一团"为剧团，"一校"为夜校。这一阶段的工作要求池志强下基层调研，贯彻华东文化部关于"目前华东区群众文化工作的基本任务是巩固与提高已有文化站、馆质量"的指示，宣传浙江省第一个五年文化计划，摸清各地文化馆的情况，为召开全省第一次文化馆工作会议做准备。池志强在"自我鉴定"中[①]，对自己的工作做了很多自我批评，认为在"工作力求实事求是""加强政治理论及政策业务学习"和"建立事业的感情"三方面是"今后的努力方向"。而党小组的同志则给予他很高的评价：对组织分配的工作从不打折扣，不叫苦；能以认真负责的态度去完成，同时对自己不懂的业务肯虚心学习。应该说，池志强的工作业绩组织上还是充分肯定的，在社会文化科副科长岗位上待了一年还差两个月，他又被提拔另有重用。

1952 年 4 月，池志强调任浙江省文化局电影科科长。电影放映管理工作原属社会文化科管辖，把此项工作独立出来成立电影科，是对电影这块宣传阵地重要性认识的提高，是落实浙江省第一个五年文化计划的必要举措。池志强在位一年零三个月，全省电影放映工作呈现空前的大发展。从一份《浙江省文化事业管理局电影放映队一九五二年工作总结》[②]中可见具体成绩：

图 2-7　2007 年在浙江省文化厅前和老同事赵殿鳌合影

---

①　池志强："三反"自我鉴定。存于中国科学院上海药物研究所档案室。

②　浙江省文化事业管理局电影放映队一九五二年工作总结。存于浙江省档案馆。

　　电影放映队从原有的 9 个小队发展至 22 多个小队。在全省 7 个专区、62 个县市、265 个区放映 1192 场，平均每场观众 3135 人，观众共计 3736900 多人。先后放映了国产片"白毛女""抗美援朝"等 30 部，放映苏联片"幸福的生活"等 20 部……具体经验收获是：建立了队部机构，加强了思想领导，训练了干部，扩大了放映队；在宣传工作上配合省府老区慰问团、全省各地物资交流会文娱宣传、小学教师思想改造学习、中潮镇反宣传及中苏友好月宣传等各项中心任务，起了一定的推动和鼓舞作用。

对于这个新的管理岗位，池志强的回忆比较简单直白：

　　过一段时间，又调去管电影科事情。其实，你可以看到当时工作比较繁忙，而且也不管你专业，要你去干就得干。当时好的地方就是要我干什么就干什么。[①]

字里行间还是流露出对自己的专业的留恋。

---

① 池志强访谈，2012 年 2 月 15 日，上海。资料存于采集工程数据库。

第三章
血吸虫防治新药研究

得 力 助 手

新中国成立后的三年时间里，我国进行了艰巨的社会政治改革和经济恢复的工作。而后，开始进入大规模建设时期。为了实现国家建设计划，亟须造就和提拔大批的优秀建设干部。1952 年 6 月 18 日，我国政务院发出了《关于调整高等学校毕业生工作中几个问题的指示》，要求对用非所学及存在其他实际困难的高等学校毕业生的工作应予适当调整，其中属于理、工、农、医各系的学生尤应坚决地加以调整。中央决定由组织部和宣传部负责开展科技人员归队工作，使一批专业科技人才从一般行政岗位上调回科技部门工作，为国家建设发挥更积极的作用。1953 年 1 月 1 日，《人民日报》发表元旦社论"迎接一九五三年的伟大任务"，向全国人民发出了开始执行国家建设第一个五年计划等三项重大任务的号召。随后，中国科学院在各省人事部门档案中发掘和抽调大批科技专业干部到中国科学院工作。池志强也接到了从浙江省文化局发出的归队调令，他便与在浙江科协工作期间认识的胡永畅联系，此时胡永畅已是中国科学院华东办事处的秘书长。同年 7 月，池志强正式调入中国科学院上海药物所。报到后，才知道浙江大学同班校友张淑改也调到上海药物所工作。

中国科学院上海药物所前身是国立北平研究院药物研究所 [①]，创建于 1932 年。所址在北平东皇城根 42 号北平研究院理化部内，1933 年迁至上海，暂入中法大学校区，1936 年搬入福开森路（今武康路 395 号）。1949 年 11 月，中国科学院在北京成立。1950 年 3 月，中国科学院接收了中央研究院和北平研究院的九个在沪单位。因科研人员少，药物所挂靠在中国科学院有机化学研究所内（人员、经费和科研独立于有机化学研究所）。1953 年 1 月 23 日，中国科学院下达文件，上海药物研究所正式独立成为中国科学院下属研究所。经过扩建的上海药物研究所设立化学合成、抗生素和药理三个研究组。所长是我国中草药研究的奠基人赵承嘏 [②]。药理组组长则由丁光生 [③] 担任。池志强被赵承嘏分配到药理组后，丁光生安排他到防治血吸虫病任务组 [④]。药理组还有一个任务组从事抗高血压的中草药研究，张淑改就被安排在该组。

血吸虫病是严重危害人民身体健康的寄生虫病。新中国成立初期，长江流域以南的 13 个省、市、自治区均有该病分布，约有 1000 万余患者，1 亿人口受到感染威胁。严重流行区患病者相继死亡，十室九空，田园荒芜，造成了"千村霹雳人遗矢，万户萧疏鬼唱歌"的悲惨景象。为此，国家非常重视血吸虫病的防治研究，成立了中共中央防治血吸虫病 9 人领导

---

① 1932 年夏，国立北平研究院院长李昱瀛、副院长李书华两先生及北平中法大学李麟玉先生认为"鉴于我国药物科学化之重要，欲筹办一药物研究所于北平"。时任协和医学院药学系代主任的赵承嘏教授受托创办药物研究所，为首任所长。

② 赵承嘏（1885-1966），江苏江阴人。植物化学家，中草药化学研究的先驱者，曾系统研究了 30 多种中草药化学成分，建立了一套系统研究整理祖国医药的科学方法。1955 年当选为中国科学院院士（学部委员）。

③ 丁光生（1921-），安徽阜阳人。1944 年毕业于中央大学医学院，美国芝加哥大学药理学哲学博士，是中国第一代临床药理学家。1980 年创办《中国药理学报》并任主编，1982 年又创办《新药与临床》并任主编。1981 年入选美国纽约科学院院士。

④ 上海药物研究所于 1953 年接受华东血吸虫病研究委员（1955 年后改为中央防治血吸虫病研究委员会）的任务，参加该委员会的化学药物组工作，承担化学药物的合成及各类药物的实验治疗和药理研究。

小组①，集口了南方 13 个省市的科研院所、高等院校的精兵强将全力攻关。当时上海药物所也是全力以赴，防治血吸虫病药物研究分药理和化学两部分同时进行。药理研究在丁光生先生领导下进行，宽敞的实验室安置在岳阳路 320 号大楼的西翼三楼。任务组内科研人员有朱巧珍、梁猷毅、沈美玲、张惠民、曾衍霖等大学毕业生，技术人员有吕宝芬、梁惠珍、张金龙等。池志强年龄上与大家差不多，但他是当时组内唯一的党员、所党支部的负责人之一、所高研人员政治学习小组的组长②，被丁光生视为当仁不让的"政委"，成为工作上的得力助手。据丁光生回忆③：

> 那时候，大家团结一心，积极努力地为完成上级交给的任务献计献策，忘我工作，真正做到了"见荣誉就让，见困难就上；见先进就学，见后进就帮"，大家朝夕相处，结下了深厚的感情。

整个抗血吸虫病药物研发过程包含多个环节，包括查阅文献、培养钉螺、建立模型、给药、代谢测试、毒性解除等诸多工作。池志强主要从事筛选新药的工作。同时从事这方面工作的还有朱巧贞、曾衍霖、梁猷毅和技术人员吕宝芬等人。由于血吸虫生活习性的特殊性，它需要钉螺作为媒介才能传染给人。所以在研究过程中，通过培育改良的钉螺释放尾蚴，使得一滴水中尾蚴数量达到四十个，再去感染腹部去掉被毛的小鼠。经过一定时间后解剖小鼠，取出血吸虫计数。实验设立对照组及受试药物组，用以观察药物的预防作用或者治疗作用。这样的工作相当精细、繁琐，实验结果要经得起重复。经过池志强和大家的共同努力，建立了稳定、成熟的筛选方法，抗血吸虫病药物研究也取得一系列成果，先后有多篇论文在中国生理科学会上海分会上宣读并在《生理学报》发表。池志强都

---

① 九人领导小组以柯庆施（时任上海市委书记）为组长，魏文伯（时任上海市委副书记）、徐运北（时任卫生部副部长）为副组长，组员为农业部和重点疫区的省委书记或省长。

② 嵇汝运：祝老池健康长寿。见：中国科学院上海药物所编，《池志强论文选集》。2004 年，贺词第 7 页。

③ 丁光生：枝繁叶茂庆遐龄。见：中国科学院上海药物所编，《池志强论文选集》。2004 年，贺词第 9 页。

不是第一作者。对此，室主任丁光生认为"当时大家都不争名利的""池志强作为党员，工作抢先，荣誉让后，以身作则，无形之中发挥着潜移默化的作用"[①]。为了研究锑剂抗血吸虫病的作用机理，池志强还着手建立极谱技术，这项技术在国内算是一种新技术。在上海第一医学院药理教研室召开的小型学术讨论会上，经张昌绍教授[②]推荐做了介绍。当时由张昌绍教授主持的上海第一医学院药理教研室和丁光生领导的上海药物所药理研究室关系密切，学术交流频繁，对青年科技工作者的培养是很有益的[③]。

池志强在当好"政委"的同时，在专业学习上也堪称表率。丁光生当年狠抓专业基础培训的情景，池志强有文记叙[④]：

丁先生在培养我们这批新手时，很注重打基础，因为药理研究中，生物统计学十分重要，必须很好掌握。他就请来我国生物统计著名专家谷祖超教授为我们系统讲课、做习题，带我们入门，在以后的科研工作中发挥了重要作用。他对我们的外语学习也十分关注，当时只有俄语学术杂志，流行学俄语，他便亲自组织我们学习俄文，抓小测验以巩固学习效果，使我们很快掌握了查阅俄文文献的能力。

对此，丁光生也有很生动的描述[⑤]：

培训是从药理学基础着手，我要求他们自学相关知识；一方面，开设了统计学方面的课程，因为统计学他们以前接触的比较少；还有

---

① 丁光生访谈，2012 年 9 月 25 日，上海。资料存于采集工程数据库。
② 张昌绍（1906-1967）：上海市嘉定县人，药理学家。一生从事药理学的教学和科研工作，主编的理学教材和参考书被誉为中国药理学的经典著作。他在化学治疗学和神经药理学方面做出了突出的贡献，对中国药理学的发展起到了开拓和奠基作用。
③ 池志强：忆张昌绍教授二三事。见：王卫平主编，《张昌绍教授诞辰 100 周年纪念》。上海：上海第二军医大学出版社，2006 年，第 26 页。
④ 池志强：祝贺丁光生教授八十华诞。见：中国科学院上海药物研究所编，《丁光生的八十年》。2001 年，第 4 页。
⑤ 丁光生访谈，2012 年 9 月 25 日，上海。资料存于采集工程数据库。

就是俄语，他们没学过俄语，我学过一点，所以我亲自上课。我办公室有一个方桌，我坐在一边，池志强就坐在我的左手一边，对面是朱巧贞，右手边是张淑改，我教他们三个人念俄文，从字母开始教起。当时学习俄文是必需的。中国科学院来了一个苏联顾问柯夫达，特殊的历史时期里，他的地位比当时中国科学院院长郭沫若先生还要高。柯夫达不懂中文，就要求中国科学院每一个研究所每一个研究室每一个研究组每个月都要向他写俄文的书面的工作报告，所以当时我要先掌握俄文。每个月都要用俄文打字机写俄文的工作报告。很多新来的同志不懂俄文，所以我要求池志强等人要学习俄文，并且还要进行考试。谁考得好，还有奖励。我有一把北京著名品牌王老五的小洋刀，很精致很漂亮，就作为奖励送给了俄文考试成绩最好的池志强了。

从 1954 年起，上海药物所在执行培养干部计划时，推广药理室的经验，要求全所人员保持每天一小时的俄语学习，并结合专业文献进行自学

图 3-1　丁光生（后排左一）创建的药理组（后排右二为池志强）

或集体学习。

在专业基础培训的同时，丁光生还精心设计系统培训教材。他在自己科研积累和感悟的基础上博采众长，创建了匠心独具的五个系列报告。对此话题，晚年的丁光生仍侃侃而谈[1]：

> 我当时准备了五个报告，一是如何做科研。二是如何查文献。当时查阅文献与现在不同，没有电脑，所以要人工到图书馆去查。比如说查化学文摘、生物文摘，还有 *SCIENCE* 以及很多的医学文献。先教他们如何查阅文献，之后还要教他们如何做卡片，做卡片的时候外国作者的名与姓如何去分清楚。第三个就是如何做实验设计。实验设计有很多种，其中就涉及统计学，譬如说什么叫卡方、什么叫拉丁方。实验设计得好，就多、快、好、省；如果实验设计得不好，做得辛苦最后却无法下结论。第四个报告就是关于如何处理实验数据。数据处理主要就是生物统计学的范围了，譬如说 T 检验、卡方检验，等等。第五是关于如何写论文。我通过这五个报告与他们共同探讨……

曾经听过丁光生报告的人都知道，他做报告用的幻灯片经过他夫人（浙江美术学院毕业）的加工点缀，图文并茂，而且是彩色的；幻灯片字特别大（他本人视力差）；讲的内容深入浅出，风趣幽默；再加上他的嗓门特别响亮，所以报告效果非常好，以致名驰遐迩。50 多年来，全国有数百单位相邀，丁光生几乎有求必应，而且精益求精，屡讲屡新，直至双目因青光眼病导致完全失明才罢休。德高为师，学高为范。池志强对这五个报告印象非常深刻，不仅自己受用一生，在他留苏期间还将这些报告的精华逐一传授给师弟秦伯益[2]。以致 50 多年后，秦伯益院士仍念念不忘丁光生的渊博学识和严谨的治学态度对他本人学术成长的深远影

---

① 丁光生访谈，2012 年 9 月 25 日，上海。资料存于采集工程数据库。

② 秦伯益（1932-），江苏省无锡人。神经精神药理毒理学家，中国工程院院士。曾获国家科技进步奖二等奖、军队科技进步奖一等奖多项。主编有《新药评价概论》。

响①。上海药物所的金国章院士②早年也在丁光生手下工作过，回忆丁光生的系列报告，他说"我受益极多，享用一生，我非常感谢丁先生当时的培养。"③

留苏预备班

新中国成立以后，百废待兴，当务之急是恢复千疮百孔的国民经济。但是，薄弱的工业基础以及匮乏的科学技术人才成了国家经济建设发展道路上的两只"拦路虎"。那个时候西方国家对我国实行封锁政策，党中央制定了政治上向苏联"一边倒"、经济上争取苏联的支持和援助的方针政策。1950年，《中苏友好同盟互助条约》签订。苏联支援我们国家建设一百六十多个重点项目，这些项目包括电子工业、钢铁冶炼、飞机制造等。国内迅速掀起全面学习苏联的高潮。在此背景下，中国希望借助苏联力量迅速、大量地培养出我国自己的高级科学技术人才。于是，作为科学教育发展十年规划的一部分，中央决定大规模向苏联和东欧各社会主义国家派遣留学生。1952年3月，为了解决留苏生因语言不通等原因产生的问题，政务院又决定在北京俄文专修学校内部筹建留苏预备部，一年办一期。留苏预备部的任务主要有三项：业务学习与考核、严格的政治审查以及保证学生的身体健康，以达到"学习好、纪律好、身体好"的要求。1952年8月，中苏两国签订《关于中华人民共和国公民在苏联高等学校（军事院校除外）学习之协定》，协议规定：中国派遣到苏联学习的大学生和研究生须按苏联高等教育部之规定科目经过入学考试后，始能到苏联高

---

① 秦伯益：在上海药物所建所八十周年纪念大会上的发言。存于中国科学院上海药物研究所档案室。

② 金国章（1927–），浙江永康人。神经药理学家，四氢原小檗碱同类物作用于脑内多巴胺（DA）受体研究领域的开拓者，中国科学院上海药物研究所研究员。2001年当选为中国科学院院士。学术专著有《脑内多巴胺的生物医学》《中药延胡素研究中的新发现》等。

③ 金国章访谈，2012年10月18日，上海。资料存于采集工程数据库。

图3-2 1955年北京俄语学院门前全班同学留念（第二排右三为池志强）

等学校学习。

1955年春天，经过层层选拔后的政治审查、体格检查，池志强列入留苏候选名单。当年7月底，参加了在上海外国语学院举办的3天统一考试。考场里他遇见了早已认识的上海第一医学院曹小定老师[1]，通过曹的介绍又结识了刚从上海第一医学院药理专业毕业的秦伯益。两人考试均顺利通过，进入了留苏预备学校学习。池志强分在53班，与秦伯益不是同一班。

留苏预备学校设在北京俄文专修学校内，又称俄专二部。学校原在西城区西南角的鲍家街21号，即醇亲王府的旧址。1955年2月，留苏预备部搬到在海淀区魏公村建成的新校址，5幢崭新的学生宿舍楼仍被2000多学生全部占满。翌年，由于政策调整，留苏学生减少，设施和资源出现大量富裕，留苏预备部又搬回鲍家街原址。当时留苏预备部的教育方针是："在一年内，教会学生基础俄语，使之具有初步用俄语听讲、阅读、记录、会话的能力，并提高其政治理论水平，锻炼健全的体魄，为留苏准备条件"[2]。为此，留苏预备部配备了优秀的管理干部和一流的

---

① 曹小定（1931-），江苏无锡人。1953年毕业于上海第一医学院医学系，1960年获苏联医学科学院副博士学位。我国针刺镇痛及针刺治病研究领域的主要学术带头人。

② 郝淑霞：二十世纪五十年代留苏热潮和中国俄语教育。《中国俄语教育》，2011年第2期，第9页。

教师，聘请了一些苏联专家，还从当时在北京工作的苏联技术专家的家属中聘请一部分人来讲课。53班的语法教员陈斌文和词汇教员马育民善于根据教学现场的情景，在课堂上逐渐多讲俄语，形成良好的语言环境，取得了很好的效果。留苏预备部的课程除了政治课、体育课外，俄语教学还分为语音、语法及词汇三部分。新学年第一、第二周的俄语教学时数全部用于语音教学，共计36小时。语法和词汇课在语音阶段结束后才开始讲授。语法和词汇课又细化为导论、语法、词汇、听力会话和课外阅读等课程，同时增加其他学习手段，通过多种形式，如播放俄语电影、俄语广播等增强俄语学习的氛围。按照俄语学院留苏预备部俄语教育大纲之要求[①]，经过一年两个学期的培训，学员必须达到：能借助词典独立阅读，能正确理解一般性的政治文章和通俗的文艺性文章；掌握并巩固基本语法知识，并能在口语和书面语言中运用最基本的、最常用的语法规则，掌握基本的俄语语法术语；流利并富有表情地朗读一学年中所学过的、不标重音的课文；除第一学期已掌握的词汇外，再学会1500个词汇（其中有600个常用词汇），此外还有500个词须通过课外阅读掌握；听懂教员用学过词汇所做的叙述（词数七八百左右）；会做简单的和详细的提纲；能在两小时内写出为数180个词的记叙，能在一小时内写出为数85—90个词的中等程度的听写；能进行简单的生活会话。大纲要求基本上符合大多数学员的实际情况。据秦伯益回忆[②]：

> 我们那一届学员是最多的，专门有一个教学班子，一年就要培养到你"四会"。一年培养"四会"是很难的。但是，老师们也不急于培养你们很快地能够口语。只要基本俄语学好了，到时候很快就会过关的。所以那个时候学习，我觉得还是比较扎实的。就发音来说，发得比较准确，再三校准得非常准确。语法结构非常严谨，学的教材的句式，就是句子的模式、形式都是非常标准的。课堂纪律也是很好

---

① 北京俄语学院留苏预备部俄语教育大纲（档号：B7永卷17号）。存于北京外国语大学档案馆。

② 秦伯益访谈，2012年9月20日，上海。资料存于采集工程数据库。

的，老师也很认真；学生呢，应该说积极性都是很高的。但是来的学员是不同的，程度是差别很大的。有一些好的，正规大学出来的，像我们几个，我、陈公白、池志强、曹学斌，那都是学校成绩比较好的。因为当时选拔的政治标准是第一，然后才是学习标准。学习标准，各个学校、各个地区本来就差别很大，也没有一个统一考虑，到了那里去上课，学生确实是有差别，特别是两头，特北方的和特南方的，有些俄音是发不出来的。

对于留苏预备部学员的学习和生活情况，国家领导是非常关心的。池志强的照相本里珍藏着当年国家副主席董必武接见留苏预备部学生干部的留影。当时由于我国人民生活水平较低，很多学生都营养不良，周恩来总理亲自指示："出国留学生不能搞得面黄肌瘦，国家再穷，也要保证他们的健康"。有关部门就全力改善学生伙食，"早餐是六必居咸菜、油炸花生米、烧饼、花卷、油条、棒子面粥、小米粥或大米稀饭。午餐和晚餐都有四个菜，至少一个是大荤，有时还有大对虾。大桌子上放着

图 3-3　1955 年董必武接见北京留苏预备班的学生干部合影（第二排右八为董必武，第三排右六为池志强）

一个大蒸笼，里面是热腾腾的大米饭，旁边是刚出笼的热馒头。"留苏预备部的伙食清单至今还被很多当年的留苏生津津乐道[1]。

成 绩 斐 然

1956 年 8 月 8 日晚上，247 名留苏同学和 90 名赴捷克留学、64 名赴波兰留学的同学乘上由北京开往莫斯科的火车[2]。8 时 50 分，火车的汽笛声响起，在《莫斯科—北京》的乐曲声中，401 位莘莘学子离开了亲爱的祖国，奔向世界上第一个社会主义国家。出国前，国家向每位留学生发放了藏蓝色粗呢面的丝绵大衣、浅灰色薄呢子面料的夹大衣、两套西服、一件浅米黄色的雨衣、一件粗线毛衣。此外，每人还有一床深米黄色中等厚度的羊毛毯、一顶冬天的御寒帽子、六双鞋子、四件布衬衣、四条内裤、四双短袜套……池志强的两只行李箱塞得满满的，他深刻体会到了祖国和人民的关爱之情，也感到了自己肩上沉甸甸的责任。经过 10 天零 5 小时的行车，8 月 18 日凌晨 2 时火车准时到达莫斯科站。下车后，稍作休息，池志强和秦伯益一行又换乘北上的火车，于 20 日到达目的地列宁格勒。据资料记载，1956 年这批留苏学生出国时学生专列整整发了三趟，共 1933 人，其中攻读研究生 493 人；如按专业划分，其中攻读医科 72 人[3]。

列宁格勒位于波罗的海芬兰湾东岸、涅瓦河河口，是俄罗斯第二大城市。涅瓦河三角洲上数十条纵横交错的水道和运河把大地分割成近百个小岛，靠 700 多座桥梁相连，享有"北方威尼斯"之美誉。昔日帝都留下的俄罗斯古典建筑群和名胜古迹比比皆是，如彼得保罗要塞、冬宫与皇宫广场、夏花园与夏宫、海军总部大厦、圣伊萨克大教堂、十二月

---

① 郝淑霞：二十世纪五十年代留苏热潮和中国俄语教育。《中国俄语教育》，2011 年第 2 期，第 9 页。

② 第一大队行军总结（档号 B7 长卷 18 号）。存于北京外国语大学档案馆。

③ 李鹏《建国初期留苏运动的历史考察》。华东师范大学博士学位论文，2008 年，第 48 页。

党人广场、斯莫尔尼宫、俄罗斯博物馆、喋血教堂、驷马桥……涅瓦河哺育了灿烂辉煌的俄罗斯文化，使列宁格勒成为著名的科学文化城，罗蒙诺索夫、门捷列夫、高尔基、普希金、果戈理等许多杰出的科学家、文学家都在这里生活和工作过。城内拥有众多博物馆、数以百计的科研机构及数十所高等院校。池志强和秦伯益求学的列宁格勒儿科医学院就是其中最著名的院校之一。

列宁格勒儿科医学院创建于 1925 年，原名圣彼得堡国立儿童医学科学院，系 1905 年在原圣彼得堡市儿童医院的基础上扩建而成，是一个临床的、儿科专科建医学院。它的建立作为社会主义制度优越性的体现，特别关心儿童健康。这个医学院的水平还是很高的，业务校长是他们大科学院的院士。生理教研室的主任可瓦松是医学科学院院士，药理教研室的卡拉西克是医学科学院通讯院士。儿科医学院开展基础研究，包括药理研究、生理生化研究都是研究儿童的特点，或者研究发育过程当中机体的变化，确实是苏联的一个特色。

经组织上的事先安排，池志强和秦伯益的研究生导师是列宁格勒儿科医学院药理学教研室主任卡拉西克院士。这一年，他就招了池志强和秦伯益两位药理学研究生。他学识渊博、治学严谨，名声很大。初来乍到，池志强感到最大的压力还是语言。尽管经过一年的强化培训，成绩不差，在同学中也算是佼佼者，但听、说还是不过关。刚开始听课时有较多困难，老师说的内容很多都不明白，自己想到什么也不是马上就能说出来。但他并不焦急，自己加强预习、复习，注重听力的提高；与老师加强沟通，使教学效果逐渐改善。经过将近一年的师生磨合过程，池志强在专业上的交流沟通基本上没有问题了。但是新的问题又产生了，那就是业务学习受党组织兼职的影响，时间上不够用。池志强是列宁格勒中国留学生党总支书记（党委在莫斯科），列宁格勒有中国留学生五六百人，他是最高领导，有大量社会工作要做。据秦伯益回忆 [1]：

---

[1]　秦伯益访谈，2012 年 9 月 20 日，上海。资料存于采集工程数据库。

我一天到晚都在看书，眼看着一页一页过去，重点内容一道一道在划。他经常回来得很晚，往往要到九十点钟才回来，就剩一两个小时看书。我已经三分之二看完了，他三分之一还没看。我也替他着急……但他从无怨言，不声不响，不慌不忙。他看书很专心、很快、很得要领，考试成绩斐然。

为了不辜负组织的信任，池志强把所有可利用的时间几乎都用到学习和工作上。列宁格勒是十月革命的摇篮、俄罗斯的古都、欧洲的历史名城，城市环境优雅，别具一格。当夏季特有的"白夜"（7—8月）来临的时候，城市景色分外迷人，站在涅瓦河岸，天边的晚霞连着早霞，

图3-4　1957年"五一节"池志强在列宁格勒儿科医学院宿舍门口街心花园留影

日与夜的分界线消失了，令人如入梦境。身处名胜古迹比比皆是的列宁格勒，池志强去的地方却很少。他曾经参观过两个著名博物馆，一个是艾尔米塔日，另一个是俄罗斯博物馆。那还是秦伯益作为儿科医学院留学生学生会主席组织的两次活动，和儿科医学院的十多个留学生一起共同游览的。对此，秦伯益说道："除了一般的公园溜达溜达，真正说得上的地方，我跟池志强没在一起游过。我们一心在实验室做研究，无暇旁顾①。"

秦伯益与池志强一同在北京俄语学院学俄语，一同坐同一节车厢到苏联，进了同一所学校、同一个教研室，在同一个导师指导下做论文，在同一个实验室里做实验，在同一个办公室里看书，住的是同一个宿舍，合用同一张书桌，早上一同上班，中午一同吃饭，晚上一同回来，一同参加课程学

---

① 秦伯益访谈，2012年9月20日，上海。资料存于采集工程数据库。

习，一同通过学位考试，一同参加学术活动①。留苏期间，对池志强接触最多、了解最多的非秦伯益莫属，秦伯益也一直视池志强为良师益友。②

　　我因为是刚刚大学毕业，研究工作从来没做过，也不知道什么叫做研究工作。他（池志强）已经有研究工作的经验了，是助理研究员的身份出去的……一开始池志强就随着我的研究工作的每一个步骤，比如查文献要哪些工具书、有哪些 abstract（摘要）、有哪些 medicine index（医学索引），教我可以这样子去查……他一步一步，循循善诱地教我，所以我一直把老池看成良师益友，就等于我的小导师一样的……他教我这些也不是一本正经坐下来给你讲，没让我感觉到我是一定要他来给我传授的。他是看着你，知道你哪点做得不对了，就来给你指点。就是点到点子上，就是这样。这样的过程让我觉得非常自然，他一点也没有盛气凌人的感觉，也没有好为人师的感觉，很自然的感觉。但是我感到每一步指点对我都很重要，特别回过头去一想，如果没有这些指点，我要多走很多弯路。③

图3-5　池志强、秦伯益（左）与卡拉西克（中）合影

池志强和秦伯益的导师卡拉西克院士是苏联著名的药理学家，同时在苏联医学科学院实验医学所兼职，专长年龄药理学和基础药理研究。他在学术上的重大成就是有关药理学领域的化学传递物质研究。化学传递物质是从德

　　① 秦伯益：老池与我。见：中国科学院上海药物所编，《池志强论文选集》。2004 年，贺词第 4 页。
　　② 秦伯益访谈，2012 年 9 月 20 日，上海。资料存于采集工程数据库。
　　③ 同②。

国 Loewi 的两个蛙心实验证明神经传导是通过化学物质实现之后发展成非常大的学科，至今仍有做不完的研究工作。各种各样的选择性的药物都是在这个传递物质的受体或者影响它的酶作为靶标来研究合成药物，所以说化学传递物质的发现可以说是药理学最精彩的一页。在秦伯益看来：

> 卡拉西克教授在理论上提出了一个观点，就是一个突触一个酶。这个思路虽然指导了当时好多的研究，但是时间长了以后发现也不绝对。很多事情就是这样的，牛顿的三大定律在后来看来也有很多例外，爱因斯坦相对论也有很多例外。科学就是这样，你不能认为牛顿当时是不完善的、爱因斯坦当时是片面的。一个时期有一个时期的认识的角度。卡拉西克教授的特点是他非常注重思路、并不在乎技术，他的实验室应该说装备是比较落后的、比较差的，但是他的很多思路是很先进的。往往他提出一些想法，学术会议上一讲，别的人就可以马上去做。当时在俄罗斯的药理学界，就认为我们的导师是个大脑袋，他不是一个具体的操作者，而是一个出思路的人。所以，他经常写一些综合性的文章，并不是单靠自己实验室做出来的那一点，往往是可以根据世界各国的动向来写一篇当前在这个领域的进展。他是搞总论的，名字叫 general pharmacology（一般药理学），研究共性规律的协同、拮抗、过敏、耐受反应、量效关系等。显而易见，卡拉西克院士过人的地方就是他的思路。作为研究生，他就看你的思路对不对。只要你对，他都支持；你不对，他给你提出来，引导你考虑，看会不会有不同的结果出来。中国现在那么多的导师，大概有好几十万人，说到底大概就是四类导师。一类导师是自己明白但跟学生讲不明白；第二类是自己明白也能把学生讲明白；再高一点水平的导师是自己不明白的、全世界没人明白的能带着学生去把它弄明白的，这是第三类导师；最好的导师就是不管你是什么样的人，你有什么特点，让你自由发展去……最好的导师就是这样的导师，能因材施教，而且发展你本人的特长，并不需要我会，但是我能够看到你走的全过程。①

---

① 秦伯益访谈，2012 年 9 月 20 日，上海。资料存于采集工程数据库。

至于自己的导师卡拉西克，秦伯益认为是第三类导师，第四类还没到。就是思路为先。

池志强的研究题目就是一个实例。开始时，卡拉西克认为中国现在血吸虫病治疗就是靠锑剂，但是锑剂毒性很大，锑剂的解毒剂中国在用英国和美国合成的 BAL。苏联现在刚合成二巯基丙基磺酸钠（Unithiol）可能效果更好，希望池志强研究此药对锑剂中毒的治疗作用。池志强一看那个结构，就提出中国合成一个类似的二巯基丁二酸钠可能拮抗效果更好。教授一看化学结构很惊讶，他说"我原来也想合成这个化合物，但苏联的化学家说这个化合物很难合成而且不稳定，就合成了 Unithiol。那你快叫国内寄一些来。"池志强随即写信给丁光生，丁光生马上就将二巯基丁二酸钠托人带到列宁格勒。经过比较，二巯基丁二酸钠比二巯基丙基磺酸钠的治疗指数高一倍。以这个为起点，池志强后来又发展更深的研究工作。作为一个真正做学问的人，卡拉西克不在乎是你发明的还是我发明的，而在乎你的思路是否有新意、是否有前途。

卡拉西克原来对中国不是很理解，他印象里的中国多多少少还留有女人缠小脚、男人抽大烟的样子。对于中国学生，他原来是想给一个旱涝保收的题目，三年之内不管怎么样都可以通过。后来他改变了看法，转折点有两个——一个就是二巯基丁二酸钠，中国药物化学家已经可以合成了；第二个就是张昌绍先生的来访。

1957 年春，药理学家张昌绍先生随中国科学家代表团到列宁格勒儿科医学院药理教研室访问。卡拉西克教授为张先生的来访认真安排了半天 Seminar，由教研室的讲师和助教逐一报告他们正在进行的工作，每一位报告后，张先生都即席提问和讨论，气氛很活跃。在座的每一位老师无不敬佩张先生的知识渊博、思维敏捷、语言精准、切中肯綮。因为张先生的问题或发言有的是他们没有想到而应该想到的，有的是他们也想到了但还没有往下做的，有的是做了但还没有最后下结论的。参观实验室时卡拉西克教授坦言，他们实验室的设备很一般，没有什么先进的仪器。张先生立即回应："化学传递学说的建立是从 Loewi 的两个蛙心实验开始的。"卡拉西克教授听后哈哈大笑，引为知音。会后卡拉西克教授对池志强和秦伯益说，"中国有这么好的化学家和药理学家，培养出来的学生肯定差不了"[1]，从而对中国学生刮目相看，还多次邀到家里做客。

那天晚上，列宁格勒儿科医学院中国留学生请张先生在宿舍里聚会。用餐前，张先生先听取了池志强和秦伯益汇报赴苏半年来的情况。秦伯益当时刚完成了第一部分工作，通过可卡因对家兔大脑皮层的致痉作用，观察到家兔大脑皮层对可卡因的反应是在出生后，相当于性成熟期才逐渐形成的。张先生听后建议秦伯益先写出这一部分工作发表，投稿《生理学报》，他可以做推荐人。秦伯益随后写出了《不同年龄家兔于可卡因中毒时运动性增强现象的特征》论

图3-6　1958年池志强留学苏联时在实验室做实验

文，隔年12月在《生理学报》第四期刊出，这是秦伯益发表的第一篇论文。同期《生理学报》也发表了池志强的论文《二巯基丙磺酸钠对吐酒石之解毒作用》[2]。

1959年10月9日，池志强的研究论文《不同生长期的小白鼠对吐酒石的耐受性》顺利通过答辩[3]。研究结果证明Unithiol对吐酒石的解毒有显效，但二巯基丁二酸钠更优，并在对吐酒石的毒理机制研究中提出了K^+在吐酒石毒性中的作用以及对ATP、Creatinine phosphate等高能化合物的影响。列宁格勒儿科医学院学术委员会以无记名投票的方式，同意授予他苏联医学副博士学位，相关研究结果先后发表在《生理学报》、苏联药理学毒理

---

①　秦伯益：老池与我。见：中国科学院上海药物所编，《池志强论文选集》。2004年，贺词第4页。

②　池志强：二巯基丙磺酸钠对吐酒石之解毒作用。《生理学报》，1958年第4期，第323–327页。

③　列宁格勒儿科医学院学术委员会会议摘录No.24（1959年10月9日）。存于中国科学院上海药物研究所档案室。

学杂志及巯基类化合物研究专著上[1]。

完成研究生答辩后，就在池志强准备回国之际，接到了大使馆留学生管理处的指示，要他继续进修放射生物学半年。上海药物所随即下达了具体任务，要他在离苏回国前到有关放射医学研究机构考察防治放射病研究情况，以便回国后开展辐射损伤防护药物的研究。于是，池志强尽力从原有的某些工作基础与新任务之间寻找共同的突破点，并发现巯基化合物在锑剂解毒的研究中有重要意义。在血防工作中及在苏研究生工作都涉及巯基化合物，而辐射损伤化学防护也是与巯基化合物有关，显然有其共同点，但各有特点。金属解毒是利用其螯合作用，而抗放作用是利用其还原性质对自由基淬灭作用。从这一突破口出发，开展抗放药物研究或许是一个合理的途径[2]。带着这些学术准备，从 1959 年 11 月中旬起，他在列宁格勒当地参观了实验医学研究所、放射医学研究所、输血所、生理所等所的放射生物学实验室。12 月底来到莫斯科后，又相继参观考察了医学科学院劳动卫生职业病所和药理及化学治疗所、全苏科学院生物物理所和生化所、全苏化学药物所、全苏芳香植物药所等单位的放射生物学实验室。期间，他还参加了一期由列宁格勒放射医学研究所主办的放射医学短训班，学习放射病及同位素应用有关知识和技术，并经考核获得了证书。在莫斯科四个半月的学习期间，池志强进行了二巯基丁二酸钠对 Fe、Zn 之排泄、分布影响的初步实验，掌握了放射物质在体内代谢的研究方法及促使放射元素加速排泄药物的研究方法；对于放射线对抗体作用之若干指标的研究方法有了初步认识；对苏联放射病研究的若干方向及抗放药物机制研究的近况有了初步了解；对苏联药理学研究的整体情况及其研究方法进行了较详细的了解。[3] 对于即将面临的新工作，他充满了期盼。

---

① 池志强：锑剂毒性及解毒剂的研究。见：中国科学院上海药物所编，《池志强论文选集》。2004 年，第 310–327 页。

② 池志强：我的科研生涯。见：中国科学院上海药物所编，《池志强论文选集》。2004 年，第 413 页。

③ 池志强：在莫斯科学习参观四个半月之学习、思想小结（1960 年 5 月 15 日）。存于中国科学院上海药物研究所档案室。

第四章
国防科研项目首席科学家

抗 放 药 物

　　1958 年年底，上海药物所受命参与防护原子辐射损伤的国防科研项目，主要从事急性放射病防治药物研究。为了保密和便于组织开展此项研究，所办公会议讨论决定成立第五研究组，项目命名 693，负责人是朱应麒。

　　1960 年 6 月，池志强接受国家科委的委托，担任我国访苏科学代表团的陪同翻译工作，完成任务后随团回国。在家休整了几天，便于 7 月初回所报到，随即聘任第五研究组的主要负责人。此时，根据上级的指示，第五研究组又承担了另一项代号为 6003 的国防科研任务，所内对此项目命名为 694。

　　放射病的化学防护研究是放射生物学的一个重要领域，是第二次世界大战后的热点课题。1945 年 8 月 6 日和 9 日，美国在日本广岛和长崎投了原子弹，寻致几十万人死于原子弹爆炸产生的强光、高热、冲击波、裂变产物和放射性杀害，还有更多的人受到放射损伤而致癌或带病生存，每年因相关疾病死亡的广岛人逾五千人。原子弹辐射的严重危害性震惊全世界，引起各国的高度重视。第二次世界大战结束后，由于东西方仍处于冷战时代，世界无不忧心忡忡于原子弹的威慑之下。为了打破核垄断，中国也开始了研制核弹的艰难历程。1956 年，赫鲁晓夫上台后，中苏关系逐渐恶化，1959 年 6 月苏联决定撤走最后一批援助专家，临行时还抛出"离开苏联，中国 20 年也搞不出原子弹"的辱人之语。为了国防的安全和中华民族的振兴，中共中央决定我国的核工业不仅不能停步，而且还要加快发展，并把这一工程命名为"596 工程"，激励大家奋发图强造出自己的争气弹[1]。与此同时，寻找抗辐射防护药也成为我国具有重大战略意义的国防科研课题。

因为回国前已有思想上和学术上的准备，池志强上任后很快就进入了角色。面对任务重、时间紧的要求，他把研究队伍建设视为当务之急，引进人才、构建一支功能俱全、能打硬仗的队伍成为他的首要考虑。在他的运筹协调下，第五研究组进入了历史上第二个发展鼎盛期，人员从七八人增至 30 人左右。这支队伍中先后从合成室抽调来徐修容、陈润莲和黄家鑫等；从药理室抽调来金国章、孙祺薰和陶正琴等；从植化室抽调来陈仲良；留苏归来的有黄知恒、葛邦伦；从天津南开大学调来讲师方苏南；挑选来的大学毕业生有朱友成、周德和、李庆祯、黄忠明、叶淑贞和束汉麟、徐珩、金文桥等。研究人员落实后，配备技术人员似乎更难。护校毕业生只分配到杨慧华一个人，池志强于是决定征用高中生，破格从育才中学要来了高材生戴淇源、周佩琴等五六人；当时调用的还有从郊区下放劳动锻炼回来的好几位同志，甚至还有复

图 4-1　1964 年郭沫若任命"池志强为中国科学院药物研究所第五药理室副主任"的任命书

---

①　梁东元:《596 秘史》。武汉：湖北人民出版社，2007 年，第 136 页。

员军人。随着人员的快速到位，一年半后，第五研究组便改名为第五研究室。此时人员配备已具相当规模，池志强任第一副主任，朱应麒任第二副主任。根据当时实施的科技 72 条规定，副研究员只能当研究室副主任。

第五研究室的抗放药物研究设化学、药理两个组，前者由朱应麒牵头，后者由池志强直接负责。当时，虽然全世界发达国家都在进行放射病的防护研究，但由于保密，几乎没有什么资料可供参考。池志强努力汇集和分析通过各种渠道采集到的国外研究进展的零星信息，与朱应麒保持了频繁的交流和沟通，根据实验结果，不断调整研究思路，探求结构与活性的关系，寻找活性良好的化合物。从巯基化合物到酰肼类化合物，再到色胺类化合物，化学组先后合成了上千种化合物，为药理室开展抗放药物筛选提供了丰富的样品。筛选抗放药物建立实验动物模型是关键。据陶正琴回忆 [1]：

> 最开始是从小白鼠做起，这个模型没有现成的资料可以学习的。你要创造这个条件，而且一定要形成一个放射病的症状，才能用药物去试。摸索出来什么条件下能够形成它的病，而且症状正好是我们可以用药物来治疗，症状太重了，它就死了；太轻了，存活的很多，没用处，检验不出来。所以，当时就买了一架深度的 X 光机作为照射源，使得这些动物形成放射病的症状，然后再合成一些药物去治疗和预防。评价这个合成化合物是不是有效，效价究竟怎么样。

开始做小动物模型是在自己的 X 光室，接着做大动物狗和猴子的模型就要到嘉定中国科学院原子核所去接受钴 −60 辐照。

此时，第五研究室所在的原 6 号楼实验室已十分局促，开展一系列药理实验已铺不开摊子。为此，池志强发动群众，想方设法、自力更生克服解决困难，同时对中国科学院上海分院所属的 319 号大院的用房做调查，发掘可利用的闲置房，再向分院领导提出申请，得到分院领导的支持，拨给了龙围（现分院专家招待所）二楼供药理实验所用。于是，形态研究、

---

① 陶正琴访谈，2012 年 10 月 16 日，上海。资料存于采集工程数据库。

细胞培养、生化实验及动物实验观察等工作都得以开展起来。

两年后，抗放药物研究已初见成效，先后在色胺类化合物中找到效果显著的抗放药物"922"和"947"。1963年，编号为"432"的乙胺类化合物经过深入系统的药理评价，被认定是有高价值的抗放药物而提供有关部门做进一步验证后备用。在同年召开的全国放射生物放射医学学术交流会上，池志强和第五研究室的同事相继报告了《酰肼类化合物的合成及其防护作用》《色胺类化合物对小白鼠及犬急性放射病的预防作用》和《5甲基色胺及对氯苯乙胺对小白鼠电离辐射敏感组织的保护作用》等论文，受到与会代表的好评。

找到"432"后，池志强就提议要做一些药物作用机制的研究，以便总结经验，寻找新的、更好的有效化合物。那个时期，有关抗放药物作用机理的国外文献资料披露极少，孙祺薰和陶正琴等人花了很大的劲才找到一篇初步报道，提示抗放射性损伤可能与体内的氧含量有关。为了了解是不是药物可以引起组织的低氧，需要一台测量仪器，就是组织含氧测定仪。用这个仪器可以探测药物在辐射靶器官里是不是造成了低氧，使得产生的自由基减少，产生了反馈作用。由于没有现存的设备可购买，但该设备基本原理已有报道，池志强就鼓励大家考虑能否依靠本所较强的五金加工能力，自力更生造一台出来，这个点子得到了广泛响应。于是，孙祺薰、徐新华和陈振家根据文献报道和实验要求，提出了整体思路和架构，所电子室的周效才、黄中辉工程师就进行电极和放大器的设计。大家群策群力出了图纸，而后所五金工场配合加工零部件。经过一年多不断的调试、修改，运用氧阴极极谱法用于测量活体组织氧张力的两种测定仪器（自动记录式和检流计式）终于试制成功[①]，为"432"等有效抗放药物的作用机理探讨提供了先进手段。与此同时，第五研究室药理组还就靶组织经照射以后，器官血流量是否减少、电离辐射对小白鼠胆碱酯酶和三磷酸腺苷酶的影响进行了探讨；用体外组织培养法建立原代兔胚肾细胞及胸腺细胞，开展细胞水平抗放药物作用机理的研究。这方面的总结文章在项目内

---

① 周效才，孙祺薰，黄中辉，等：组织含氧测定仪。《科学仪器》，1965年第1期，第6页。

部学术交流会上做了报告，由于既搞筛选又搞机理，工作深入细致，获得很高的评价，被认为达到了国际水平。当时，国内能获得的科研参考文献以俄文为主，苏联人发表类似实验结果在我国之后[1]。

1966 年下半年起，"文化大革命"运动风起云涌，面上的科研工作已无法正常开展。由于抗放药物研究和 6003 任务戴着国防科研项目的"光环"，所以在干扰中艰难前行。在非常有限的表达空间里，池志强尽量在所负责的项目中体现自己的学术思想。

继"432"化合物诞生之后，第五研究室又先后找到了抗辐射效价更高的化合物"974"和"1759"，特别是"1759"经小鼠、犬和猴系列动物实验结果显示，具有效果稳定、有效时间长、照前照后使用都有效、安全系数大、成本低廉等特点。1974 年，由军事医学科学院主持的"1759"鉴定会在杭州召开。上海药物所高怡生所长在会上介绍了池志强带领第五研究室科技人员献身国防科研、排除万难、艰苦创业的事迹，与会中国科学院、军科院专家给予了高度评价。当时"这项成果在国际上领先，并开辟了我们自己的研究路线"[2]。会后，为了进一步证实"1759"的应用价值，有关方面决定到原子弹爆炸现场进行"1759"的抗辐射试验。为了配合现场考验，第五研究室要派代表参加。经池志强提名和组织审查批准，第五研究室派出了化学组的黄加鑫和药理组的姜纪荣两位骨干赴京待命。由于任务特殊，到了北京方才知道这次出差的任务。

1975 年 10 月初，带着全室同志的委托，黄加鑫、姜纪荣与参试人员从北京出发，乘了三天三夜的火车加汽车到达了新疆吐鲁番的试验现场。稍作安顿，他们便与参试部队争分夺秒，紧张地投入了前期准备。实验所用的几百只小白鼠和几十条犬按实验方案进行了离爆心距离不等的安置和分组给药[3]。1976 年元旦，蘑菇云在大漠深处再次冉冉升起，30 千米外的观测站内，黄加鑫和姜纪荣按捺不住内心的激动和观看的人群一

① 拟提升池志强同志为研究员推荐书（1978 年 10 月）。存于中国科学院上海药物研究所档案室。

② 中国科学院上海药物研究所：《主要科技成果选编（1954－1984）》。1985 年，第 46 页。存地同①。

③ 黄嘉鑫访谈，2013 年 1 月 4 日，上海。资料存于采集工程数据库。

起欢呼跳跃。接下来的 30 天里，黄、姜二人和参试人员对试验动物进行了血象和生化指标的测定，其中部分实验动物先行治疗给药，而后逐一解剖做病理观察。最后的实验结果是非常鼓舞人心的，再次证明"1759"具有用药量小、有效剂量范围宽、效价稳定和重复性好等优点。"1759"的研制成功"开辟了我国独创的路线，是原子辐射损伤防治药物研究的里程碑。"[1]

1977 年，"1759"荣获上海市重大科技成果奖。1982 年，此项成果在中国科学院成果展览会国防馆展出。1978 年年初，鉴于已找到"1759"等有效的抗辐射防治药物，国防任务在国家以经济建设为中心的大方向下也有新的调整，在当时的形势下已无必要再保持这么一个研究队伍。经主管单位批准，中国科学院上海药物所决定结束此项研究。

随着抗辐射损伤防治药物研究项目的结题，第五研究室的人员做了调整[2]：朱应麒调到中国科学院上海生物工程中心；孙祺薰调到中国科学院上海原子核研究所；黄志恒转任本所分析室主任；陶正琴等转回药理室；黄加鑫等转回合成室。留下的 20 多人仍按任务带学科的科研体制，保留化学组、药理组和第五研究室，他们要在室主任池志强研究员的直接指挥下，发扬为同一任务各学科紧密配合、共同努力的优良传统，集中力量专攻另一国防科研项目——6003 任务。

6003 任务

6003 任务是一项探索性强、技术要求高、工作难度大的国防科研项目。1959 年冬，由于苏联专家的撤走，国防科委决定将某些任务转给中

---

① 李志毅，陶正琴：急性放射病防治药物的研究——献身国防科技事业二十年。见：上海药物所编，《纪念高怡生诞生八十周年》。1990 年，第 18 页。

② 池志强：五室国防任务前后。见：中国科学院上海药物研究所编，《继往开来再创辉煌——中国科学院上海药物研究所七十年光辉历程》。2002 年，第 33 页。

国科学院等单位共同协作完成。上海药物研究所接受了 5000 与 6000 两大研究课题，5000 课题于 1963 年下马，而 6000 课题则发展成 6003 任务。1964 年 1 月，国防科委成立全国 6003 任务领导小组，上海药物研究所池志强成为该组人员。当时相关文献国外保密，只是推测美国所试验的东西可能是具有某种作用的东西，其他什么资料都没有。根据这唯一的线索，池志强发动科研人员用了一年多的时间对 N 类的化合物的各种文献资料进行了详细的调查研究，在此基础上各抒己见、交流学术见解，集中大家的智慧，边合成边试验，先后发现此类化合物中 6402、6502 等几种化合物在大动物上的作用已接近 6003 任务的要求。1965 年年底，上海药物所向国防科委汇报了研究进展，得到了肯定和鼓励。6003 任务领导小组根据上级"先吃饱，再吃好"的指示，决定 1966 年协作组的工作重点定为三个方面，概括地说就是三个字"挑""改""找"。所谓"挑"就是在以前研究的基础上，深入评价几种有希望的药物，挑出一两个基本符合指标的药物供试用。这项工作要求在 8 月底前完成，由上海药物所承担主要的实验评价工作。第二项"改"就是对已知有效药物的结构进行改造，提供更多有潜在价值的化合物供筛选。第三项"找"就是尽可能在其他类型化合物中探索新的方向，寻找性能更优的具有不同特点的药物。为了贯彻落实"挑""改""找"的三字要求，池志强与第五研究室的合成组、药理组的科技人员进行了多次战略讨论和困难分析，做出了攻关部署，落实了分工。在而后的日子里，实验室挂出了"发扬艰苦奋斗、奋发图强、自力更生精神，向'五一'献礼"的标语，全室同志以国防科研为重，克服了实验条件差、技术设备少的困难，在短短数月内合成了大量化合物，建立了静态汽化实验动物模型，开展了极其繁复的药物筛选评价工作，最终提前 18 天完成了第一项任务，实现了向"五一"献礼的心愿。池志强作为 6003 国防任务的负责人夙兴夜寐，他办公室的灯几乎总是关得最晚的。

6003 任务一直处于各级领导的高度关注下。中国科学院党组书记、副院长张劲夫和上海市副市长、市委副书记宋日昌分别于 1965 年 10 月和 1966 年 3 月来所视察国防科研项目工作，在临时搭建的模拟现场观看了实验[①]。池志强向领导汇报了 6003 项目的最新进展，代表全室科技人员表达了攻关排难、坚决完成任务的决心。两位领导给予了充分肯定，特别是看到第五研究室在简陋的实验条件下所取得的成绩，深表赞扬和鼓励。

1966 年年底，第五研究室如期提供了基本符合技术指标的化合物——B6502。为了进一步掌握 B6502 的野外试验数据，又分别于 1967 年 9 月和 1968 年 7 月两次派出科研人员奔赴东北某科研基地进行综合性野外试验，在实战现场收集第一手资料。良好的试验结果得到各级领导的表彰。在一片赞扬声中，池志强并没有陶醉，他坚信还有比 B6502 性能更好的化合物等待发掘。

从 1970 年起，在池志强具体指导下，6003 任务组在两年多的时间里对中枢神经系统各种类型药物的研究动态进行了全面而系统的调查。在深入分析的基础上，池志强决定在不放弃 B 类研究的同时，把主要力量转移到 F 类和 P 类两大类型化合物的探究，为 6003 任务开辟了两条研究新路线[②]。1972 年 5 月，第五研究室化学组根据镇痛药普鲁丁的哌啶环上 3 位引入一个甲基能明显增加活性的现象，在 F 类哌啶环上 3 位也引入一个甲基，首次合成了化合物 F-7292，药理实验证明其作用比原型药强六倍以上。而后，在保留 3 位甲基的情况下又进行了 1 位结构改进工作，至 1973 年年初找到了七个与 F-7295 作用强度相当甚至更强的化合物，其中以 F-7302 为最优，为国内外首创的化合物。而后，在 P 类化合物中也合成了 P-7521、P-7611 等数种作用强且性能较好的化合物。1975 年 3 月，在总结分析已有成绩和工作经验的基础上，上海地区 6003 任务组协作会议确定，采用会战的方式，集中力量对 F 类、P 类两大类化合物进行更广泛的研究，从中找到 2—3 个基本符合技术指标的候选药物，供有关方面做进一步评价。为了加强领导，建立了 6003 上海地区协作组，参加单位有上海药物所、上海生理所、上海有机所、上海

---

① 金文桥，陶正琴，周德和，等：德高望重祝老池八十华诞。见：中国科学院上海药物所编，《池志强论文选集》。2004 年，贺词第 14 页。

② 上海药物所 1972 年科研项目执行情况、工作总结（档号：1972-04-02）：《第五研究室 1972 年科研总结》。存于中国科学院上海药物所档案室。

医药工业研究院、上海第二制药厂、上海劳动卫生职业病防治研究院和89940部队，池志强担任组长。经过七个单位围绕上海药物所开拓的 F 类和 P 类化合物开展了将近两年的会战，共合成了化合物 200 个，并在液态化合物的寻找上取得了成功。经初步筛选后，将其中 14 个较好的化合物在兔、狗、猴等大动物身上进行了重点评价，在池志强的带领下还去崇明岛用山羊做了试验。而后对其中某些候选药物的作用机理又进行了深入研究，最终挑选了三个安全比（致死剂量／最佳剂量）较大的候选药物供部队做进一步评估。

在会战期间，第五研究室合成组的科研人员为了国防科研任务常常加班加点忘我地工作，由于实验室的狭小和条件所限，曾发生火灾和几次因接触有毒化合物过量而中毒的事件。当时工作人员方苏南、李庆祯和吴瑞琴等出现程度不一的呕吐、肌肉颤抖和神志不清症状，池志强闻讯奔赴现场指挥抢救[1]。事后，他非常不安，强烈地意识到如不改善现有的实验条件，将严重影响 6003 科研项目的进展；此外，即便从同位素实验室的设置规范以及国防科研的保密要求，也需要有一栋宽敞、独立的实验楼。于

图 4-2　国防科委资助建成的第五研究室实验楼

① 池志强访谈，2013 年 1 月 24 日，上海。资料存于采集工程数据库。

是，他积极呼吁并得到中国科学院上海分院领导的支持。1975年年底，上海药物所向国防科委提出了建造第五研究室专用实验楼1000平方米的申请，并很快获得批准。

1976年，"文化大革命"尚未结束，国内经济到了崩溃的边缘，物资供应非常紧张。但第五研究室新实验楼建造所需的钢材、木材、砖材以及基建经费全由国防科工委拨给，到货还算及时。从设计、管理、施工、劳动，第五研究室的同志全力投入。平时拿烧杯、拿针筒的手拌起了水泥，搬起了砖头。朱友成、周德和平时是科研骨干，此时既是"设计师"又是"工头"，起到了十分重要的作用。

陈新凯是复员军人分配到第五研究室的新同志，池志强让他脱产参加基建工作，他主动请命去河北唐山采购建楼必需的瓷砖等材料。不幸的是，就在完成任务返沪的前夕，突遇7月28日唐山大地震而因公牺牲。当他被压在震塌的建筑物中，尽管身体无法动弹，但他想到的却是鼓励同样被困在附近的同志："我们都很年轻，我们一定要坚持住，争取活着出去，为党为人民做工作"。

1978年3月18—31日，中共中央、国务院在北京隆重召开了全国科学大会。在这次大会上，6003产品获全国科技大会奖状。而后，"6003任务候选化合物F-7302、P-7611、医工-7610等的合成及药理评介"获得中国人民解放军国防科学技术委员会颁发的1978、1979年国防科学技术工作重大成果奖二等奖，并参加国防尖端科研成果展览会展出。1988年1月，历时三年的"WK683-1警用麻醉剂研究"通过公安部部级鉴定，获中国科学院科技进步奖三等奖。同年，池志强荣获"献身国防科技事业"荣誉证章。

图4-3 1980年6003任务的奖状

对于这一系列荣誉的获得，池志强感慨万千，"20多年来，全体同志埋头苦干，全心全意为祖国国防事业付出大半生精力，贡献了宝贵的青春"[①]，这是集体的荣誉。但池志强作为首席科学家的作用是不可或缺、无可替代的。6003 项目的参与者金国章院士[②]认为：

> （池志强作为抗辐射药物研究和国防科研 6003 项目）两项任务的主帅，责任重大。他既要掌握科研方向、指导工作、制订方案，又要突出政治，解决一些思想意识问题，团结全体人员，全心全意为国防科研服务。一切均是围绕工作的开展，不断攻克难关，终于取得了数项很有意义的成果，获得了国防科委的嘉奖。[③]

可以想象，在此漫长的 20 多年时间里，6003 任务协作组应该留有翔实的工作轨迹、丰富的学术资料和许许多多生动感人的事迹。然而，由于这是一项定为绝密级的国防任务，22 篇论文至今尚未解密，能采集的资料甚少。根据当年参与者局限于本职岗位的碎片式回忆，我们无法复原 6003 任务大会战的整幅大拼图，只能勉强重建个别时段的局部场景。对于池志强本人的学术贡献和领导风采，当年参与 6003 任务的战友、军事医学科学院领导陈冀胜院士[④]于 8 年前曾有全方位的感受和评价：

> 我更想提及的是池志强教授对国防科研事业的热情与执著。在他数十年的科研生涯中，不怕困难，不计名利，承担和组织过多项国防科学研究的重要任务。在完成任务的过程中，池志强教授勇挑重担，奋力

---

① 池志强：五室国防任务前后。见：中国科学院上海药物研究所编，《继往开来再创辉煌——中国科学院上海药物研究所七十年光辉历程》。2002 年，第 33 页。

② 金国章（1927— ），浙江永康人。神经药理学家。1952 年毕业于浙江大学理学院药学系。2001 年当选为中国科学院院士。中国科学院上海药物研究所研究员，中国神经科学学会神经药理专业委员会主任。

③ 金国章：祝贺池志强院士 80 岁寿辰。见：中国科学院上海药物所编，《池志强论文选集》。2004 年，贺词第 11 页。

④ 陈冀胜（1932— ），中国工程院院士。历任解放军防化研究院、军事医学科学院药物化学研究所、毒物研究所所长、院政治委员、院总工程师。主编有《中国有毒植物》《化学、生物武器与防化装备》等多部专著。

拼搏，经常既是科研一线的实践者，又是学术研究的导向人，对科学技术问题有明确的观点，准确地把握工作的发展方向，始终起着学术发展的导向作用。同时，池志强教授在组织团结科研队伍方面也倾注了大量心力，发现影响工作的大小矛盾都尽力促进协调解决。尤其是在"文化大革命"期间，科研环境十分困难，池志强教授承担了某项国防科学研究的大协作组的负责人，组织协调参事的十余个单位的近百人的研究队伍，团结奋进，克服了多方面的困难，出色地完成了工作任务，获得了国防科学技术重大协作奖。池志强教授在工作中表现出的广博的学术知识、出色的学术领导能力、严谨的科学态度、谦虚平易的合作作风，受到了参事单位和科研人员的一致赞扬。①

"文化大革命"磨砺

"文化大革命"期间，科研事业受到严重干扰，国防科研项目也是步履维艰。池志强作为抗辐射防治药物研究和 6003 任务两项国防科研项目的负责人，受到运动的冲击，一度被剥夺了指挥权，失去了自由。但他在逆境中没有退避，相信事实终将还他清白。他没有忘记自己肩负的职责，沉着应对，顾全大局，推动国防科研项目在"文化大革命"风暴的间隙中艰难前行。

1967 年 5 月 16 日，上海药物所成立了"革命造反委员会"，合成室、植化室、抗菌素室、药理室和机关等部门的"造反队"都积极响应，揪斗干部。起初，第五研究室毫无动静。鉴于池志强的为人，大家感到没什么好批的。于是，舆论压力扑面而来：五室难道是红色保险箱吗！池志强见此情况，就私下对"造反队"说："你们就批我吧。"当时五室的批斗会总的来说还是和风细雨，为了撑场面，陪批的还有朱应麒和支部书记黄知

---

① 陈冀胜：记池志强院士并贺 80 岁华诞。见：中国科学院上海药物所编，《池志强论文选集》。2004 年，贺词第 6 页。

恒。9月，由上海化工机修总厂派出的第一批"工宣队"到上海药物所来"领导一切"，进驻上海药物所的"工宣队"以查抄"黑材料"为名，用突然袭击的办法对全所干部、群众的抽斗和柜子进行搜查并贴出公告，勒令所谓"反动人员"进行登记。10月，全所人员参加"抗大学习班"，把一些所谓"问题大"的人升级到"火线学习班"审查。据统计，受牵连被审查者108人，占全所人员的1/4。其中，被隔离和变相隔离审查的有50人，池志强就是其中之一。由于池志强有留苏经历，新中国成立前夕是浙江大学应变委员会的候补委员，且与担任杭州湖滨分局警察局局长的堂叔池桂生（国民党员）有接触，"苏修特务"和"国民党特务"两顶帽子就高悬在他的头上。在隔离审查期间，池志强如实"交代"了在列宁格勒担任总支书记的经历和新中国成立前夕在浙江大学地下党领导下担任应变委员会的候补委员所做的护校工作。当时第五研究室被隔离审查的有池志强、金国章和孙祺薰三人，在"工宣队"的煽动下，"造反队"骨干有恃无恐，在逼迫池志强交代、拿不到罪证的情况下，就开始动手打，想方设法进行折磨。肉体的疼痛他能忍受，最让他心痛不已的是失去了自由、失去了从事专业的权利，他在为国防科研项目的耽搁而忧心如焚。

经1984年定稿的《上海药物所"文化大革命"大事记》披露，"文化大革命"期间，上海药物所遭到不同程度毒打的有30人，池志强是其中之一。好在池志强平时为人谦和、受人敬重，许多体罚都被"造反队"的一般队员劝止了。有的"造反队"队员嘴上不敢说，但心里深表同情。隔离审查的几个月里，不管专案组的人如何诱导甚至逼供、要他写材料交代自己和别人的问题，他都问心无愧，坚持实事求是，不瞎编乱造。

大批干部、群众受到迫害激起了公愤。进驻上海药物所的第一批"工宣队"于1969年1月31日被迫撤走，接踵而来的第二批"工宣队"既慑于群众的义愤，又苦于没有挖出所谓"特务"的证据，不得不于春节前把被隔离的部分人员放出来。池志强是春节前第一批被解除隔离的对象。

走出了"牛棚"，池志强一头就钻进了图书馆，他要把丢失的时间补回来，要为重返国防科研领导岗位做准备。1969年5月，他就被安排去了位于上海郊区奉贤县的"五七"干校。

图4-4　1969年年底"五七"干校劳动留念（前排右一为池志强）

在"五七"干校里，池志强开始在大田劳动，后来又被安排到炊事班。他干什么都很用心，不久就学会了发酵、做馒头，做的熏鱼味道也不错。1970年1月，池志强结束干校生活回所工作。

1970年1月1日，"两报一刊"（指《人民日报》《光明日报》以及《红旗》杂志）社论传达了中央要求：在清理阶级队伍的基础上要加紧整党建党。上海药物研究所成立了以原党委书记许浪璇为组长、"工宣队"负责人为副组长的整党五人核心小组。经过整党，全所建立了五个党支部，第五研究室为单独支部。由于外调内查没有发现任何有价值的历史问题，池志强在整党活动中顺利过关，恢复了党组织生活。当时，由于中苏两国之间已爆发了珍宝岛冲突，苏联军方领导层反应十分强烈，主张"一劳永逸地消除中国威胁"，准备对中国的军事政治等重要目标实施"外科手术式核打击"。面对威胁，各大城市开始大修防空洞，加强国防力量成为"备战备荒为人民"的第一要务。推进国防科研已是刻不容缓。池志强又恢复了对抗辐射药物和6003任务两项国防科研项目的具体领导，同时兼任所科研生产组组员。

由于"文化大革命"尚未结束，要开展正常的科研工作困难很多。池志强以国防科研的大局为重，努力排除外界的诱惑和干扰，减少派性对科研秩序的影响，积极引导大家"抓革命，促科研"，把主要精力集中到国防科研工作上来。而此时，做好"造反派"的工作是关键。第五研究室的"造反派"在"文化大革命"犯了打人错误的有十几人，被这些人打过的干部和群众有强烈的清算要求，而他们自己也有满腔的委屈情绪。这一群人能量很大，处理得好是科研工作的动力，处理得不好便是科研工作的阻力。池志强认为，"文化大革命"造成了普遍的思想混乱，"造反派"犯错误是因为年轻气盛、受人误导，本身也是受害者。应该帮助他们认识错误，允许他们改正错误，将功补过，鼓励他们以实际行动取得大家的谅解。

在池志强的努力下，第五研究室的国防科研工作在"文化大革命"干扰中逐渐走上正轨。1970年后，抗辐射药物研究和6003国防科研任务取得较快进展。十几位犯了打人错误的"造反派"也在其中发挥了积极作用。他们中的大部分人分别在小会、中会或跨室会上说清楚了自己的问题，认真做了检查，放下包袱，积极投入到科研工作中。个别人在全所大会上做了检讨，还受到党纪处分，但在而后的国防科研中因工作出色仍受到重用，发挥了不可或缺的重要作用①。

对于赵国民的留用更显示出池志强的胸怀和气度。"文化大革命"中，从中国科大毕业来所的赵国民因家庭出身好而推荐进所专案组人员，他在"工宣队"的鼓动下，与其他两人一起打死了药理室支部书记潘加林，他是最后一棒。在第三批"工宣队"进驻上海药物所时受到严重警告处分。1980年，又以伤害致死罪判处有期徒刑8年。服役期间，他积极改造。临近出狱，却又感到前途渺茫，他抱着一线希望要求回五室工作。尽管赵国民在"文化大革命"中也打过池志强和其他人，民愤很大，但池志强并不计较个人恩怨，更不以个人的遭遇作为判断是非的标准。他了解到赵国民服刑期间曾4次被评为积极分子并上报减刑，已认罪知改；又考虑到抗辐射药物研究已结束，6003国防科研任务转入民用；且赵国民业务能力不差，如果给他一个回归集体、发挥作用的机会，能把消极因素转化为积极因素。于是，便力排众议，并请示了国防科委，接受他回五室工作。赵国民回到五室后被安排在金文桥当组长的药理组，大家没有另眼相看。他也感谢池志强的知遇之恩，工作非常努力。1986—1995年"文化大革命"后的国门渐开，第五研究室的科研骨干先后出国，药理组人手很紧。此时，新发现的羟甲芬太尼要报一类新药，赵国民便把药效学、药代动力学以及药物依赖性研究这三方面的主要工作都担当了下来。

1995年，赵国民向所领导申请出国进修，池志强签署并附上了正面肯

---

① 戴渊源访谈，2012年10月16日，上海。资料存于采集工程数据库。

图 4-5 2007 年 7 月在美国旧金山第二十三届
国际麻醉品学术会议期间与赵国民（右）合影

定的意见。所领导批准后，池
志强借赴美开会之际，把赵国
民的简历带去张贴墙报并做口
头介绍交流。后来，赵国民相
继在芝加哥伊利年诺伊大学及
康奈尔大学读博士后和工作达
八年。在美国期间，池志强仍
关心着赵国民的工作情况，两
次赴美开会顺便看望了他。真
挚的关怀和信任帮助赵国民获得了新生并且实现了自身的价值。回忆起在第
五研究室工作的日子，他十分留恋：

> 那个时候挺起劲的，觉得蛮有奔头，能学到东西。池先生是学术
> 上的带头人，有很强的凝聚力。我们这个 6003 任务，上海地区的学
> 术组也是他负责的，这个团队大了，而且大家对他是心服口服的。实
> 事求是地讲，这一点不容易，有人格魅力。部队的人来也是要找到老
> 池，就觉得踏实。[1]

承担国防科研任务是一项非常严肃和艰巨的使命，不期而至的"文化
大革命"风暴使池志强经受了前所未有的严峻考验，也彰显出一位科学家
的科学精神和人文情怀。

---

[1] 赵国民访谈，2012 年 11 月 13 日，上海。资料存于采集工程数据库。

第五章
羟甲芬太尼系列和神经受体研究

镇 痛 新 药

  镇痛药是指主要作用于中枢神经系统而产生止痛效果的药物，它不同于解热镇痛药，在镇痛剂量时能选择性地消除或减轻疼痛感觉，但不影响意识、听觉、触觉等功能，又能缓解因剧烈疼痛引起的恐惧、紧张、烦躁不安等不愉快情绪，使机体对疼痛容易耐受，并减少发生疼痛性休克的可能性。由于这类药物的镇痛效果强大，尤其适用于严重创伤、烧伤、癌症以及心肌梗死等引起的剧烈疼痛，在临床应用有非常重要的地位。与其他类型药物相比，镇痛药可谓是最古老的药物之一。早在远古时代，人类尚在寻找植物充作食物的时候，便已设法利用止痛作用的植物与疼痛病魔做斗争。罂粟植物便是其中之一。阿片（Opium）系罂粟未成熟蒴果皮流出的乳汁经过干燥后得到的黑褐色、有树脂状光泽的块状或褐色粉末，用于镇痛至少已有 3000 年的历史。吗啡[①]是 1805 年从阿片中提取的其主要镇痛

---

  ① 刘根陶：《当代药理学（第二版）》。北京：中国协和医科大学出版社，2008 年，第 611 页。

作用的单体，但由于它的成瘾性及呼吸抑制等不良反应，限制了它在临床上的应用。为了克服吗啡的不良反应，寻求理想的非成瘾镇痛药，科学家们从各个方面改造吗啡的化学结构，找到了一些吗啡的半合成或合成代用品。1938年，德国药理学家 Eisleb 和 Schaumann[1] 在研究解痉药物时意外地发现了哌替啶（杜冷丁），它的结构比吗啡简单得多，且保留了吗啡的基本结构要素，其镇痛强度约为吗啡的 1/10，至今仍是临床上常用的镇痛药。1941年，德国药物化学家合成了镇痛作用与吗啡相近而分子结构简单的美沙酮，由于它的戒断症状轻，已成为阿片成瘾患者脱毒替代疗法中常用的解毒药物。20世纪六七十年代是镇痛药研究的重要发展时期，取得了前所未有的进展。在这段期间不仅合成了许多结构新颖、不同类型的镇痛药，而且在多种类型中找到了一些作用极强的化合物，有的甚至比吗啡强数千倍、近万倍，例如奥列哌文类的依托啡[2] 和二氢埃托啡[3]、苯并咪唑类的依托尼秦[4]、芬太尼类的羟甲芬太尼、氮杂二环烷类的 P-7548 化合物等。后两者就是池志强带领的研究团队坚持长期研究的成果，它们都是国内外首创的化合物。

我国从事镇痛药新药研制的单位主要有三家：中国科学院上海药物研究所、军事医学科学院毒物研究所以及后来的上海医科大学药学系药物化学教研室。与国外相比，这些单位的研究员少，实验条件也有较大差距。据不完全统计，国外先后已有60种左右的镇痛药上市并用于临床，而国内仅军事医学科学毒物药物研究所秦伯益教授实验室将国外首先合成的二氢埃托啡开发成我国第一个麻醉性镇痛药，于1987年12月获得卫生部批准生产，临床应用于止痛、麻醉及戒毒。但后来由于管理不善、药物滥用，尤其在阿片成瘾患者的脱毒治疗中造成二氢依托啡成瘾，现在已经限

① Eisleb O，Schumann Q Dolantin. A new antispansmodic and analgesic. Dtsch Med. Wschr，1939（65）：967-968.

② 迟传金，刘懋勤：高效镇痛药——依托啡的合成。《中国医药工业杂志》，1980年12期，第2页。

③ 秦伯益：二氢埃托啡从镇痛到戒毒的研究进展。《新药与临床杂志》，1993年第2期，第1页。

④ 徐江平，苏俊峰：依托尼秦及其类似物 B（8901）致依赖性的初步实验研究。《中国药物依赖性通报》，1993年第2期，第82页。

量生产，严格控制使用。从 20 世纪 60 年代起，中国科学院上海药物研究所第五研究室在承担国防科研任务的同时，军民结合，积极开展强效镇痛药的研究，取得了一系列令国内外同行瞩目的重要成果。

1962 年，比利时科学家 Janssen 发现了芬太尼，它具有镇痛强度高、作用发挥快和持续时间短的特点，一直广泛用于临床至今。芬太尼的问世，引起了国内外许多学者的极大关注，纷纷仿制并改变其化学结构，研究它们的构效关系，希望找到更好的新药。在池志强的倡导下，第五研究室开展了芬太尼结构改造的系统研究。然而，要在芬太尼的基础上寻找作用更强、性能更好的药物实非易事，因为芬太尼类化合物对结构要求很高，化学结构上的稍做变化往往造成作用强度大大减弱，甚至一点作用也没有。起初，化学组的同志合成了几十个化合物都遇到了这样的情况。在国际上，发现芬太尼后的十年，深入研究成效也不大。怎么办？要不要坚持做下去？当时大家的工作信心的确受到了很大的挫折。这时，池志强组织研究组同志多次讨论，总结经验，看到成绩，增强信心。在研究室副研究员工作汇报会议上，池志强明确提出，强效镇痛剂作为研究室的研究方向应该坚持做下去[1]。在充分权衡不同观点后，他根据当时的具体情况，决定取消苯并咪唑的方向，坚持芬太尼类的方向，同时开辟两个新方向，一类是胺基环乙类，另一类是氮杂二环烷类。正是这个坚持，朱友成等在芬太尼类化合物中发现了比吗啡强 6300 倍的羟甲芬太尼[2]；也正是这个坚持，周德和等在氮杂二环烷类化合物中发现了比吗啡强 2010 倍的 7548[3]。

1972 年，朱友成分析了 4- 苯基哌唑类镇痛药的 3- 位引入甲基后使分子形状更固定，结构更接近吗啡，相当于吗啡 C 环的一部分，致使其镇痛强度显著提高的特点，首先考虑在芬太尼的哌啶环 3 位列入甲基，设计合成了 3- 甲基芬太尼、α- 甲基芬太尼及 α- 甲基 -β 羟基 -3- 甲基芬太尼。药理结果表明，cis-3- 甲基芬太尼的镇痛作用比芬太尼提高了 6 倍，

----

① 戴淇源访谈，2012 年 10 月 16 日，上海。资料存于采集工程数据库。

② 朱友成，方苏南，葛邦镕，等：3- 甲基芬太尼衍生物的合成及其镇痛活性。《药学学报》，1981 年第 2 期，第 97 页。

③ 周德和，方苏南，葛邦镕，等：氮杂二环烷类衍生物的合成及其镇痛活性。《药学学报》，1982 年第 7 期，第 503 页。

为吗啡的 1300 倍，其 *trans–* 异构体的镇痛效能也比芬太尼略有增强。其后不久，Riley（1973 年）和 Janssen 实验室的 Van Bever 等（1974 年）也相继报道了对 3– 甲基芬太尼的研究，合成路线不同，而镇痛强度基本一致。在 3– 甲基芬太尼的工作基础上，池志强和合成组的科研人员深入分析了上述三个 3– 甲基芬太尼衍生物的结构，与芬太尼系列比较，发现在构效关系上有反常现象。经思考后认为，3– 甲基芬太尼之所以能明显提高镇痛作用，是因为其 3 位甲基能嵌入受体表面位置相适应的疏水性小穴所致。在芬太尼系列中吡唑环 3 位没有甲基，α 位甲基可能起到辅助作用，而 3– 甲基芬太尼的 3 位已有甲基，此时 α 位有甲基反而不起作用。虽然 1–β 羟基芬太尼镇痛作用只有芬太尼的 1/4，但 α– 甲基 –β– 羟基芬太尼却是芬太尼系列中作用最强者，因此，设想如果 α– 甲基转移至哌啶环 3 位，保持 β 羟基可能有更好的效果。于是，就完成了第四个化合物羟甲芬太尼。经药理实验采用四种动物模型测定，羟基芬太尼的镇痛作用极强，为吗啡的 6300 倍，为芬太尼的 26 倍。化学结构分析发现羟甲芬太尼化合物有 3 个手性中心，因而有 4 种非对映异构体，共 8 个立体异构体存在。由于手性化合物结构上的立体差异，使之不同异构体在生物活性、毒性及代谢途径有明显的差异，从而为进一步深入研究提供了重要条件。羟甲芬

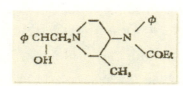

图 5–1　羟甲芬太尼（F–7302）结构式

太尼的工作是在 1973 年开展的，但由于历史原因，其研究结果在 1980 年公布于世[1]。1973—1981 年，国际上未曾有羟甲芬太尼类似工作的报道，它的问世使得羟甲芬太尼异构体的合成和生物活性的研究成为国内外科学家颇感兴趣的研究课题。

　　1987 年 12 月，卫生部药政局和中国医药工业公司联合在北京召开了麻醉药品、精神药品 1988 年管理工作会议，并于 1988 年 1 月 20 日将会议文件发至各省、市、自治区卫生厅局等单位[2]。在座谈会上，中国药物依赖

---

　　①　金文桥，徐珩，朱友成，等：3– 甲基芬太尼衍生物的合成、镇痛活性及其与受体亲和力关系的研究。《中国科学》，1980 年第 12 期，第 1219 页。

　　②　（88）卫药政字第 15 号文。存于中国科学院上海药物研究所档案室。

性研究所所长蔡志基教授介绍了国际上某些麻醉品的发展趋势。他指出芬太尼是很有前途的药品，比利时杨森（Janssen）药厂靠芬太尼起家，已经做出第三代芬太尼产品；国内在镇痛药的使用数量上远远落后于国外且使用品种少得可怜，又都是陈旧的外来品，希望大家开发新一代芬太尼产品供应医疗需要。卫生部的文件、权威的发言引起池志强研究团队的很大兴趣，也很受鼓舞。该团队在系统评价了近万个芬太尼类似物的基础上，最后选择羟甲芬太尼作为开展临床前研究并进一步开发成产品的化合物，因为此化合物属于我国自行设计合成的新化合物，不仅国内外专利覆盖，且获得 1987 年中国科学院科技进步奖二等奖。1988 年，池志强等向国家新药基金办申请了国家新药基金并获得批准（基金项目编号为 88047）。根据国务院《麻醉药品管理办法》（国发 C1987J103 号）第二章第八条中关于"麻醉药品新品种的研究试剂，必须由研制单位编制计划，报经卫生部审定批准后，方可进行"的要求，照理应先向卫生部申请研究立项，待批准后再进行以后的工作。由于研究所当时不知道此条件，到 1992 年初知悉该规定后，立即向卫生部补办了立项手续。1992 年 5 月 4 日卫生部药政局批复："同意立项研究，同意湖北宜昌制药厂作为开发的定点协助工作单位"［卫药攻发（92）第 137 号］[①]。在湖北宜昌制药厂的大力协助下，池志强领导研究团队同心协力，努力完成了临床前全部化学与药理研究工作，按时向卫生部药品审评中心提供符合新药批办法的临床前研究资料（0—19号）。化学鉴定工作证明，所用的羟甲芬太尼（cis-A-羟甲芬太尼）为由 cis-（+）-3R，4s，2's 和 cis-（-）-3s，4R，2'R 组成的外消旋体。药理工作证明，羟甲芬太尼具有镇痛作用强、毒性低、性能稳定等特点，且在包括猴的多种动物实验中，其成瘾性（生理依赖性）潜力明显小于吗啡与芬太尼。为了客观评价羟甲芬太尼的精神依赖性潜力，特请我国评价成瘾性药物的权威单位，北京医科院中国药物依赖性研究所评价羟甲芬太尼的精神依赖性潜力。该研究所采用包括猴的三种动物、五种药物精神依赖性评价方法对羟甲芬太尼精神依赖性潜力进行系统评价，得出的结论是：

---

① 羟甲芬太尼研究的管理性文件（档号：K-5-13-Y-01）。存于中国科学院上海药物研究所档案室。

羟甲芬太尼存着一定的精神依赖性的潜力，但等效剂量的羟甲芬太尼的精神依赖性低于吗啡[①]。在羟甲芬太尼研制过程中，始终得到国家新药研究与开发管理办公室的关心和支持，先后六次组织全国著名专家对羟甲芬太尼项目进行试验方案论证和阶段评估等论证会[②]，使该项目最终得以顺利完成。1995 年 5 月，中国科学院上海药物研究所申报上临床试验的审批报告，同年 10 月国家医药管理局新药基金管理办公室出具资助项目证明，同意申报。11 月，卫生部新药审批办公室通知上海药物研究所和宜昌制药厂参加1995 年 12 月在北京西郊宾馆召开的新药审评会。会上新药评审专家对一类新药羟甲芬太尼的临床前研究工作和水平给予充分肯定，一致同意上临床。但卫生部药政局特种药品处官员却提出了否定意见，否定的理由是"羟甲芬太尼具有较强的精神依赖性，该药已列入联合国《1961 年麻醉品单一公约》表四的管制，不能用于医疗"。该官员甚至认为芬太尼类化合物不宜研制开发，今后研制一个，联合国就枪毙一个。会上征求研制单位发表意见时，上海药物研究所项目负责人金文桥立即表示有保留意见，并再次指出：

> 和所有其他阿片类药物一样，羟甲芬太尼存在依赖性问题，但实验结果已充分证明，在等效剂量下比较，羟甲芬太尼的生理依赖性和精神依赖性的强度明显比吗啡、芬太尼小，而吗啡、芬太尼至今仍在临床应用，又增加了长效剂型。考虑到镇痛剂临床研究周期短的有利因素，希望能争取获得临床研究的机会。[③]

最终，卫生部新药审批办公室的批件还是否定继续临床研究。为什么羟甲芬太尼的研制不能走我国自己的路？为什么国外制药公司不受束缚的规定我们却奉为圭臬？为什么专家组的真知灼见不被珍视？为什么项目组深思熟虑的呼声不被倾听？池志强陷入了苦苦的深思之中。在科

---

① 陈军，谢潞，王卫平，等：羟甲芬太尼精神依赖性系统评价.《中国药物依赖性通报》，1995 年第 1 期，第 9 页。

② 羟甲芬太尼研究的管理性文件（档号：K-5-13-Y-01）。存于中国科学院上海药物研究所档案室。

③ 同②。

研上显现无穷智慧的科学家，在行政干涉下却显得十分无助。协作单位宜昌制药厂投入的大量财力、物力和精力都付诸东流，宜昌制药厂代表刘德芳当场就掉泪了。

1996年年底，上海药物研究所在"新药研究基金项目进度情况汇报表"中，为争取羟甲芬太尼获得临床研究机会再次向国家新药研究管理中心申述理由：

> 目前，英国GW（葛兰素·史克）公司研制的芬太尼类似物Remifentanil已在第一个市场——德国获准即将上市。Remifentanil与羟甲芬太尼一样属于μ激动剂，也有成瘾性（至今阿片类药物都有依赖性问题），故要求Remifentanil在严格监督下用于全身性麻醉及手术后镇痛。因此，羟甲芬太尼也可在严格监督下试用。如有机会，羟甲芬太尼也可以申请作为全身性麻醉的引发及维持药物，因为全麻药是一次性用药，不存在成瘾性问题。

然而，再次努力并没有引起什么积极的反响，事实也再次揭示了20世纪末我国药品管理上存在的乱作为及不作为的严重问题，仿制药成千上万地批，对创新药却作茧自缚、故步自封。与此同时，国外并未因联合国

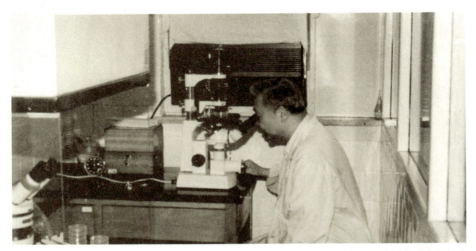

图5-2　1989年7月池志强在实验室看病理切片

30多年前的麻醉品管制规定而停滞芬太尼类镇痛药的研制。此后，芬太尼系列中有三个药物相继用于临床，它们是 Sufentanil（舒芬太尼）、Alfentanil（阿芬太尼）及 Remifentanil（瑞芬太尼），但它们的镇痛效果都没有、至今也没有发现任何化合物其镇痛效果超过了羟甲芬太尼[①]。

近年，羟甲芬太尼作为一种强效镇痛性失能剂主要用于反恐武器和军事科学研究[②]。2002年10月23日，在俄罗斯莫斯科轴承厂文化宫发生了50名绑匪劫持了700多名观众和100多名演员及工作人员的恐怖事件。据专家分析，俄罗斯特种部队在解救人质时使用的神秘气体就是芬太尼类强效镇痛性失能剂，它可以使绑匪来不及反抗和做出反应伤害人质；另外，芬太尼及其衍生物有特殊的解药，譬如纳洛酮等阿片受体拮抗剂可以保护人质免于大量死亡[③]。

除了羟甲芬太尼一类镇痛新药的研究，池志强领导的团队还开展了多种镇痛药的研发，其中氮杂二环壬烷衍生物的研究比较系统。周德和等合成了33个氮杂二环壬烷类化合物，从中发现镇痛作用比吗啡强500倍以上的化合物就有11个，其中化合物 P-7548 的镇痛作用比吗啡强2010倍，是迄今该系列中作用最强者，达到国际上强效镇痛剂水平。1991年5月，中国科学院上海药物研究所组织所内外7位著名专家对氮杂二环壬烷类的科研成果进行评审，由研究所学术委员会主任谢毓元主持。评审意见如下：

中国科学院上海药物研究所池志强教授等开展的"氮杂二环烷类化合物合成和药理作用研究"，经专家评审，一致认为该项目研究工作国内领先，并达到国际先进水平，其中两位所外专家认为该工作在国际上是领先的。该项工作的特点是研究比较系统深入、工作量大、难度较高，其中镇痛强度最大的化合物 P-7548（为吗啡的2010倍）是该研究组自行设计和合成，属国内外首创，并证明它和 μ、δ、κ 阿

---

① 刘根陶：《当代药理学（第二版）》。北京：中国协和医科大学出版社，2008年，第611页。
② 马运磊：《羟甲芬太尼中间体的合成研究》。曲阜师范大学硕士学位论文，2009年，第1页。
③ 何因：莫斯科人质危机中的神秘"气体"。《现代军事》，2002年第12期，第9页。

片受体均有高亲和的结构，可作为研究和分离阿片受体的良好探针。对国外简单报道的化合物 P-7521 进行了更深入的研究，并发现其持续效果比吗啡长，动物实验安全度比吗啡、芬太尼大得多，有潜在的临床应用价值，并经阿片受体结合实验证明，该化合物对 μ 受体呈激动活性，对 κ 受体呈拮抗活性，有新的特性，并可作为 μ 阿片受体的假性不可逆配体使用。该项研究所获得的结果在阿片受体理论研究和实际应用上都具有很好的价值。

"氮杂二环烷类化合物的研究"获得 1992 年中国科学院自然科学奖三等奖（获奖者：池志强、周德和、金文桥、朱友成）[1]。

阿 片 受 体

吗啡类化合物的结构与生物效应之间的关系很密切，微小结构变化可以使无效或弱效的化合物变成很强的化合物，或者变成作用截然相反的拮抗剂；此外，药物作用还具有立体结构专一性，往往是左旋异构体有效，而右旋异构体则无效。于是，1954 年英国科学家 Beckett 和 Casy[2] 提出适应大多数有效吗啡类药物的吗啡受体（后来称作阿片受体）模式图。然而，这种受体的假设长期以来缺乏有力而直接的实验证明。1962 年，中国科学院上海药物研究所邹冈[3] 把一根极细的导管小心翼翼地插入家兔脑内导水管周围的中央灰质部分，然后注入十万分之几克的吗啡，结果引

---

[1] 氮杂二环烷类化合物的研究（档号：K-5-12-Y-01）。存于中国科学院上海药物研究所档案室。

[2] Beckett AH, Casy AF. Synthetic analgesics: stereochemical considerations. J Pharm Pharmacol, 1954（6）：986-1001.

[3] 邹冈（1932-1999），上海人，著名神经药理学家。1954 年毕业于上海第一医学院医疗系。与导师张昌绍共同发表吗啡镇痛作用部位在第三脑室和大脑导水管周围中央灰质的论文，被国际上誉为吗啡作用研究中的一个"里程碑"。1980 年当选为中国科学院院士（学部委员）。

起了明显的镇痛效应，第一次提出了脑内吗啡镇痛作用部位的新观点[①]。"文化大革命"期间，邹冈的该项研究停顿了。1970 年，联邦德国科学家 A. Herg 同样在大鼠脑导水管周围中央灰质区微量注入吗啡，引起了明显的镇痛效应。A. Herg 的工作晚于邹冈工作近 10 年，但他的发现极大地激励了国际上同行们的研究兴趣。莫非在这个脑区神经细胞上有专门接受吗啡的受体？于是，一场寻找吗啡受体的竞争展开了。1971 年，美国斯坦福大学 Goldstein[②] 首先应用［³H］左吗喃（［3H］Levor phanol）的立体专一性结合显示吗啡受体，可惜由于同位素比活度低，其特异性结合显示 2%，没有得到成功。1973 年，美国约翰－霍普金斯大学 Pert 与 Snyder[③]、纽约州立大学 Simon[④] 及瑞典乌帕基拉大学 Terenius[⑤] 同时采用高比度的标记配体，独立在哺乳动物脑中发现了立体特异性结合，直接证实了受体的存在。他们把这种受体称为"阿片受体"。很快科学家又证明阿片受体存在三种类型：μ 受体、δ 受体和 κ 受体，相关研究遂即成为神经生物学的一个新的重要领域。就在这时，科学的春天重新到来，池志强带领研究团队将羟甲芬太尼从应用研究转入基础研究，立即跟上国际发展的趋势，开展了羟甲芬太尼对阿片受体结合的亲和力及选择性的研究[⑥]。结果证明，羟甲芬太尼具有极高的 μ 阿片受体亲和性及选择性，一个应用性课题从此转入理论性基础研究。

据第五研究室药理组组长金文桥回忆[⑦]：

---

① 邹冈，张昌绍：脑室内或脑组织内微量注射吗啡的镇痛效应。《生理学报》，1962 年第 2 期，第 119 页。

② Goldstein A，Lowney LI，Pal BK. Stereospecific and nonspecific interactions of the morphine congener levorphanol in subcellular fractions of mouse brain. Proc Nat Acad USA，1971（68）：1742-1747.

③ Pert C B，Snyder S H. Opiate receptor：demonstration in nervous tissue. Science，1973（179）：1011-1014.

④ Simon E J，Hiller J M，Edelman I. Stereospecific binding of the potent narcotic analgesic（3H）Etorphine to rat-brain homogenate. Proc Natl Acad USA，1973（70）：1947-1949.

⑤ Terernius L. Stereospecific interaction between narcotic analgesics and a synaptic plasm a membrane fraction of rat cerebral cortex. Acta Pharmacol Toxicol，1973（32）：317-320.

⑥ 池志强：业务自传（1983 年）。存于中国科学院上海药物研究所档案室。

⑦ 金文桥访谈，2012 年 10 月 16 日，上海。资料存于采集工程数据库。

老池一直在思考怎么把任务和学科一起结合起来，这一点他考虑的比较多，因为搞任务毕竟比较简单，因为搞出东西、符合要求就达到目的了。那个时候怎么和学科结合起来呢？他就发挥我们几个课题组骨干的作用。我们几个骨干，老池都安排得比较好，每个人都有一个方向。然后叫大家准备，花几个星期去文献调研，然后讨论怎么样把我们的任务和我们的学科一起结合起来，那个时候每个人都做了贡献。我当时比较关心阿片受体方面的，通过学术活动、做报告，老池本人对科学的前沿也是比较关注的，所以他提出来和我们的阿片受体的学科结合起来。他不单单是考虑这些工作，整个大局他都要做全面的考虑，发展研究室是比较全面的。原来我们这块就七八个人，后来发展到二十七八个人。在学科方面，基本上可以说五室是药物所的缩影，有化学也有药理，药理下面有神经药理，也有形态，有大型显微镜；还有生化就是分离阿片受体，分子生物学就是研究受体结构和功能之间的关系；还有一台 HPLC（高压液相色谱仪）。相对来说，研究室建设是比较全面的，以后学科发展有很好的基础。

　　不同的阿片亚型受体与不同的生理功能有关。要深入研究阿片亚型受体的特性及其功能，寻找高选择性和高亲和力的阿片受体亚型配体十分重要。当时国外不少学者的研究工作已有不少进展，如 DAGO（$C_{26}H_{35}N_5O_5$）是国际上公认的选择性 μ 阿片受体激动剂；DPDPE（$C_{30}H_{39}N_5O_7S_2$）是选择性 δ 阿片受体激动剂；U-50488H（$C_{19}H_{23}Cl_2ON$）是选择性 κ 阿片受体激动剂。这些选择性配体的出现，有力地推动了阿片亚型受体的特性及生理功能的研究。然而，这些选择性配体也存在一些不足，如不易通过血脑屏障，或者性能不够稳定，或者亲和性不够强，或者选择性强度不够高等，有待新的更好的高选择性、高亲和性配体的发现。池志强瞄准羟甲芬太尼具有生物碱性能比较稳定及作用强的特性，积极组织人员从不同角度、用不同的方法研究其对阿片受体的作用特性。经过多年的系统研究，1985 年从受体结合、离体器官生物检定及脑内分布特征等多方面研究证明羟甲芬太尼是一种新的 μ 阿片受激动剂^①。当时由于受技术条件的限制，缺乏选择性的同位素配体，还未能充分证明对阿片 μ 受体的高度选择性。以后，随着立体器官生物检定方法的完善及高选择性同位素配体的使用，研究组证明了羟甲芬太尼是一个高选择性、高亲和力的阿片 μ 受体激动剂。1986 年 8 月，中国科学院上海药物研究所对此项科研成果进行评审，由研究所学术委员会主任邹冈主持，评审意见如下^②：

> 中国科学院上海药物研究所从改造镇痛药芬太尼结构获得的强效镇痛药羟甲芬太尼，经所外 7 位专家评审，一致同意它可以作为一个研究 μ 阿片受体的工具药，并认为实验设计严谨、技术先进、结果可靠。它前身以及与上海原子核所合作研制的氚标羟甲芬太尼可用于 μ 阿片受体的分离、放射自显影定位、放射受体分析等。

建议授予国家级二等奖 1 人，部省级一等奖两人，部省级二等奖两人，部省级三等奖两人。最终，羟甲芬太尼的研究成果获得 1987 年中国科学院科技进步奖二等奖。1986 年 6 月，中美神经生物双边学术会议在上海举行。会上池志强报告了羟甲芬太尼的研究工作，引起与会专家同行的极大兴趣。美代表团团长、美国科学院院士斯坦福大学教授 A. Goldstein 对此项工作既有兴趣又存疑虑。池志强认为这是科学家的本色，没有自己亲手重复验证，不能轻信。报告后，池志强和 Goldstein 商定将羟甲芬太尼带回美国在 Goldstein 的实验室重复验证。Goldstein 带回样品后，进行了 43 个不同配体的比较实验，证明羟甲芬太尼确实是一个新的高选择性、高亲和力的阿片 μ 受体激动剂，并在国际著名杂志 *Molecular Pharmacology* 上发表论文，认为羟甲芬太尼在 43 个化合物中亲和力最高，对 μ 受体亲和力与 DAGO（一个对 μ 受体

---

① Xu H, Chen J, Chi ZQ. Ohmefentanyl: a new agonist for mu-opiate receptor. Sci, 1985, 28（5）：504-511.

② 羟甲芬太尼研究的管理性文件（档号：k-5-13-y-01）。存于中国科学院上海药物研究所档案室。

选择性最好的多肽）相当，是一个新的激动剂[①]。由于在这方面的突出成就，池志强于1986年当选为国际麻醉品研究会（International Narcotic Research Conference，INRC）执行委员会委员。INRC是阿片类研究这一领域中唯一的国际学术权威机构，池志强是我国第一位被选为该组织的代表。此后，在多届INRC执委中我国均有一席委员。

1987年，中法双边神经生物学术会议在上海召开，法国代表团团长、巴黎第五大学INSERM分子药理研究所所长B.P. Roques教授对羟甲芬太尼工作也很感兴趣，索要样品，回国确证了结果，并要求在多个领域加强中法合作[②]。1987年8月，在匈牙利布达佩斯召开的第二届世界神经科学大会上宣布，中国科学院上海药物研究所池

图 5-3　1987年中法神经科学学术会上与B. P. Roques 交流

图 5-4　1986年A.Goldstein 给池志强的来信

志强教授领导的研究组证明羟甲芬太尼是一种选择性最高的 μ 阿片受体激动剂，认为其特异性较DAGO更高；并指出如制备成［³H］标记的羟甲

---

① Goldstein A，Naidu A. Multiple opioid receptors：ligand selectivity profiles and binding site signatures. Mol Pharmacol，1989（36）：265-272.

② Roques B P 给池志强的来信，1986年10月20日。资料存于采集工程数据库。

芬太尼将有可能成为一种最佳的 μ 受体配体。实际上，早在 1982 年池志强实验室的周德和就与中国科学院原子核所合作，制备了［³H］标记的羟甲芬太尼，并实验证明其稳定性大大胜过 DAGO。以后，池志强指导研究生王虹等[①] 利用［³H］标记的羟甲芬太尼作为一个研究 μ 受体的有力工具，研究了 μ 受体在不同动物个体发育的过程及 μ 受体在大鼠脑中的定位分布。姚一禾等研究了羟甲芬太尼与吗啡产生木僵作用的阿片受体机理[②]。一些研究机构及大学也应用羟甲芬太尼开展了多部位研究，如中国科学院脑研究所赵志奇研究了羟甲芬太尼对猫脊髓背根神经元痛反应的抑制作用；中国科学院生理所胡旭初研究了在低氧通气、CO_2 通气时与阿片 μ 受体的关系；北京医科大学韩济生用于研究针刺原理等。脑啡肽发现者、英国皇家学会会员、著名药理学家 H. W. Vosterlitg 教授来信索要羟甲芬太尼，全面评价了其与 μ、δ、κ 三种受体的作用特性，并在国外专著 *Opioids* 一个章节 "Selectivity of Ligands for Opioid Receptors" 中将羟甲芬太尼列为目前亲和力最强、选择性最高的 μ 阿片受体激动剂，胜过 DAGO[③]。该章节中还详细登载了金文桥、池志强等在《中国科学》期刊[④] 上发表的研究成果《羟甲芬太尼对离体器官阿片受体亚型的选择性》的具体实验数据。羟甲芬太尼

图 5-5　1991 年羟甲芬太尼获国家自然科学奖二等奖奖状

---

①　王虹，叶淑贞，李桂芬，等：大鼠、豚鼠和兔中枢神经系统阿片受体个体发育的放射自显影比较。《中国药理学报》，1988 年第 3 期，第 205 页。

②　Yao Y H, Xu H, Chi Z Q. Cataleptic effect of ohmefentanyl in the rat. Chin J Physiol Sci, 1985（1）：151-158.

③　Akil H. Opioids. Vienna：Springer-Verlag, 1993.

④　Jin W Q, Chen X J, Chi Z Q. The Choice of Opioid Receptor Subtype in Isolated Preparations by Ohmefentanyl. Sci Sinica B, 1987, 30（2）：176-181.

的研究得到了国内外同行的承认。1991 年，"羟甲芬太尼——一种新的高选择性 μ 阿片受体激动剂"获得国家自然科学奖二等奖（获奖者：池志强、徐珩、金文桥、朱友成、周德和等）。这是国家自然科学基金资助的项目中第一次赢得的最高奖项，为上海药物研究所争了光，但在荣誉面前池先生从不提个人作用，总是把功劳归功于集体的智慧。1991 年 12 月 12 日，池先生委派室主任金文桥、支部书记李桂芬代表集体去北京参加国家科技奖励大会并领取奖章与证书。

池志强认为，一项科研项目必须不断地深入、不断地发展，不能以获奖而结束。羟甲芬太尼的结构中有 3 个手性中心、4 种非对映异构体，具有 8 个立体异构体。阿片受体是一个具有高级立体结构的膜蛋白，配体与之结合产生生物效应，与配体受体结合时立体构象有很大的关系。配体不同的立体异构体与受体结合产生的生物效应也有很大的差异，有的有活性，有的作用很弱，甚至没有作用。因此，进一步研究羟甲芬太尼立体异构体与阿片受体结合的选择性及生物活性的差异，对进一步了解阿片受体与配体结合的机制有重要意义[①]。

在国家自然科学基金的资助下，在池志强的带领下，朱友成等先后成功合成了羟甲芬太尼的 8 个立体异构体，金文桥等系统地阐明了羟甲芬太尼 8 个立体异构体之间的镇痛活性及受体结合选择性的差别。研究结果表明，除 F-9203 外，所有异构体均有较强的镇痛活性，其中以 F-9204 的作用最强，是吗啡的 6182 倍，它们的镇痛作用的强度顺序为：F-9204> F-9202> F-9208> F-9205> F-9206> F-9207> F-9201。在阿片亚型受体集合的选择性研究中，发现其中 2 个异构体 F-9204 及 F-9202 是目前国际上选择性最高的 μ 受体激动剂，它们对 μ 受体结合亲和力与 δ 受体结合亲和力之比可达 2 万多倍[②]。1994 年 7 月 16—21 日，池志强在美国马萨诸塞州 North Falmouth 的 Sea Crest Resort 举行的第二十四届国际麻醉品研究学术会议（INRC）上报告了这一实验结果。当时受到美国国立药物滥用研究所

---

① 池志强：我的科研生涯.《生命科学》，2004 年第 16 期，第 312 页。

② 池志强，朱友成，徐珩，等：羟甲芬太尼 - 高选择性 μ 阿片受体激动剂及与阿片受体作用的研究.《生命科学》，1999 年第 6 期，第 273 页。

Rothman 实验室同行的质疑，因为他们也在做羟甲芬太尼主体异构体的工作，由于拆分羟甲芬太尼主体异构体的工作有一定的难度，他们仅仅合成了 4 个羟甲芬太尼异构体，但其中两个主体异构体的药理实验结果恰恰与池志强报告的实验结果相反。池志强报告 F-9204 异构体对 μ 受体结合亲和力最强，而 Rothman 实验室同行认为 F-9203 作用最强、F-9204 作用最弱，几无活性。这是一个严肃的科学问题。池志强回国后立即从家里拨电话到实验室，询问羟甲芬太尼试验结果的可靠性。工作人员回答试验结果都是三次重复，为了保险起见，实验室人员立即又重复了药理实验，结果与以前的完全一致。同时，又用 X 衍射等手段确认该两个异构体的主体结构正确无误[①]。1995 年，王智贤、朱友成、池志强在国际著名杂志 *J. Med. Chem.* 上详细发表了羟甲芬太尼 8 个主体异构体的研究工作[②]，且明确指出化合物 F-9204 对 μ 受体结合亲和力最强，与 Rothman 等报道的化合物 FTI-4614-4（对应于 F-9203 异构体）对 μ 受体结合选择性最强、而其对映体（对应于 F-9204 异构体）作用最弱[③]的实验结果完全相反。Rothman 教授看到池志强实验室的文章后，立即认真检查了自己的实验。后来，在 Rothman 撰写的一篇综述中肯定了池志强实验室的研究工作，并在文中说明由于他们实验人员在工作中贴错了化合物的标签而导致两个

图 5-6　2002 年 7 月，池志强参加第三十三届国际麻醉品会议与美国科学院院士、斯坦福大学教授 A. Goldstein 合影

①　金文桥访谈，2012 年 10 月 16 日，上海。资料存于采集工程数据库。

②　Wang Z X, Zhu Y C, Jin W Q, et al. Stereoisomers of N-［1-（2-Hydroxy-2-phenylethyl）-3-methyl-4-piperidyl］-N-phenylpropanamide：Synthesis, Stereochemistry, Analgesic Activity, and Opioid Receptor Binding Characteristics. J Med Chem, 1995（38）: 3652-3659.

③　Rothmon R B, Xu H, Seggel M, et al. RTI-4614-4: An analog of（+）-cis-3-methylfentanyl with a 27000-fold binding selectivity for mu versus delta opioid binding sites. Life Sci, 1991, 48（23）: PL-111.

异构体的药理结果完全相反。此次强弱之争的最终澄清，使得池志强实验室在国际上的声望进一步提高。后来，池志强再次到美国开会，Rothman 对他跷起大拇指说"sorry，你们的数据可靠。"[1]

在上述研究工作基础上，池志强实验室又对 8 个羟甲芬太尼主体异构体的结构进行修饰，合成了一系列衍生物。药理研究发现，羟甲芬太尼结构中引入异硫氰基后，其性质从原有的高 μ 受体选择性转化成对 δ 受体的选择性作用，如异硫氰基羟甲芬太尼异构体，cis－（－）－（3R，4S，2'R）－OMFIT 的 Ki（μ）／Ki（δ）之比为 13.5，其对 δ 受体的选择性超过国际上公认的 δ 配体 Super F1T，为 δ 阿片受体的不可逆酰化剂。在研究工作中发现对－氟羟甲芬太尼异构体，cis－（＋）－（3R，4S）－FKMF 化合物是一类长效镇痛剂，其镇痛作用时间在小鼠上可长达 4.5 小时，是吗啡作用时间的 3 倍，为芬太尼镇痛作用时间的 33 倍，对肿瘤患者恶性疼痛可能具有临床的价值。发现另一个化合物，对－氟羟甲芬太尼异构体，cis－（－）－（3R，4S，2'S）－FOMF 的镇痛效能比吗啡强 8786 倍，是继羟甲芬太尼之后又一个超级镇痛剂[2]。

2003 年 1 月 27 日，"手性强效镇痛剂（手性阿片受体选择性配体）的化学与生物学研究"获上海市政府科技进步奖二等奖（获奖者：朱友成、金文桥、陈新建、张鸿萍、池志强）。

第五研究室从羟甲芬太尼的发现到立体异构体结构功能的系统深入的研究，取得了较显著的成果，在国际上赢得了一定的声誉。总结整个研究过程，池志强深深体会到：要有正确的研究课题和方向；要坚持自己的目标和方向，克服困难，不断前进；根据研究进展，结合国际发展趋势逐步深入研究，不断取得新的结果；必须坚持团队精神，广泛开展合作，包括国内外不同学科间的合作，这是取得成绩的重要基础[3]。

---

[1] 耿挺：让美国科学家道歉的老党员。《上海科技报》，2012 年 11 月 14 日。

[2] Guo GW, He Y, Jin WQ, et al. Comparsion of physical dependence of ohmefentangl stereoisomers in mice. Life Sci，2000，67（2）：113-120.

[3] 池志强：池志强传记。见：中国科学院上海药物所编，《池志强论文选集》。2004 年，传记第 3 页。

结 构 攻 坚

自从 μ 阿片受体在脑内存在被确认后，对 μ 阿片受体结构的研究就成为神经生物学和神经药理学研究的一个热点。20 世纪 70 年代，国际上主要致力于从脑内分离纯化阿片受体蛋白。由于脑内存在的阿片受体蛋白量极微，作为膜蛋白的阿片受体要分离纯化足够量又要保持活性，难度极大，经过 10 年的努力才取得明显进展。"文化大革命"结束后，池志强在部署第五研究室各课题组集中主要力量，以 OMF 为最佳工具，深入研究 μ 阿片受体特性及功能的同时，密切关注阿片受体结构研究的进展，并适时组织力量开展阿片受体分离纯化研究。他安排副研究员李志毅等摸索阿片受体分离的实验条件，研究了芦头、绒根等若干植物皂苷溶脱阿片受体的能力[①]。继而指导研究生王锋在第五研究室已有的工作基础上攻关，并于1986 年年底获得成功。

图 5-7　1988 年池志强（中间站立者）与药理五室的同事在实验室讨论工作

几乎是同一时期，国际上同样独立开展此项研究的 Loh、Simon 和 Klee 三家实验室也相继报道得到电泳纯阿片受体。其中，Klee 实验室用［³H］－阿片受体烷化剂标记阿片受体，但得到的受体已失去了与配体结合的能力，难以继续用来研究阿片受

---

① 李志毅：阿片受体的分离和提纯。见：曹天钦、冯德培、张香桐编，《神经科学前沿》。北京：知识出版社，1986 年，第 294 页。

体的功能[1]。Loh 实验室获得的纯阿片受体必须加入特定的酸性物质才能显示活性[2]。Simon 实验室是用传统的麦胚凝集素（WGA）作亲和层析柱[3]。相比之下，王锋的研究工作更具创新特色：发现了一个国外尚无的从国内野生植物三齿草藤中提取的新凝集素（VBL），用作亲和吸附剂，可将阿片受体提纯 180 倍，纯化效果较 WGA 更强；首次证明大鼠阿片受体的糖蛋白分子，除了已有报道的 GlcNAc 外还有 Man 残基；采用 VBL 亲和层析柱和 6-琥珀酰吗啡亲和层析柱两步亲和层析纯化的阿片受体约 1400 倍。经 SDS-FAGE 分析，显单一条带，Mr 为 45000，分离纯化的阿片受体是高纯度的[4]。

　　30 年后，王锋仍清晰记得进药物所第一年选择的课题是吗啡类合成化合物在大鼠成瘾性模型上的研究，第二年才改题目。

　　　　那时阿片受体的分离纯化方面的工作在国际上仍属一大难题，当商议讨论我参与到这项课题中时，我的心中是忐忑不安的。池老师非常重视我的课题变化，他很快与五室的其他老师做了相应的安排，请室里在蛋白质分离纯化技术上最好的李志毅副研究员给予具体技术指导。在之后的研究生期间，池老师始终密切关注着我的课题进展，提供了许多新的国外技术资料，提出了关键性的问题及建设性的建议，对课题的最终成功起到了极为重要的指导作用。我还清晰地记得当我们的实验数据表明某种特定的植物凝集素能有效地富集阿片受体，而该植物可以在四川省获取时，池老师当机立断地决定派我去四川大学一个月，就地采取植物，就地制取足够量的凝集素。正是因为有了这些珍贵的凝集素，我的课题才得以有所突破，最终从大鼠脑细胞膜中

　　① Simonds W F, Burke TR Jr, Rice K C, et al. Purification of the opiate receptor of NG108-15 neuroblastoma-glioma hybrid cells. Proc Natl Acad Sci USA, 1985（82）：4974.

　　② Cho T M, Hasegawa J I, Ge B L, et al. Purification to apparent homogeneity of a mu-type opioid receptor from rat brain. Proc Natl Acad Sci USA, 1986（83）：4138-4142.

　　③ Gioannini T. Purification of an active opioid-binding protein from bovine striatum. J Biol Chem, 1935（260）：15117.

　　④ Wang F, Chi ZQ. Isolation and purification of active opioid receptor from rat brain. Acta Pharmacol Sinica, 1987, 8（6）：490.

以多步连续亲和层析柱的方法分离纯化得到了单一蛋白质电泳条带的阿片受体……当时所有的实验数据都证明最终分离纯化得到的蛋白质是阿片受体，池老师审阅之后，认为尚不能做出这样的结论，因为仍缺少一项同位素标记阿片受体配体与蛋白质特异性结合后共价耦联放射自显影的数据。而该实验试剂国内是没有的，必须用当时相当有限的外汇额度从国外进口。出于对科学的高度责任感，池老师坚持要看到这个实验的结果，通过他的努力和协调，顺利地订购到了所需进口试剂，最终成功完成了纯化阿片受体蛋白的鉴定[1]。

图 5-8　1988 年王锋研究生毕业答辩现场（前排右二为池志强，左二为罗浩教授）

在英美国家，罕见本科毕业后三年拿到博士学位的特例。王锋在两年时间内完成的硕士论文《大鼠脑阿片受体的分离纯化研究》[2]由于达到了国际前沿水平，经池志强提议并经十分严格的评审，最后破格授予其博士学位。这是上海药物所建所 80 年来的第一例，也开创了中国科学院的先例，在中国研究生培养历史上添上了浓墨重彩的一笔。遗憾的是王锋当年的"研究生论文答辩情况表"因多次借出撰写报告而不知去向，30 年前的王锋论文答辩的精彩一幕已无法完整再现。对此，当事人王锋记忆犹新：

　　当分离纯化的蛋白质被鉴定确认为阿片受体后，池老师出于有利于人才培养的战略性考虑，建议由原先的硕士论文答辩破格提升为博

---

　　① 　王锋：记我的导师池志强院士若干事（2012 年 12 月 27 日）。存于中国科学院上海药物所档案室。

　　② 　王锋：中国科学院上海药物所研究生毕业论文（VI. 1986）。存于中国科学院上海药物所信息中心。

士论文答辩。为了确保论文答辩的质量，药物所学术委员会召集了一个由 10 位相关领域的专家教授组成的评审团（通常只需 3 位），其中包括美国加州大学旧金山分校的同行专家罗浩教授[①]。论文答辩前两周，池老师多次审阅了答辩稿，提出了许多重要的建议和意见，使最终的答辩评审顺利通过。我想这件事本身折射出池老师以下几个方面的治学特征：善于营造积极向上、勇于创新的学术氛围；提倡开阔思路，支持新方法的尝试；崇尚实事求是，一切以实验数据为准[②]。

由于在这之前的 1980 年，上海药物所邹冈研究员在"文化大革命"后刚恢复的"学部委员"评审中成为中国科学院最年轻的"学部委员"。他的主要学术成就是在 1961 年的硕士毕业论文中第一次提出了吗啡镇痛的有效作用部位是第三脑室和大脑导水管周围中央灰质的新观点，受到国际重视并证实[③]，被誉为吗啡作用机理研究的"里程碑"。王锋高质量研究生论文的出现，一时被传为美谈，上海药物所名声再度大振。1987 年 3 月 12 日，军事医学科学院学术委员会主任周廷冲院士[④]写信给池志强[⑤]，请求准予在院学术委员会生化专业组拟办的受体生化药理班上用王锋的论文内容（当时尚未公开发表）讲课。此后连续多年，中国科学院上海药物所研究生报考率名列全国第一。

王锋毕业赴美后，池志强决定设立受体组，由周德和担任组长。该组

———————————

① 罗浩（1936–），广东韶关人。世界著名的神经药理学家及脑化学家，台湾中央研究院院士。1989 年受聘明尼苏达大学药理学系主任至今。1987 年荣获美国 NIH 药物滥用研究所第一次颁发的前三位最有价值药理奖。而后，相继获得全美制药公司联合会的卓越基础药理学奖、美国药理学学会颁赠的奥多奎尔奖、药瘾与药物滥用研究学会颁发的纳森艾迪纪念奖、国际麻醉药品研讨会的创始人奖等，以表彰他在阿片类药品机制研究和促进药物成瘾研究发展所做出的杰出贡献。

② 王锋：记我的导师池志强院士若干事（2012 年 12 月 27 日）。存于中国科学院上海药物所档案室。

③ 池志强：忆张昌绍教授二三事。见：王卫平主编，《张昌绍教授诞辰 100 周年纪念》。上海：上海第二军医大学出版社，2006 年，第 26 页。

④ 周廷冲（1917–1996），浙江新登人。中国科学院院士，我国第一代有成就的药理学家。曾任山东白求恩学院（现为山东医科大学）药理学教研室教授及主任、军事医学科学院基础医学研究所所长、军事医学科学院学术委员会主任。

⑤ 周廷冲给池志强的来信，1987 年 3 月 12 日。存于中国科学院上海药物研究所信息中心。

利用第五研究室在阿片受体结构研究领域的领先优势，继续开展阿片结合蛋白分离纯化与鉴定的深入研究。受体组根据池志强的思路进行了深入探索：考虑到吗啡的作用选择性欠高，用高选择性的 μ 阿片受体激动剂羟甲芬太尼（OMF）替代 6- 琥珀酰吗啡作为亲和层析配体，纯化专一性的 μ 阿片结合蛋白，再用 VBL 亲和层析柱作为第二步提纯。同时，在鉴定手段上，除用放射受体结合分析外，还研制抗 -OMF 抗独特型（抗 -Id）抗体，作为专一性识别鉴定纯化的 μ 阿片结合蛋白方法。这两方面的探索均取得阶段性成果[1]。然而，由于脑组织阿片受体含量太低，1 克脑组织中仅含有 l pmol 的受体，采用传统的蛋白质化学方法分离纯化的阿片受体获得量还是极少，仅能供电泳测定其存在、分子量检定以及与配体交联检定确为阿片受体。要真正测定阿片受体一级结构困难重重，直至分子生物学技术的发展成熟并被采用。

1992 年，美国加州大学洛杉矶分校的 Evans 等 [2] 首先在 *Science* 上报道，采用"功能表达克隆法"克隆 δ 受体获得成功，阐明了 δ 受体的一级结构，证明具有典型的 G 蛋白偶联受体的特征，有七次跨膜疏水区段，由 372 个氨基酸组成，N 末端有两个糖基化位点。1993 年，我国留美学者于雷（Yu Lei）[3] 发表 μ 受体克隆成功。他采用的方法是"低严谨杂交法"，以大鼠脑为材料，证明 μ 受体蛋白也具七次跨膜特征，由 389 个氨基酸组成，在 N 末端有 5 个糖基化位点，认为在第二及第三跨膜区段有门冬氨酸残基，可能是与配体的结合位点，在膜内环 II 和内环III 以及 C- 末端有一些磷酸化位点。将克隆的 μ 受体 c-DNA 转染到 COS 细胞，证明对 DAGO（μ 配体）的结合亲和力有高选择性，而对 δ、κ 受体亲和力较低，证明确为 μ 受体，也证明其抑制腺苷酸环化酶的特性，是 G 蛋白偶联受体之一。以后，孟帆等 [4] 对

---

① 　周德和，池志强：阿片肽受体组学术总结。存于中国科学院上海药物研究所档案室。

② 　Evans C J. Cloning of a delta opioid receptor by functional expression. Science，1992（258）：1952.

③ 　Chen Y. Molecular cloning and functional expression of a mu-opioid receptor from rat brain. Mol Pharmacol，1993（44）：8.

④ 　Meng F，Xie G X，Thompson Rc，et al. Cloning and pharmacological characterization of a rat kappa opioid receptor. Proc Natl Acad Sci USA，1993（90）：9954.

κ受体的克隆也在1993年获得成功。阿片受体三种类型μ、δ、κ均克隆成功，一级结构都得到阐明，是阿片受体结构功能研究的一个重要里程碑。

面对阿片受体结构研究的新进展，池志强认为搞清阿片受体一级结构是远远不够的，攻坚阶段还在后面。他在多篇综述和会议报告中都提到[①]：

> 由于阿片受体蛋白具有高级结构，跨膜存在，要彻底阐明阿片受体结构关系，必须搞清受体的三维结构。而要测定多次跨膜受体蛋白三维结构难度极大。目前，用X-衍射技术来测定必须要有足够量的蛋白，要获得毫克级的膜蛋白量确实十分困难。首先要有阿片受体高表达系统，这是当前国际上的首要目标。

在国家攀登项目"脑功能的细胞及分子基础研究"子课题阿片受体研究的资助（1992—1997）下，第五研究室也投入了这一竞争中。

在池志强的指导下，研究生魏强等经过多次摸索发现 Baculovirus（杆状病毒）系统在昆虫细胞 SF9 的转染 μ 受体是一个值得采用的高效表达系统，据此实施人 μ 受体的高表达研究显示[②]：对［^{3}H］-diprenorphine 在转染 SF9 细胞上 μ 受体结合 Bmax 可达（9.1±0.7）nmol/g 蛋白，对［^{3}H］-OMF 结合的 Bmax 可达（6.5±0.23）nmol/g 蛋白，比一般脑膜制备中的 μ 受体结合 Bmax 要高两个数量级以上。这种受体结合可被 DAGO、OMF 及吗啡等 μ 激动剂高效抑制，而 δ 激动剂 DPDPE 或 κ 激动剂 U50488 则不能抑制，说明这一表达系统是成功的。深入研究还证明在这一表达系统的 μ 受体仍保留与天然 μ 受体相同的特性，提示在人 μ 受体 SF9 昆虫细胞表达系统可以与内源性 Gi/o 结合。这一结果说明在此系统内存在内源性 Gi/o 蛋白，这与 Massotte 曾报道[③] 必须加入外源性 G 蛋白才发挥作用结果

① 池志强，朱友成，徐桁，等：羟甲芬太尼—高选择性 μ 阿片受体激动剂及与阿片受体相互作用的研究，《生命科学》，1999 年第 6 期，第 273 页。

② Wei Q, Zhou D H, Shen Q X, et al. Human mu-opioid receptor overexpressed in Sf9 insect cells functionally coupled to endogenous Gi/o proteins. Cell Research, 2000（10）: 93-102.

③ Massotte D, Baroche L, Simonin F, et al. Characterization of δ, κ, and μ Human Opioid Receptors Overexpressed in Baculovirus-infected Insect Cells. J Biol Chem, 1997（272）: 19987-19992.

不同。这是一个新的发现。

而后，第五研究室受体组承担了 973 项目"脑功能及其脑重大疾病的基础研究"支课题"阿片受体的结构与信号传导"（1999.10—2004.9），开展了人 μ 阿片受体（HμOR）同源二聚体、内吞及循环机制的研究：在昆虫细胞中成功高效表达 C- 末端标记 6 个组氨酸的人 μ 阿片受体（HμOR-6His）；经分离纯化，得到了纯度较高的分子量约为 65 kDa 的人 μ 阿片受体，且具有与 μ 选择性配体结合能力；首次发现表达的人 μ 阿片受体和纯化后的受体都具有二聚体结构，分子量约为 130 kDa。当 Sf 9 昆虫细胞未受刺激时，HμOR 以二聚体形式存在；二聚体是通过共价键形式结合的，与膜外二硫键无关；μ 激动剂 OMF、DAMGO、吗啡以及广谱型激动剂 Etorphine 均能降低 HμOR 的二聚化作用，且 OMF 呈剂量和时间效应依赖关系引起 HμOR 二聚体的解聚；拮抗剂 Naloxone 能逆转 OMF 的这一效应。而 δ 激动剂对 HμOR 的二聚化作用没有影响。深入研究还发现阿片受体特异性激动剂 OMF 作用下的 HμOR 二聚体解聚作用与受体内吞相关，OMF 所引起的受体内吞效应滞后于二聚体解聚作用，OMF 引起的二聚体解聚作用触发了受体的内吞过程；OMF 诱导的受体内吞需要受体的激活，百日咳毒素（PTX）敏感的 Gi/o 蛋白介导这一过程，并涉及衣被小泡的形成；内吞的 μHOR 在去除 OMF 和吗啡后 60—90 分钟能完全再循环至胞膜上[1]。

上述研究结果在这之前尚未见有报道，是受体二聚体研究的重要进展。2002 年 3 月，池志强应邀在青岛召开的"中国药理学会第十届全国神经药理学术会议"上做大会报告："GPCR（G 蛋白偶联受体超家族）受体二聚体研究进展"。同年 7 月，又应邀在美国旧金山 Asilima 召开的第三十三届国际麻醉品学术会议（INRC-2002）上做了"μ 二聚体的研究"的学科前沿大会报告。那一年，池志强近 80 岁，是参会者中年龄最大的，使同时参会、尚在美国阿肯色州医学院工作的刘景根（后来成为池志强实验室的接班人）十分钦佩：

---

① Chen L W, Gao C, Chen J, et al. Internalization and recycling of human μ opioid receptors expressed in Sf9 insect cells. Life Sciences, 2003（73）：115-126.

他当时做的是 μ 阿片受体的同源二聚体，国际上做的不是很多，我知道有一个美国的教授在做，他们是在同一个水平上，做得非常好，在 2003 年是非常前沿的工作……原来认为 G 蛋白偶联受体激动之后，受体是单一的，后来经过十几年的研究，越来越多的证据证明它不是单一的，受体之间可以形成二聚体，或者是不同的受体之间。如果位置很近，也会形成二聚体，这个二聚体是功能所必需的，是两个受体之间相互作用所必需的。现在对它的分子机制研究得很清楚，但是还有深入研究的需要，因为现在的研究都是在体外培养的细胞上表达受体，这种外源性的二聚体在体内是否存在、是不是有功能作用，这个是目前国内研究的重点。我们是在池老师工作的基础上，做了 δ 阿片受体和多巴胺 D1 受体的异源二聚体。应该是一个比较好的工作，延续池老师的体外二聚体工作，我们一步步深入延伸到体内、到功能，我认为大部分工作完成了。我现在在撰写论文，应该在 2013 年能发表出来，我觉得是一个很有影响的工作。[①]

在阿片受体领域，池志强一直显示出敏锐的战略视野。由于在第二十四届国际麻醉品研究学术会议上刚刚宣布 μ、δ、κ 阿片受体克隆成功，紧接着在第二十五届年会上池志强就做了题目为"羟甲芬太尼 8 个立体异构体的镇痛能力和 μ 受体选择性"的报告，阿片受体的相关深化研究在这次会议上再次成为热点。在回国后的参会汇报中，池志强介绍阿片受体研究的新进展深有感触：

阿片受体克隆成功提出了新的问题，要从我们的特点出发，在新的高起点投入国际竞争。最近国际上已提出"结构生物学"的新学科分支，提出必须解决生物大分子三维结构，才能深入了解和阐明生物活性物质和生物大分子间相互作用机理。阿片受体研究也已走到了这一新的阶段。三类阿片受体虽已克隆成功，了解了一级结构，但如不

---

① 刘景根访谈，2013 年 1 月 4 日，上海。资料存于采集工程数据库。

解决三维结构问题，还不能阐明受体与配体的识别、相互作用机理。而膜受体蛋白三维结构研究，至今尚未突破，难度较大。我认为我国神经分子生物学研究中，应该选择这一重大问题，协力功坚。[①]

而后，池志强身体力行，与本所陈凯先实验室的唐赟博士合作对 μ 受体的三维结构进行了计算机模拟研究。该项研究以细菌 Rhodopsin（视紫红质，这是一个目前唯一被阐明的三维结构，且具有 7 次跨膜部位的膜蛋白）为模板，以 μ 受体已阐明的一级结构为基础，以 OMF 8 个异构体生物活性及对 μ 受体的高选择性、高亲和力的实验结果为依据。在 Silicon Graphics IRIS Indign XZ40000 工作站上，采用 SYBYL V6.1 软件包对 μ 受体三维结构进行了计算机模拟，首次获得 μ 受体三维结构模型[②]。

将 OMF 8 个异构体中镇痛活性最强、对 μ 受体亲和力最高的 F-9204 与已建模型进行对接，获知其可能的结合点为 TM-3 上的 Asp147、TM-7 上的 His319，前者可能是 OMF 在吡啶环上的 N_1 原子与 Asp147 的羧基通过强的静电 H 键结合。另 O_{16} 原子插入 TM-7 His319 上的 imidazol 平面，形成在羧基上静电 H 键相互作用。另 Trp318 与一个 pheny 环插入 2-aryl 环平面及 His319 形成 π-π 键相互结合。另一 phenyl 环也可与 Tyr148 形成 π-π 键结合。这些静电 H 键，π-π 键结合使 OMF 与 μ 受体有高亲和力的结合，而产生强镇痛作用[③]。

为了验证上述结果，池志强与美国国家药物成瘾研究所（NIDA）Rothman 实验室徐珩、陆亦风等合作，利用点突变技术将受体蛋白中上述认为有关的几个结合位点进行点突变，以进一步证明这几个氨基酸残

① 池志强：参加第二十五届国际麻醉剂研究学术会议汇报。存于中国科学院上海药物研究所档案室。

② Tang Y，K X，Jiang H L，et al. Molecular modeling of μ opioid receptor and its interaction with ohmefentanyl. Acta Pharmacol Sinica，1996，17（2）：156.

③ 池志强：羟甲芬太尼 8 个立体异构体与 μ 阿片受体的相互作用。见：苏定冯、缪朝玉主编，《药理学进展（2001）》。北京：人民卫生出版社，2002 年，第 8 页。

基与 OMF 结合的意义。此项合作研究的结果表明[①]，如将受体蛋白分子中的 Tyr-148、Trp-318 及 His-319 分别被 Phenylalanine 或 Alanine 置换，在 Cos-7 细胞上瞬时表达这些突变体，比较这些突变体与 OMF 及其他阿片类结合的亲和力与野生型比较有何变化。结果发现点突变 Trp-148 后的受体大大下降了与配体的结合水平 2—7 倍；而置换 His-319 后，显著地下降受体的结合能力 1.3—48 倍。这说明 Tyr-148 及 His-319 在芬太尼类配体的受体结合中起重要的作用。当时，在计算机模拟受体结构研究中，分析推算的受体配体结合位点，用分子生物学的实验验证尚属罕见。

此后，池志强还与本所蒋华良研究员合作，完成了 δ 型阿片受体的三维结构计算机模拟[②]。

由于池志强在学术上取得的一系列成就，1997 年全所研究员会议投票推选两院院士候选人，他获得中国科学院、工程院院士候选人双重提名。所长陈凯先[③]征求他个人意见，他淡然处之，表示一切听由组织决定，个人一无所想、一无所求[④]。当年池志强当选为中国工程院院士。中国工程院院士是国家设立的工程技术方面的最高称号，为终身荣誉。由所长签署的提名单位意见概括了当年他获得的主要成就。

> 池志强同志是国内最早开展神经肽受体及其高选择性配体研究，并取得突出成就的科学家。他独创设计并系统研究的成果——阿片肽 μ 受体高选择性激动剂羟甲芬太尼是国际承认的最好的 μ 受体激动剂，获国家自然科学奖二等奖、中国科学院科技进步奖二等奖。对氮杂二环壬烷类系统研究的成果也获得中国科学院自然科学奖三等奖。

---

① Xu H, Lu Y F, Partilia J S, et al. Opioid Peptide Receptor Studies 11: Involvement of Tyr148, Trp318 and His319 of the Rat μ-Opioid Receptor in Binding of μ-Selective Ligands. Synapse, 1999（32）: 23-28.

② Rong S B, Zhu Y C, Jiang H L, et al. Molecular modeling of mu opioid receptor and receptor-ligand interaction. Acta Pharmacol Sinica, 1997, 18（4）: 317-322.

③ 陈凯先（1945-），江苏南京人，药物化学家。1967 年毕业于复旦大学。长期从事计算机辅助药物分子设计研究，创建了多种新方法；开展了基于蛋白质和核酸三维结构的药物分子设计研究，1999 年当选为中国科学院院士。

④ 陈凯先：序。见：中国科学院上海药物所编，《池志强论文选集》。2004 年，第 1 页。

在阿片受体的分离纯化研究方面取得较大进展，得到电泳纯的、具有阿片受体特征的蛋白带，是国际上宣布纯化成功的少数单位之一，引起国际同行的重视。他开展的受体与配体结合机理的研究，为国内这项研究工作开拓了新的思路。他建立了一个受体三维结构的计算机模型，初步分析了 OMF 与受体结合的可能位点，这在国际上尚未见报道。池志强同志还曾从事国防科研长达 25 年。他领导的抗辐射损伤防护药物及防化学武器药物研究项目获得国防科研重大成果奖二等奖。由于池志强同志在受体研究方面的成就，他成为第一位当选为国际麻醉剂研究会执行委员的中国科学家。他是中国科学院上海生化所国家分子生物学实验室学术委员会副主任、上海医科大学国家医学神经生物实验室学术委员会副主任。池志强同志是国内受体研究的学科带头人，其创造性的研究成果达到国际水平，对该学科领域的发展做出了重要贡献。他学风严谨，作风正派，默默无闻地为国防科研耕耘 25 年。他十分注重培养、提拔年轻人才，让出位置，把他们推到岗位上锻炼成才，发表论文，自己总是排在最后。池志强同志符合中国工程院院士候选人条件，特推荐他为院士候选人。①

池志强当选为中国工程院院士不久，在接待《上海老干部工作》杂志的记者采访时谈到了当上院士的感想：

> 我的另一个感受是能取得科研成果是集体的智慧，一个人是绝对做不成的。对你个人进行的奖励、表彰也是因为把你作为研究集体的代表。我能当选上院士，也不是我个人如何如何，而是我作为集体福利的代表获取的荣誉。②

---

① 陈凯先：中国工程院院士候选人提名书。存于中国科学院上海药物所档案室。
② 周明：心系祖国科学事业。《上海老干部工作》，1998 年第 8 期，第 7 页。

第六章
学术传播和传道

培 育 后 学

科学事业的发展规律总是长江后浪推前浪。一个研究室要充满活力、富有创新潜力，迫切需要新陈代谢，补充新鲜血液。池志强深感组建学术梯队、培育年轻人已是当务之急。自中国科学院1980年恢复招收研究生以来，池志强便一肩挑起繁重的科学研究及管理工作，另一肩挑起了培养人才的重任。至今已有14位博士生、7位硕士生在他的指导下学成毕业，分赴国内外工作，成为神经药理学、神经生物学的业务中坚或学术带头人。要问池志强培养研究生有什么与众不同的过人之处，他实验室的接班人刘景根研究员总结了三点：

第一，对研究生工作上严格要求；第二，学术上悉心指导；第三，生活上非常关心、照顾。这样可以使学生成长很快，老师做到这

三点不容易的 [①]。

学业上严格要求是培养研究生的头等大事，但在研究生的心目中池志强却是一位平易近人的长者。

池志强门下第一位博士生姚一禾回忆：

> 1981年暑假，我想报考池老师的研究生，但不知如何着手，于是就想先拜访一下池老师。第一次去上海药物研究所时，池老师有一个会议，我等在会议室门口不知如何是好，也觉得非常唐突。有人告诉他有位年轻人找他时，他出来了。当他了解我的来意时马上打消我不安的情绪，让我稍等他一下。会议结束后，池老师带着我来到他的办公室，详细询问了我的学习情况，鼓励我报考他的研究生，并指导我应该阅读哪些参考书。正是由于那次会面，让我明确了学习的方向，更坚定了我报考池老师研究生的决心。[②]

池院士最得意的学生王锋博士也清晰地记得第一次与池老师见面时的情形：

> 那是在上海药物所第五研究室池老师的办公室里。当时，我作为复旦大学的学生到药物所进行实习，完全是个什么都不懂的学生，而池老师是享有盛名的药理学家，我的紧张程度可想而知。池老师似乎看出了我的紧张，跟我聊了许多家常话，给我的感觉就像一位和蔼可亲的长者，没有丝毫架子。池老师简单介绍了中国科学院上海分院、药物所及第五研究室的大致情况。在他介绍到第五研究室的课题项目时，池老师显得极其兴致盎然，嗓门也高了，加上生动的肢体语言，我可以明显感受到池老师对这些课题注入了极大的热情。阿片受体与吗啡类药物成瘾性是

---

① 刘景根访谈，2013年1月4日，上海。资料存于采集工程数据库。

② 姚一禾：吾师吾爱。见：中国科学院上海药物所，《池志强论文选集》。2004年，贺词第17页。

第五研究室当时研究课题中的重要组成部分，我还记得当池老师谈到吗啡类药物成瘾性时，言语之间充满着对找到药物成瘾性机制的急迫。[①]

深受感染的王锋后来成为池老师的一名硕士研究生。1986年，王锋硕士论文答辩后破格拿到了博士学位，留所工作一年后去了美国。但池老师对科学探索的执著和热情，一直潜移默化地影响着他。

在美国的25年间，也曾有过不少的诱惑或者说是机会，可以放弃专业去纯粹赚钱，但每每想到池老师，我就能心无旁骛地在生命科学这条路上继续走下去。现在回想总结起来，我认为当时药物所的研究生培养方法非常有效，这是一个建立在中国科学院模式基础上的教育体制，主张通识教育，思想宽容，学术自由而严谨，这种教育风格在池老师的身上得到了最充分的体现。他思路开阔，知识渊博，经常鼓励我们要踏踏实实地做科研，要多观察、多分析、多思考、多总结，不要人云亦云。池老师是一位我所见过的最善于开发学生潜力的科学家。他会花很多的精力让你充分了解所做课题的背景和目的，从而激发起学生们的学习兴趣。但他并不告诉你下一步的具体试验该做什么或怎么做，而这些恰恰就是研究生最需要的自我磨炼之处。在通透理解课题背景现状及目的之后，研究生应学会独立思考，学习各种基本实验手段，学会如何独立完成实验方案的设计，同时也学会如何以团队的精神与同仁互相学习、互相帮助。

从1982年起，池志强担负着中国科学院上海分院常务副院长、药物所副所长等重要行政职务，工作非常繁忙，但他始终关心着学生们的成长，经常参加定期和不定期的学业检查、课题进展汇报、读书心得交流等。研究生们有事找到他时，他总是会推开手头上其他的事，耐心解答学生们的问题。对此王锋感触尤深[②]：

① 王锋：记我的导师池志强院士若干事（2012年12月27日）。存于中国科学院上海药物所档案室。

② 同①。

　　我相信，曾受教于池老师的学生们都会有这样的感觉，那就是：跟池老师谈话，就如同在与一位睿智、和蔼的长辈交谈。就我本人而言，在池老师身边的每一天都会觉得受益多多：从池老师办公室晚上迟迟不灭的灯光，我学到了科研工作是没有一天八小时的限制的；从池老师及他的第五研究室创建和发展的卓越历程中，我了解到了选择科研是一种神圣的承诺；自然，在我整个研究生课题的进行过程中，池老师更是教会了我怎样做人、怎样做科研。一路走来，无论是在学校（加州大学旧金山分校）还是在生物制药公司（Hoffman La Roche，ImClone Systems，Inc，2008年被礼来制药兼并），或是在全球500强之一的宝洁公司工作，我总是习惯于以饱满的科研热情和挑剔的眼光来对待实验数据，不敢有丝毫懈怠。可能也正因如此，我总是能较好地完成我的课题，从不输于毕业于哈佛、耶鲁等名校的同事们。

　　高灿是2000年到药物所读博士的，当时药物所还在太原路上。

图6-1　2003年池志强与学生高灿合影留念（左四为池志强）

记得 2003 年春季，我的博士论文实验基本结束开始撰写论文，这时药物所开始搬迁到张江，实验室的电脑也搬走了，又恰逢 SARS 非常时期，到张江很不方便。所里给几位院士在老所保留了办公室，池老师就主动把他办公室的钥匙给了我一把，这样，我晚上就能用他办公室的电脑写论文，比其他同学方便多了。后来，池老师生病住院期间还挂念着我的论文，我戴上口罩骑车到医院向他汇报论文进展，池老师给我提了很多建议和指导，使我顺利完成论文写作和答辩。博士毕业不久，我去美国做博士后研究，每逢新年总会收到池老师从国内寄的贺卡。有一年我搬家忘记告诉池院士新地址了，过了一段时间还收到了寄到老地址的贺卡，让我甚是感动。2010 年，我回国探亲特意去上海看望了池老师，当时我已打算回国工作，池老师非常支持我……回想起自己所走的科研道路和取得的成绩，无不和在药物所三年打下的牢固基础及形成的科研思维密切相关，而这一切又离不开池老师的言传身教和辛勤培养。①

进入中国科学院学习和工作一直是陶亦敏博士的梦想，本科毕业后直接保研进入上海大学生命科学学院学习。硕士毕业时，她和硕士导师提出了想到中匡科学院工作学习的想法，她的硕士导师、上海大学陈宇光教授让她把学位论文给池志强送去，并请池志强作为她答辩委员会的主席。请一位院士来作为硕士答辩委员会主席，这是多么荣幸的一件事情，为此她答辩前的夜晚几乎难以入睡。陶亦敏还清晰地记得答辩那天，她心跳得非常厉害，还没等她说话，池志强先安慰她不要紧张。看着池老师慈祥的表情，她紧张的情绪也慢慢消失了……

2002 年夏，硕士毕业后陶亦敏来到中国科学院上海药物研究所池志强实验室工作。记得第一天上班，池志强叫她去办公室。当时她非常紧张，不知道池志强会和她说些什么。她轻轻地敲开池志强办公室的门，池志强微笑着请她进来，让她坐下，并亲切地和她聊起了池志强年轻时代的故

<hr>

① 高灿 2012 年 11 月 20 日的来信。存于中国科学院上海药物所档案室。

事。因为陶亦敏是一名党员，池志强告诉她新中国成立前他就是一名中共地下党员，这一下子让她肃然起敬，并和她说起那时的学生运动，和她说起那时科研工作的种种不易。

一番交谈感受到的是池老师心系国家的爱国之情，感受到的是池老师对青年科研工作者的殷切期望。通过和池老师的一番交谈，觉得池老师的主要目的是让我们年轻一代要注意节约。随着时间的推移，随着科研工作经验的积累，更感觉到他老人家用心良苦。池老师所表达的含义是即便现在国家发展了，科研经费投入大大地增加了，但对科研工作者的要求更高了。对研究项目应该有一个全面而细致的考虑，避免科研经费的浪费。在充分熟悉本身研究项目背景的前提下，寻找新的切入点，对项目进行全盘的考虑，然后设计完成系统的实验来加以验证，尽量以最少投入做出最大的工作。池老师的教导对一个新入科研之门的年轻人来讲将是受益终身的。①

到了午餐时间，由于陶亦敏第一天入所报到，相关手续还未办妥，工作午餐还没有着落。正当她犹豫该如何是好的时候，池志强来到她的实验室叫上陶亦敏一起去吃饭。就像祖父带着孙女的感觉，一路上向她介绍起实验室的情况，池志强告诉她"当年啊，我也是这么带着陈洁老师（池志强的兼职秘书）的。为欢迎陈洁老师来实验室工作，还出了黑板报欢迎……"从池志强一番话里，陶亦敏感觉到他就像一位家长，实验室每一位员工就像他的孩子一样，他如数家珍一样把各位老师都介绍了一下。因为陶亦敏相对还是比较内向的，起先她还担心和池志强一起吃饭时说些什么好呢，没想到他这么健谈，他们两个一起吃饭的时候基本没有冷场。虽然第一天上班，但她一下子感觉这个实验室很亲近、很温暖。

进入药物所后，池志强指导陶亦敏开展阿片受体与多巴胺受体异源二聚体工作，这在当时来讲也是国际前沿的研究热点。当不同的受体发生异

① 陶亦敏 2012 年 11 月 20 日自述手稿。存于中国科学院上海药物所档案室。

源二聚化以后就可能产生新的信号通路，并可能解释以前所不能解释的一些现象。为了促使她更好地完成此项工作，池老师把陶亦敏叫到办公室，并请来金国章院士和他的学生一起讨论这个项目如何开展。两位院士视野开阔，思路清晰，就这个项目如何深入开展提出了建设性的意见。听着两位院士聊科研项目，陶亦敏感觉就像站在高处，对整体的事物有了一个完整的把握，一方面佩服得要命，另一方面也为自己的不足感到惭愧。她萌生了寻找机会再深造的念头，池志强得知她的想法后，让陈洁去打听所里关于在职博士就读的情况。理论上来讲，这是她自己的事情，应该由她自己去问，但是池志强却替她想到了[①]。这让陶亦敏非常感动："这里不仅仅是一个实验工作的场所，更让人感觉到有家的温暖。"

科研工作离不开技术人员的配合，有时技术人员的作用还至关重要。池志强深谙其道，对技术人员的培养、关心不亚于研究人员。陈洁是1973年高中毕业分配到中国科学院上海药物研究所工作的，因学历较低，总感到有一种自卑感，是池志强给了她自信。

> 老池经常教导我，成功不会站在路口向你招手，只有当你不断努力、不断克服困难的时候，才能看到她难得的微笑。基础差，是十年浩劫让你们没有好好学习的机会，你还这么年轻，现在开始努力，肯定能行。从此，老池每周在百忙中会抽出几个小时，帮助我们这些年轻人辅导英语及基础专业知识，过两周还要给我们进行训练与考试，教我们怎么正确地写好实验记录等，使我们这些一窍不通的毛孩子慢慢地成长起来。老池经常教诲我们，科学是容不得半点虚假的，对科学实验一定要精益求精。对每个新学生、新同事来室里工作，池院士都要与他们谈谈关于从事科学工作的态度，要求踏踏实实、一步一个脚印地做好每一个实验、写好每一个记录。在他的言传身教引领下，使我养成做实验的良好习惯，学到了对科学实验严谨的工作态度，并在各项实验的技能上达到了一定水准。在自己整整40年的科研生涯

---

① 陶亦敏：丹参、苦瓜与当归——我与药物所的十年情缘。中国科学院上海药物研究所网站，2012-08-27。

中，没有辜负老池当年对我的期望，在 2010 年被评为"中国科学院十佳技术能手"。当老池听到这一消息时，显得非常高兴，但在高兴之余，还是谆谆教导我要将这些技能传帮带地传承下去。①

池志强有一张工作日程表，尽管这张表格一再扩容增目，但仍然排不下他超负荷的工作。多年来，他不仅身负沉重的科研任务，还有名目繁多的领导职务，但他却从未在科研上放松对自己的要求。他总是站在科学的最前沿，敏锐地洞察着研究方向，纵观全局，适时地提出对研究工作的独特设想。每次出国开会访问归来，池志强都及时将国外最新的科研动态与学生和职工分享。他常常利用中午休息的空隙询问研究生课题进展情况，注意培养青年人才，充分发挥他们的特长，鼓励年轻人参与科技前沿课题，鼓励青年科技工作人员参加青年论文评选，并抽时间给予指导、提出建议。

对于个别研究生身上争名夺利的苗头，池志强一旦察觉便会毫不客气地给予教育批评。同时，又讲究方法，做到有理有节。2007 年，他的一位研究生在未充分完成自己科研工作情况下就出国工作，其后续工作由另一位学生协助完成。当获得研究成果时，那位出国研究生却不愿将协助完成的合作者并列第一作者。池志强得知后非常生气，写信对其进行批评与教育。指出做科学研究，首先要学会做人，不能将个人的名利看得太重，要尊重他人的劳动，要有互相协作的精神。同时，帮助她分析合作者的重要性和利害关系，要求她写信做诚恳的道歉。另一方面又安排其他老师去做合作者的工作，接受道歉，署名退为第二作者。最后解决了纠纷，也为其他学生、职工上了生动的一课，使大家得到了教育和提高。

进入 21 世纪，池志强年事渐高，但他仍然积极参加学位委员会的工作，关心药物所人才队伍建设，为培养人才不辞辛劳。特别是在引进人才中他做了大量的努力和工作，为实验室的发展花费了大量心血。他要

---

① 陈洁 2012 年 12 月 27 日自述手稿。存于中国科学院上海药物所档案室。

求作为课题组长不仅在学术上有所建树，更重要的是人品要好。每次有人应聘，池志强都会忙里忙外，安排好在所里答辩等各项事宜。一位美国Maryland大学的知名教授曾来上海药物研究所应聘，池志强安排学生将她的讲稿PPT文件在会议室试放一下，确保无误才安心。答辩完后，池志强又安排学生将她送回宾馆，最后送她去浦东国际机场。虽然这位教授最终应聘未成功，但池志强做事认真严谨、对人才的渴望与尊重让所有的人都为之感动[①]。

池志强实验室的接班人刘景根研究员讲起回国时的情景也是感触良多[②]。

当时的感觉是池老师对我很重视，连生活的点滴小事都考虑得十分周到。回国第二天，所领导又去看望我，让我觉得药物所对人才的重视及大家庭的温馨，对以后工作的开展无后顾之忧。我相信我回来以后能在这里得到很好的发展。

让刘景根研究员最感动的是池志强对他在科研道路上的迅速成长的关心、信任与支持。他列举了三个方面：

第一：项目基金的申请（"973"项目的申请、国家杰出青年基金的申请）。"973"项目申请的启动，池志强等老一辈科学家发挥了非常重要的作用。当时申请的时候我还在美国，但是池志强把材料都传给了我，我看了。第一份申请材料是池志强写的。第二：对我工作的鼎力支持。当我回国时，项目已启动。我与池志强一起去开会，在会上池志强就推荐我做课题组长（课题组有三个分课题，一个是金国章老师，另一个是北京基础医学科学院的张德昌），按道理他们都是老资格的科学家，是轮不到我的。池志强对年轻科技工作者成长的支

---

① 高灿：祝贺池志强先生八十华诞。见：中国科学院上海药物研究所编，《池志强论文选集》。2004年，贺词第17页。

② 刘景根访谈，2013年1月4日，上海。资料存于采集工程数据库。

持，不光是嘴上说说，而是在行动上的有力支持。另外，在学术界的交流方面也给了我很多帮助。池志强原来是全国生化委员会委员，我回来之后，他就退了，让我去接替他；还有一个上海市专家委员会委员，他也退下来，把我推到第一线，让我有更多的机会能和学术界的同仁进行交流与学习，得到了更好的锻炼，增加了影响力，这对我以后的成长很有帮助。第三：池志强非常信任我。回来之后，除了二聚体方向的工作继续再做，其他的方向我都调整了。池志强在工作上是非常支持我的，完全放手，从不限制这不让做、那不让做，让我有很大的空间能发挥自己的才能，所以我们实验室这几年的发展是处于一个良好的状态，这与他的支持、培养、关心是分不开的。

对刘景根研究员启发更大的是：

池老师的敬业精神，活到老、学到老，总是站在科学探索的前沿。第一：关于二聚体的研究工作；第二：关于蛋白质组学的研究工作，在当时都处于科学探索的前沿。我觉得一个课题组要想在国内、国际学术界有一定的地位，一定要具有很强的敬业精神；必须要站在科学探索的前沿，不能只去跟踪，要有自己的原创性。我回来之后，池老师实实在在地提醒了我，一定要有前沿性的工作，要做有影响力的工作，必须站在科学的前沿，在别人的基础上，比别人要跨出一步，这才能形成影响力，对科学才会有真正的贡献，这是我觉得池老师的精神对我最大的鼓舞。

而今，池志强安心地退居二线，放手让刘景根开展自己的科研工作，并嘱咐实验室秘书陈洁积极配合，尽一切可能帮助他把组里各项事务做好，使其能全身心地投入科研工作之中。经过几年的努力，刘景根在科研上取得重大突破，先后在 *Mol Pharm*、*JNS* 等国际一流杂志上发表多篇高水平的论文，而这些都离不开池志强背后默默的支持。

池志强于 1990 年 9 月被中国科学院教育局授予 1990 年度中国科学院

图 6-2　池志强与部分研究生合影（左起：王春河、周德和、池志强、万旭虎、冯亚萍）

优秀研究生导师，2008 年 5 月获中国科学院研究生院"杰出贡献教师"荣誉称号。

主编《生命科学》

众所周知，21 世纪是生命科学的时代。其实，20 世纪 80 年代，生命科学的发展就异常活跃。时势造英雄，神经药理学家池志强就在那时成为国内第一本《生命科学》期刊的奠基者和创办者。在自然科学领域，"研而优则编"是普遍规律，学术期刊主编十之八九是由科学家担纲。《生命科学》的创刊和发展凝聚了池志强的智慧和追求，他一直担任主编至 2000 年。之后，他担任名誉主编至今①。

《生命科学》前身是《生物科学信息》。1988 年，中国科学院生命科学与生物技术局和中国科学院上海文献情报中心（现今的中国科学院上海生

---

① 《生命科学》编辑部：《生命科学》的奠基者和主编的楷模。见：中国科学院上海药物研究所编，《池志强论文选集》。2004 年，贺词第 24 页。

命科学信息中心）有感于国际上生命科学发展非常迅速、国内生物科学研究和教学队伍不断壮大，取得很大成绩，而国内却还没有一种能及时报道生物科学发展动态和信息的刊物，决定共同创办《生物科学信息》期刊①。当时提出把《生物科学信息》放在上海文献情报中心来创办，一个原因是中国科学院有五大中心——北京、兰州、成都、武汉和上海，上海的特色是生命科学，尤以神经生物学研究为领先；其次是当时的网络技术还不够发达，主要还是纸本资源，上海文献情报中心的生命科学信息资源有丰厚的底蕴和传承；再次就是上海文献情报中心是国内最早开设的生物学文献情报网的网长单位。基于这几个因素，中国科学院就把《生物科学信息》放在上海创办②。

当时，确定《生物科学信息》的登载内容要求是：报道范围涉及生命科学各领域的基础和应用研究的发展趋势、学术动态和研究成果的文章；报道体裁以综述性和评述为主。这与国内其他刊物刊登研究论文都不同，所以在刊物主编的人选上，主办单位也考虑了好多，希望找一位站得高、看得远，同时具有基础和应用研究造诣的科学家。最终选定池志强任《生物科学信息》的主编，一个原因是鉴于池志强在神经药理学取得的突出成就、蜚声学界，中国科学院生物学部领导给予了推荐③；另外一个原因是池志强曾是《中国药理学报》的副主编，口碑甚佳。他是一位热心期刊工作的科学家，乐于为我国期刊的发展做出贡献④。

创刊初期，《生物科学信息》报道的主要内容是：国内外生物科学发展战略规划政策设想；国内外生物科学研究成果和信息；生物学机构；生物学家；工作经验交流；生物科学与四化建设；学科发展；生物科学科研成果的应用、技术市场和销售效益；国内外重要生物学会议；书刊评价和生物科学文献情报服务工作方面的信息⑤。

1989年,《生物科学信息》创刊出了两期后，经上海市新闻出版局审

---

① 本刊编委会：发刊词.《生命科学》，1992年第4卷第1期，扉页。

② 于建荣访谈，2012年11月23日，上海。资料存于采集工程数据库。

③ 薛攀皋给池志强的来信，1998年7月9日。存于中国科学院上海药物研究所信息中心。

④ 孙国英访谈，2013年1月7日，上海。存于中国科学院上海药物所档案室。

⑤ 本刊编委会：发刊词.《生物科学信息》，1988年第1卷第1期，封底。

核批准，取得"上海市内部报刊准印证（沪期）字第152号"，定为双月刊内部发行。

为了争取更多的经费，池志强谋求与公司、其他单位合作。他亲自参加洽谈，国家自然科学基金委欣然同意参与主办。1989年第5期，该刊主办单位增加了国家自然科学基金委生命科学部[1]，于是从该期开始，《生物科学信息》全文刊登国家自然科学基金委员会生命科学部当年资助的项目，通过这个栏目可以了解当年资助情况，对下年的申请可起到参考作用。由于《生物科学信息》杂志第一时间登载了与科研人员休戚相关的基金项目批准消息，这个栏目很受欢迎。当初没有电子版，刊物要印出来后才能看到消息，有的研究人员已等不及。编辑部主任于建荣回忆当时的情景说道：

> 我记得施强华（上海市科委干部）当初还在上海第二医科大学，为了要《生物科学信息》上面发布的基金委资助项目，他经常提前来。我们还没有印出来，但是已经有初稿，他就来要相关信息。这也从侧面反映出《生物科学信息》的这个栏目当时非常受科学家的欢迎。[2]

生命科学前沿日新月异。为了迎接生命科学时代的来临，为生命科学的发展鸣锣开道，池志强几次召开编委会讨论会，觉得《生物科学信息》应该正式发行，名称也要改变。《生物科学信息》感觉上窄了一些，"生命科学"的范畴比较广，内涵比"生物科学"丰富，去掉"信

图6-3　1991年池志强被任命《生命科学》编辑委员会主编的聘书

---

① 《生命科学》编辑部：《生命科学》的奠基者和主编的楷模。见：中国科学院上海药物研究所编，《池志强论文选集》。2004年，贺词第24页。
② 于建荣访谈，2012年11月23日，上海。资料存于采集工程数据库。

息"两字则是为了增加信息，今后可以登载原创论文。由于该刊的主办单位比较多，池志强就一个个找主办单位，跟有关科学家沟通，为《生命科学》的公开发行奔波。1992 年，经三个主办单位商定，《生物科学信息》改为《生命科学》，并公开正式发行。

公开发行后，《生命科学》的主要内容定为：国内外生命科学的发展战略设想、规划和政策；分支学科领域发展趋势的评述；国家自然科学基金委的资助项目指南、项目简介、科研资助动态，基金项目管理与咨询；研究成果及推广应用；国内外科研机构；科学家；工作经验；学术会议；国际合作；书刊评价和文献情报服务信息等[①]。

池志强在担任主编期间，仍担负着重要的科研工作，然而，他还是把《生命科学》主编这一兼职工作列入日常工作日程，认真落实编委会的职责，发挥编委的作用，指导编辑部工作。由于《生命科学》刊登以评述、综述为主的文章，其稿源较少，除接受作者投稿外，还需要编辑部主动去组稿。当时网络不发达，池志强就以科学家的视角，通过学术会议、管理层的会议了解学科的最新进展，并在第一时间提供给编辑部，让编辑部去约稿。与现在有些期刊挂名主编不同，池志强常常亲自出马，向编委、专家约稿。治学严谨和责任心强是他的特点，他从稿件选题到终审决定都亲自把好学术质量关。首先他把握组稿的方向，稿子来了后，编辑部初审，然后外送专家审阅，一期稿子完整后，池志强终审。终审的时候，包括文章的内容、质量、整体布局等池志强看得非常认真，每个字都要过一遍[②]。在编辑加工上，池志强要求编辑们全面贯彻国家有关期刊标准化和规范化的规定，对文稿结构、语法修辞认真修改，对标题、学名、图表、计量单位、数字、参考文献和标点符号等反复审核，对校样稿反复多次校对，尤其是建立了编辑审读制度，把差错消灭在出刊之前，从而保证了刊物的高质量。

在大量来稿中，池志强要求按照科学性、新颖性来刊登优秀文章，尤其是着眼于富有导向性和创新性的文章，这类文章都优先刊出，而不是按照来稿先后发排。如王亚辉研究员撰写的《后基因组时代的生物学》一文

---

① 本刊编委会：发刊词.《生命科学》，1992 年第 4 卷第 1 期，扉页。

② 于建荣访谈，2012 年 11 月 23 日，上海。资料存于采集工程数据库。

讨论了后基因组时代生物学在方法论上的特征、主要研究领域和发展前景。人类后基因组研究是当时生物学研究的最前沿重大课题，池志强当即指示优先刊出，1997 年 8 月刊出该文后，读者认为获益颇大[①]。

池志强法制观念强，早在创刊之初、制订稿约时，他就强调著作权法。因此，该刊"征稿简则"标明了有关著作权处理的文字有五处之多，有效避免了著作权纠纷的发生。

池志强治学严谨，他的学生有很好的传承。2003 年，他的学生陈晓岚博士生向《生命科学》投送《蛋白质组学在神经科学中的应用》一文。此文是一篇学术性较强的好文章，文章层次分明、结构紧凑，特别是参考文献的引用完全符合著录规范。当编辑部表扬这位作者时，她说："这是我的导师——池先生教导和要求的，发稿一定要严格按稿约投稿。"

担任主编 12 年以来，池志强带领编辑部锐意改革，采取了一些新举措，《生命科学》获得了很大的发展。除了 1989 年开始全文刊登国家自然科学基金委员会生命科学部当年资助项目广受欢迎外，发行方式从初期的内部发行到 1992 年的公开发行；1992 年起增加英文目次页和中英文年度著者索引；1996 年起主体文章增加中英文摘要、关键词和文稿收稿、修改日期；为了缩短发表周期、加快学术交流、不断增加篇幅，页数从创刊初期的 48 页增加到 64 页、96 页直到 128 页。2010 年起，从双月刊改为月刊。

《生命科学》由此获得了各界的好评。中国科学院生物学部办公室副主任薛攀皋对于池志强的主编工作给予了高度评

图 6-4　池志强在《生命科学》创刊十周年编委会上做报告

①　伍宗韶：祝《生命科学》这朵奇葩更鲜艳——贺《生命科学》创刊十周年。《生命科学》，1998 年第 10 卷第 2 期，第 110 页。

价。他在给池志强的一封信中深情写道：

> 十年前，我与老季等冒昧把您"拉下水"主持《生命科学》杂志编务，耗费了您许多时间与精力。我们回顾这十年《生命科学》走过的历程，既不安又欣喜。不安的是这十年让您辛苦了；欣喜的是《生命科学》在您的主持下，得到科学界的认可，站稳了脚跟，真该好好地谢谢您！但愿不久能找到接班人！[1]

2000 年，池志强已是 76 岁高龄，他一直在为《生命科学》挑选第二任主编而努力着。他物色了好多人，有的不合适，有的勉为其难。后来找到林其谁，他说"我看准了"。池志强选人自有他的角度，林其谁[2]也是一位战略科学家，做过所长，学术方面、管理方面都是出类拔萃的，特别是当过学报主编，有丰富的办刊经验积累。于是，池志强就三顾茅庐，把他请过来。2000—2011 年，林其谁做了《生命科学》11 年的主编，期间《生命科学》又有了很大的发展。主编对于一个杂志的影响深远，主编的学术造诣、开阔视野和人格魅力是期刊质量的有力保证。与此同时，办好一本高水平的期刊往往也会增强主编的学界影响力。

有读者发现池志强当院士是在担任《生命科学》主编之后，林其谁同样也是接班《生命科学》主编后评上了院士。现在第三任主编王恩多[3]更"厉害"，担任《生命科学》副主编后就加入院士行列，《生命科学》编辑部简直就是人才辈出的福地、培养院士的摇篮。对此发现，《生命科学》编辑部主任于建荣惊奇之余非常高兴：

---

[1] 薛攀皋给池志强的来信，1998 年 7 月 9 日。存于中国科学院上海药物研究所信息中心。

[2] 林其谁（1937- ），福建莆田人。生物化学家，中国科学院院士。主要从事生物膜的结构与功能研究。曾任中国科学院上海生物化学研究所所长，中国科学技术大学生命科学学院院长，中国科学院生命科学与医学学部常务委员、学部主任。

[3] 王恩多（1944- ），女，四川重庆人。中国科学院上海生命科学研究院生物化学与细胞生物学研究所研究员。2005 年当选中国科学院院士。长期从事"酶与核酸的相互作用"的研究，在蛋白质生物合成中关键的氨基酰 –tRNA 合成酶与 tRNA 相互作用的研究中做出了突出贡献。

三位主编当院士一点儿不假，《生命科学》编辑部是福地、是摇篮不敢当。一本杂志先后有三位院士级主编是品牌也是实力，对我们杂志的发展起了非常大的作用。

在池志强和编辑部的不断努力下，《生命科学》获得了诸多荣誉。1996年被评为第二届上海市优秀科技期刊一等奖，入选"中国精品期刊资料库"，并被载入《上海大百科全书》。自2004年第1期起，被中国科学技术信息研究所"中国科技论文与引文数据库"收录，即被评为"中国科技核心期刊"。2008年被收录为"中文核心期刊"。

2000年后，池志强从主编位置上退下来担任《生命科学》名誉主编。他对《生命科学》仍倾注着感情，作为名誉主编，一如既往地关心《生命科学》的发展。2009年，上海生命科学院建院十周年，池志强撰文寄语：希望生科院进一步关心《生命科学》杂志的工作，使之今年能转为"月刊"，为我国生命科学的发展发挥更大的作用。2011年，池志强以名誉主编的身份参加在中国科学院上海生命科学研究院生命科学信息中心召开的《生命科学》编委会会议，为期刊发展更上一个台阶发表了意见。编辑部现在每两个月开一个主编或者编辑部的碰头会，包括商量选题、明年的选题等，89岁高龄的池志强都会参加。前几年他还给编辑部看稿、提供意见和建议。现在每期的文章他还会认真去看，每年还要求编辑部给他装订一套《生命科学》，同时编辑部自己也会装订一套，这样有利于保存资料的完整性。池志强的这个好习惯给编辑部以及刊物都带来了很大的好处，这样从创刊的内部刊物到现在每期都保存得很完整①。

工作上，池志强是一位严谨的科学家和主编，在生活中又是一位平易近人、待人诚恳的长者。《生命科学》编辑部前后近10名编辑在与他长期共事中都感到他为人亲切、没有架子，大家都亲切地称他为"池先生"。编辑部的同事们都愿意与他进行思想交流，愿意向他请教或咨询工作中有关问题。在编辑部工作人员出差错的时候，也没见过他严厉批评或者发脾

① 于建荣访谈，2012年11月23日，上海。资料存于采集工程数据库。

气，他的批评很注意方式方法，会在潜移默化中指导你应该怎么做。

> 在他面前没有什么不敢讲，都愿意跟他讲。我来的时候孙国英老师刚退休，所以有时候会碰到好多问题，因为做文摘跟文献还不一样，包括约稿碰到问题，当时年纪轻，跟专家接触的少，有时候会胆怯，池先生就会给予鼓励，而且会给你指点怎么去做……我们小孩儿读书什么的也跟他聊，大家愿意把心里话跟他说，他也能给大家指指方向。盲目的时候，他点一下就会清楚很多。①

除了为《生命科学》倾注了较多心血外，池志强还为多个期刊付出了努力。他不计较是什么头衔，不图虚名，专干实事，为期刊审稿、期刊的发展出谋划策。1980年从《中国药理学报》创刊起，他就担任副主编。两年后，该刊成为国际上最具影响力的检索工具《科学引文索引》（SCI）最早收录的中国六本期刊之一。此外，池志强还被聘请为《中国药理学毒理学杂志》《中国药理学通报》《中国药物与临床》《癌症》《中华医药杂志》《浙江大学学报医学版》《神经药理学报》《家庭用药》等期刊的编委、常务委员、特邀编委、顾问委员、荣誉委员；被中国科学院聘请为《中国科学院国防科学技术》卷编审委员会委员；被化学工业出版社聘请为《化工百科全书》条目撰稿人；被少年儿童出版社特聘担任大型科普图书《十万个为什么》（新世纪版）编委和学术指导委员会委员；被人民军医出版社聘为终生首席顾问；1994年7月，因"在军工史编纂工作中做出了重要贡献"获中国科学院颁发的奖状。

20世纪最后10年是池志强学术上开花结果、获得丰收的时期。兼职期刊编辑是为人作嫁衣裳，但他深明大义，愿意匀出时间来"为生命科学的发展鸣锣开道"，他这么做了，而且做得很好。12年后，他找到了《生命科学》主编的接班人，也看到了生命科学发展的前景，他乐在其中。

---

① 于建荣访谈，2012年11月23日，上海。资料存于采集工程数据库。

第七章
兼职行政领导

副 职 不 副

　　1978 年 6 月起，池志强在担任第五研究室室主任的同时，又被推上了中国科学院上海药物所副所长的领导岗位（任期直到 1983 年 8 月晋升中国科学院上海分院副院长为止）。这一届所领导班子中所长为高怡生[①]，副所长为池志强、嵇汝运[②] 和杜棣华。池志强分管科研和国际交流。所领导班子在对上半年的工作总结中，认为"在议科研、抓科研上，议得不多，抓

　　① 高怡生（1910-1992），江苏南京人。1934 年毕业于国立中央大学化学系，1950 年获英国牛津大学博士学位，1978-1984 年任中国科学院上海药物所所长，1980 年当选中国科学院化学学部委员。在天然有机化学方面完成了降压有效成分莲芯碱、驱虫有效成分使君子氨酸等几种化合物的分离结晶推导结构及全合成的系统工作，获 1982 年国家自然科学奖二等奖。
　　② 嵇汝运（1918-2010），上海松江人。药物化学家，中国科学院院士。1941 年中央大学化学系毕业，1950 年获英国伯明翰大学理学博士学位，1953 年回国后在上海药物研究所从事新药研究。曾任中国民主同盟会中央委员、上海市政协常委、卫生部药典委员会委员、中国药学会副理事长、亚洲药物化学联合会执行委员。

得不力"①。很显然，此时池志强被委以重任，与加强研究所的科研领导有关。为了贴近一线，尽快打开局面，池志强又毅然决定靠前指挥，同时兼任中国科学院上海药物所科技处处长一年。

1977 年，被"文化大革命"搞乱的思想正逐步得到纠正。翌年，池志强上任时，全所正在学习、贯彻"中共中央关于召开全国科技大会的通知"的精神②。池志强抓的第一件大事就是制定科研计划：对上海药物所八年（1978—1985 年）科技计划发展规划进行修订③，使所、室两级的发展方向和科研任务基本得以明确。池志强与有化学专业背景的两位副所长做了分工，深入课题组调查研究，充分发动群众对八年科技规划提出修改建议，结合药物所重点任务和重点学科以及有关的新学科、新技术等专题，召开了每次有数十人参加的座谈会有 15 次之多。在座谈会上科研人员畅谈国内外在本学科方面的科研进展情况，结合上海药物所实际，对发展方向提出了一些很好的建议：大家一致认为上海药物所有一支很强的化学研究力量，又有一支较强的生物研究力量，这是国内外一般研究所不多见的优势，药物所可以将化学和生物学两大学科有机结合，创造新理论、新药物、新方法、新技术，提高科研水平，为解决某些生物学与重大医学问题做出贡献④。

"文化大革命"前的上海药物所研究方向是以寻找危害人类健康严重的疾病（如肿瘤、高血压、血吸虫等）的防治药物为主要任务，同时开展药物的理论工作，如天然产物结构、化学结构和疗效间关系、药物作用原理及药物代谢等。而此时，池志强和科研处的同志集中了科研骨干的意见，提议紧缩下马了一部分找药工作，同时新增神经多肽、阿片受体、量子化学、免疫调节剂、放线菌基因调控等领域的研究课题。对上海药物所的发展方向也做了相应调整，定义为：以天然有机化学和药理学的基础研

---

① 上海药物所 1978 年主要工作的安排（1978-03-01）。存于中国科学院上海药物所档案室。

② 在 1978 年 3 月召开的全国科技大会上，中国科学院的主要任务被界定为：研究和发展自然科学新理论、新技术，配合有关部门解决国民经济建设中综合性的重大科学技术问题，侧重基础，侧重提高。

③ 1977 年 6 月，中国科学院准备起草 1978-1985 年全国基础科学规划的同时，在上级党委的布置下，上海药物所也开始积极制定八年科技发展规划。

④ 上海药物所 1978 年主要工作的安排（1978-03-01）。存于中国科学院上海药物所档案室。

究与应用研究为主的科研机构。通过天然产物及合成化合物的化学结构与生物活性的关系及其作用原理的研究，发展分子与细胞药理学、天然有机化学及合成化学，以达到创立新理论、新药物、新方法、新技术。重点研究肿瘤、避孕和国防等重大医药问题，使上海药物所从"文化大革命"前的"找药"为主转变为以基础与应用基础研究为主，同时寻找新药[①]。

　　进入 1979 年，中国共产党十一届三中全会精神下达，全会的中心议题是把全党的工作重点转移到社会主义现代化建设上来。当年，五届人大二次会议召开并做出决定，集中三年的时间，认真搞好国民经济的调整、改革、整顿、提高。中国科学院院务扩大会议也将中国科学院的工作方针明确为侧重基础、侧重提高，为国民经济和国防建设服务。池志强觉得抓科研工作目标更明确、更有底气了。他提议并落实了副所长分工联系抓重点课题的措施，对重点课题，池志强每季度逐一检查，坚持到各室听取汇报。面上课题也要求所、室每个季度进行自下而上的全面检查。在池志强和科研处的带动下，各职能部门积极深入科研一线，组织协调，帮助解决实际问题。1979 年，全所科研计划共 58 个课题，其中基础和应用基础研究 21 个，应用研究和推广研究占 37 个。突出了两个"侧重"，例如把神经多肽研究列为重点，开展了阿片受体的研究、基因工程研究、免疫功能的调整以及与免疫相关的多糖化学研究，加强了天然产物精细有机合成研究等。对一些与人民健康有密切关系的如肿瘤和计划生育药物的研究等也给予了足够重视。这一年基础研究和应用基础研究课题比重占 36%，是历年以来最多的。58 个课题按计划提前完成的有 48 项，占 82.7%，也是近年最好的纪录。当年选报中国科学院、上海市科委和国防科委申请成果奖及发明奖共 10 项，其中基础和应用基础研究 3 项、应用和推广研究 7 项，获得重大成果 1 项[②]。

　　通过一年来的工作实践，池志强主持制订 1980 年、1981 年的科研计划思路更清晰了，上海药物研究所的科研方向定为：开展生物活性物质的研究，包括内源性和外源性物质、具有一般生物学意义或具有重大医疗价值的活性物质，从而发展天然产物化学及细胞分子药理学。各研究室围绕

---

① 中国科学院上海药物研究所简介（1978-05-04）。存于中国科学院上海药物所档案室。

② 上海药物研究所 1979 年工作总结（1980-03-01）。存地同①。

所的方向及已确定的主要任务，后两年不做大幅度调整，力求稳定大干几年，使上海药物所在天然产物化学，包括对植物有效成分及内源性活性物质的分离、纯化、结构测定、全合成等研究在原有的基础上有更进一步的发展，在国内外扩展影响并形成特色。池志强特别强调要重视神经多肽、免疫活性多糖以及具有较强抗肿瘤、抗生育等作用的植物有效成分的研究，通过对美登素全合成的研究使在天然产物精细有机合成领域赶上国际水平。另外，要通过对抗肿瘤、作用于神经系统及具有免疫活性等活性物质及其作用原理的研究，发展细胞及分子药理学，特别是要注意对生物膜药理、药物受体相互关系等研究。对此，所办公会议给予了肯定[1]。

随后，池志强和科研处的同事发动群众，上下结合，多次深入讨论，确定了 1980 年、1981 年的科研计划 63 个课题，又从 63 个课题中确定 7 项所重点课题：美登素全合成；神经多肽的研究（包括化学及生物）；放线菌质体化学及遗传研究；植物多糖黄芪及免疫活性研究；抗早孕植物药枳子花的研究等。

1981 年，上海药物所进一步明确了三个主攻方向，即天然产物化学、抗肿瘤药物研究、作用于中枢神经系统活性物质的研究。

1982 年，池志强主持制定所五年滚动规划。通过各室提出重点课题、组织所学术委员会评议，上报中国科学院化学学部五个重点课题。经学部评议，其中四个课题被列为院重点课题，包括池志强自己主持的阿片受体的分离、纯化和强效镇痛剂与阿片受体相互作用的研究[2]。

1983 年，池志强主持制订科研计划时，提出未来五年药物所的研究方向不宜有大的变化。1983 年计划中有 76 个课题，其中 5 个重点课题分别是抗早孕计划生育植物药的研究（1983 年改为攻关课题）；神经肽的研究；阿片受体的分离、纯化和强效镇痛剂与阿片受体相互作用的研究；抗肿瘤植物药及其有效成分作用原理的研究；青霉素酰化酶基因工程研究。1983 年年终实际为 80 个课题，当年课题计划中还安排了一定

---

[1]　上海药物研究所 1980-1981 年科研计划（1979-04-03）。存于中国科学院上海药物所档案室。

[2]　上海药物研究所 1983 年科研计划、总结及成果登记简表等（1983-03-01）。存地同[1]。

比例的与国民经济有关的课题任务，改变以往等产业部门找上门来请求帮助协作的态度，主动出去调查生产部门及社会上需要药物所协作解决的任务①。

池志强在主持科研规划制定的同时，为建立科研工作的正常秩序，抓了"五定"的试点和全面落实。早在 1961 年，中共中央就发出《关于自然科学研究机构当前工作的十四条意见（草案）》（简称"科研十四条"），规定了科研机构要定方向、定任务、定人员、定设备、定制度，使研究工作相对稳定。"文化大革命"冲垮了科研秩序，"五定"也化为乌有。1979 年颁布的"中国科学院研究所暂行条例（草案）"对"五定"有了新的要求，即"定方向任务、定课题、定人员、定设备和定制度"，更具可操作性。1978 年 8 月池志强刚上任，就在合成室进行了"五定"试点，翌年池志强在全所全面推行"五定"工作②。

通过"五定"，全所科研秩序有了很大的改观③。一方面建立研究室的业务领导系统，选拔了一批具有一定业务水平的科技人员担任室和课题组的领导，确立了业务带头人；另一方面按照学科发展的需要，适当调整了科研机构。根据药理科研工作发展的需要和药理室的实际情况，将原药理室分为一、二、三 3 个研究室。根据国防科研的需要，池志强领导的五室新建立了受体组。为了使图书情报工作更好地发挥支撑作用，图书馆和情报资料室合并建立了图书情报室。根据国家科委决定，建立了药理学报编辑部，筹备学报出版工作。同时，根据"中国科学院研究所暂行条例"规定精神，制定了室主任、课题组长职责，建立了业务指挥系统。

对照"五定"的要求，在当时的历史条件下，是"定"易不"定"难、是"定"粗不"定"细、"定"上不"定"下，全所初步建立了科研工作的正常秩序。但池志强清醒地意识到，与真正严格的"五定"标准差距不小。科研秩序的整理还刚起步，任重而道远。

1980 年 12 月，中央工作会议决定，采取果断措施"实行经济上进一

---

① 上海药物所 1982 年计划总结。存于中国科学院上海药物所档案室。
② 上海药物所 1978 年主要工作的安排（1978-03-01）。存地同①。
③ 上海药物所 1979 年工作总结（1980-03-01）。存地同①。

步调整，政治上实现进一步安定的方针"。1981 年 1 月 29 日，中国科学院向中央提交了《关于中国科学院工作的汇报提纲》，进一步明确了科学院的性质、任务和办院方针，提出了调整、改革、整顿、提高的方案。学习贯彻中央工作会议和《中国科学院工作的汇报提纲》的精神在中国科学院全院掀起了热潮。

1981 年 3 月，池志强在所长办公会议上发言。他指出科研秩序方面存在的问题还不少，要建立一套规矩，如实验数据的登记检查制度、仪器操作规程、技术档案制度、成果鉴定制度、实验室的管理制度等。当年，科研处便从实验记录数据的登记、成果的鉴定申报、技术档案的整理归档做起，对如何建立实验室正常秩序、文明搞科研做出了一些必要的规定 ①。

此后，根据中国科学院工作会议的要求，上海药物所开始进行研究课题调整和科研秩序整顿，由池志强负责该项工作。1981 年 4 月，在上海药物所领导碰头会上，池志强做主题发言，他认为上海药物所的方向任务是基本明确的，但在如何组织多学科的发展渗透、搞好科研课题的组织协调，如何使上海药物所的科研具有特色、成产品等方面，还存在不少问题。因此，要采取学术讨论和同行评议的方法，对所有课题进行一次普遍清理，然后在清理的基础上，根据实际情况再来考虑课题的调整问题。在清理课题中，要根据基础研究、应用研究、发展工作三类的要求，一个室一个室地对每个课题的类别予以划分清楚。清理课题中，要把课题的意义、历史、现状、人员、设备、目标、发展前途等情况摸清楚。要在清理课题摸清情况的过程中，同时考虑研究课题调整、配套成龙、定员定编以及哪些助研可以开题等问题 ②。

实际操作时，池志强要求科研处对课题整顿，既要抱积极态度，凡是应该做的都要努力去做，但同时又要采取十分慎重的做法，不能操之过急。要注意广泛听取科技人员的意见，贯彻群众路线。具体做法上则要求在对现有课题深入了解的基础上，推动院重点课题的优化；同时，选择一部分目的明确、基础较好、意义较大的课题，提出三年的规划，包括课题预期

① 所长办公会议纪要（1981 年 3 月 5 日上午）。存于中国科学院上海药物所档案室。

② 所长办公会议纪要（1981 年 4 月 7 日上午）。存地同①。

达到的指标、设备条件的配备、人员力量的调整等。对一些课题内容重复或条件不具备、难以开展工作以及没有太多意义的课题要做必要的调整，限期完成。

在课题清理的基础上，池志强因势利导，主导课题实施计划制度的建立。要求每一个课题制订一份实施计划，改变过去课题进展要求笼统、不易检查的缺点。同时，通过对实施计划的审批，在综合平衡的基础上，落实人、财、物等支撑条件，使二线职能部门对全年工作任务也心中有底。

通过课题清理，明确了重点发展领域，适当安排了待收缩课题，为其中科研人员的稳步转题做好准备；积极稳妥地使分散的课题向所的发展方向和发展重点靠拢，使过去分散进行无一定方向的部分植化研究人员迅速转向寻找抗肿瘤有效成分的方向上，加快了筛选进度；使全所布局得到比较合理的安排，为形成上海药物所科研工作的特色明确了具体内容[1]。

池志强当副所长的这一个五年正处于"文化大革命"结束后、全国上下拨乱反正的年代。身处全所科研工作"大管家"的要职，又是国防科研沪区大协作组学术负责人，池志强发挥了政治领导素质高和学术领导能力强的优势，开始了一段最忙碌的生涯。他深感肩负重任，副职不副，上海药物所正面临发展的又一关键时期，他抓住了机遇，协助高怡生所长振兴了全所的面貌。

从1982年起，上海药物所进入科研成果丰收期，先后获得的奖项有"中草药活性成分的研究——十二种新有效成分的研究"（国家自然科学奖二等奖）、"吗啡镇痛作用部位及镇痛机理的研究"（国家自然科学奖二等奖）、"肌肉松弛药氯甲左箭毒"（国家技术发明奖三等奖）、"橡胶防老剂D致癌性的动物实验研究"（国家科学技术进步奖三等奖）、"抗疟新药蒿甲醚"（上海市重大科技成果奖二等奖）、"乙双吗啉"（上海市重大科技成果奖三等奖）、"镇痛消炎药3-乙酰乌头碱"（与兰州部队医院合作获得军队科技成果奖一等奖）、"90-锶促排药——S186"（与上海工业卫生研究院合作获得卫生部甲级科学技术成果）。至1983年8月，池志强履行五年

---

① 上海药物所1982年计划总结（1982-03-01）。存于中国科学院上海药物研究所档案室。

一届的副所长任期期满，全所获得的科研成果奖项已有 10 多项。作为主管科研的副所长，他深知科研成果背后的艰辛，也为自己能为科研人员排忧解难、全所硕果累累而由衷地高兴。

尽职的副院长

1983 年 8 月，池志强卸任上海药物所副所长，担任中国科学院上海分院副院长。

中国科学院上海分院是中国科学院的派出机构，负责联络协调中国科学院在上海、浙江、福建的研究院所。上海分院的前身是 1950 年 3 月经政务院批准成立的中国科学院华东办事处，它接管并改造了原中央研究院和北平研究院在上海、南京的研究机构。1958 年 11 月，华东办事处改名上海分院，1961 年又改为华东分院。"文化大革命"期间中国科学院撤销分院体制，1977 年 11 月恢复成立中国科学院上海分院，下属独立机构有生物化学研究所、实验生物研究所、生理研究所、植物生理研究所、药物研究所、昆虫研究所、有机化学研究所、硅酸盐化学和工学研究所、冶金研究所、光学精密机械研究所、技术物理研究所、原子核研究所、天文台和图书馆。代管机构有声学所东海站，附属机构有动物饲养场和科学仪器厂。1979 年，分院成立测试计算中心。1981 年，以生理所第二研究室为基础成立了脑研究所。1982 年，附属动物饲养场改为中国科学院上海实验动物中心。1983 年，成立分院干部进修学院。

在 1983 年履新的这一届中国科学院上海分院领导班子中，分院院长曹天钦[①]的学术专长是蛋白质研究，上任时还担任中国科学院上海生物化

---

① 曹天钦（1920–1995），中国现代蛋白质研究的奠基人。1944 年毕业于燕京大学化学系，1951 年获英国剑桥大学生物化学系博士学位。参加和领导了人工合成牛胰岛素的研究，1956 年获中国科学院自然科学奖一等奖。1960 年起任中国科学院生物化学研究所副所长。1980 年当选中国科学院生物学部学部委员（院士），1983 年当选瑞典皇家工程科学院院士，1986 年当选中国科协副主席。

学研究所的副所长。三位副院长中黄维垣是有机化学家 [①]，庆志纯是党组书记、冶金学家 [②]，专长神经药理学的池志强分管科研和外事。中国科学院上海分院各研究所从 1978 年起，经过三年的"调整、改革、整顿、提高"，科学秩序逐步走上正轨，研究工作全面展开。1983 年 1 月 29 日，中国科学院工作会议在北京举行。卢嘉锡院长在会议总结中提出，科学院当前要从八个方面进行改革：搞好机构改革；大胆重用、用好中青年知识分子；根据工作的不同性质和特点，试行各种形式的承包责任制；试行招聘合同制，逐步改革人事制度；对某些研究课题试行课题组人员自由结合，由课题组长选择本组工作人员；改革奖励制度；允许科技人员利用业余时间到所外从事有益于"四化"建设的劳动，所得收入一般归本人所有；试行浮动工资制。对于如何贯彻中国科学院的改革精神，分院领导班子认真学习、统一思想。用池志强的话来概括就是：

> 首先要把为国民经济建设服务、为"四化"服务放在工作的首位。同时，也必须对不同层次的科研工作妥善全面安排，要各得其所。这是关系到我国科学事业的长远利益，不能草率对待。改革不能以"赚钱"为目的，要以清醒的头脑对待改革这一大事……分院在横向联系上应发挥组织作用。在改革中要充分遵从各所的自主权，多理少管，树立"服务"思想。多做调研，不对各研究所横加干涉。[③]

在此指导思想下，中国科学院上海分院推动改革比较顺利。1984 年，承担的重大科技攻关课题和院重点科研课题有 202 项，直接参加科研攻关的科技人员达 1958 人。此外，还根据市场的需要，每年接受产业部门、地

---

① 黄维垣（1921–2015），1943 年美国哈佛大学化学系有机化学哲学博士。从事甾体化学研究和发现氟化学中的亚磺化脱卤反应，历任中国科学院上海有机化学研究所研究员、所长。1980 年 11 月当选为中国科学院院士。

② 庆志纯（1935–），1955 年北京外国语大学毕业，后被选派苏联留学。回国后长期在中国科学院上海冶金研究所从事精密合金研制工作。曾任中国科学院上海分院党组书记、副院长，上海市人大教科文卫委员会主任等职。

③ 池志强：中国共产党党员登记表（1985–02–28）。存于中国科学院上海药物研究所档案室。

方企业单位委托和提出的数以千计的科技合同、成果推广和技术咨询服务等计划外的任务[1]。

当时国际上生物技术发展正方兴未艾，而生物技术的核心是基因工程。中国科学院上海分院系统的七个生物学研究所在生命科学研究领域一直处于全国领先地位。上海生化所早在1975年就成立了遗传工程研究组。由于药物所和生化所是对门，池志强与曹天钦院长便有较多的接触和工作协调，他们都认为上海分院系统生物部门加强生物技术的开发研究应该有所作为，也能够有所作为。池志强非常赞同曹天钦院长的观点[2]：为了迎接世界新技术革命的挑战，我们应当汲取国外科学的一切长处，抓住一切机会学习先进经验和技术，抓住一切机会请国外的学者帮我们培养人才。但是引进关键技术是很难的，引进掌握生产诀窍的人才更难。因此，基点应该放在自力更生上。与发达国家相比，我们在科学技术上有差距，但最大的差距在于科学管理。依靠自己的力量，抓好协作，可能只需要花引进费用的百分之几就可以搞上去。有必要引进的仍应积极引进，如高效菌种、仪器设备等。但一要互利，二绝不做别人的试验动物。生物技术是知识密集的技术，是年轻的科学、青年人的科学，老一辈的科学家要热情地培养年轻的一代，他们是开辟新领域、掌握新技术的开拓者。在具体对策上，池志强呼吁改革科研经费的拨款制度，增加专项基金申请审批拨款的方式，提议中国科学院增加生物技术项目的投资，鼓励各所结合各自的特点开展生物技术的开发应用研究。

分院领导班子齐心协力、明确方向、落实政策，为年轻人铺路，使一大批20世纪60年代大学毕业、有国外求学或进修经历的中青年骨干释放能量、崭露头角，在生物工程领域取得赶超国际水平的一系列成果。

1985—1988年，中国科学院上海生化细胞所洪国藩博士[3]克隆高温酶

---

① 王先彪：中国科学院上海分院之沿革。《中国科技史料》，1985年第6卷第6期，第49页。

② 姚诗煌：发展生物技术要抓好"接力赛"——访中国科学院上海分院院长曹天钦。《科学家谈管理》，1984年第10期，第15页。

③ 洪国藩（1939-），1964年毕业于复旦大学生物系。1979-1983年利用双脱氧法创立了非随机测定DNA顺序的新方法，被收入分子克隆及DNA测序丛书等国际经典书籍中，为各国学者引用。1985-1987年发现并首次克隆高温酶，提出并完成DNA高温酶测序法，获中国科学院1992年科技进步奖一等奖。1993年当选第三世界科学院院士，1997年当选中国科学院院士。

获得成功，提出并完成 DNA 高温测序法。此成果获得国家科技进步奖二等奖。李载平教授 [①] 领导的研究集体继 1984 年取得乙型肝炎病毒表面抗原基因在酵母中表达成功后，又成功地构成了含有乙型肝炎表面抗原基因的重组牛痘病毒。该成果获中国科学院科技进步奖一等奖。中国科学院上海细胞研究所的郭礼和博士 [②] 利用自己构成的多功能质粒为载体，在大肠杆菌中高效率表达人胰岛素取得成功后，又建成了人生长激素基因工程微生物表达系统。该成果获得中国科学院科技进步奖二等奖。中国科学院上海药物所杨胜利 [③]、吴汝平研究小组在青霉素酰化酶基因工程研发中建立了基因克隆、定位表达系统，并采用 DNA 体内重组提高质粒的稳定性，构建了高稳定性、高表达的基因工程菌，主要技术指标优于国际同类基因工程菌，发展了基因工程菌膜反应器并用于工业生产。该项成果获中国科学院科技进步奖一等奖。由于中国科学院上海分院生物口各所在基因工程、细胞工程、微生物工程和酶工程方面做出的贡献将带动一些新产业部门的形成，国家计委于 1984 年 7 月 14 日下文批准了中国科学院建设"上海生物工程研究与开发实验基地"。1986 年 5 月 24 日，中国科学院上海生物工程研究与开发实验基地开工奠基典礼在漕河泾开发区举行奠基典礼。池志强参加开工典礼，他为自己的努力终结硕果而感到欣慰。

池志强认为"分院的作用就是在业务上搞好所际合作交流，促进在分院某些学科上形成拳头特色。在新兴技术的发展上要尽力促进并建成生物

---

① 李载平（1925-），1947 年毕业于北京大学化学系，我国分子生物学领域的开拓者之一。研制了基因工程乙肝疫苗，在国际上首先完成了乙肝病毒（HBV）我国流行株 adr 亚型的基因组克隆和序列分析，是我国第一个病毒基因组的克隆和第一个基因组的全顺序分析者。1996 年当选中国工程院院士。

② 郭礼和（1940-），1964 年毕业于上海科技大学生物物理化学系，曾任中国科学院细胞生物学研究所所长。作为主要负责人和参与者的"酵母丙氨酸转移核糖核酸人工合成"研究工作获国家自然科学奖一等奖；参与的"家兔个体表达系统研究"获中国科学院科技进步奖一等奖；主持的"人生长激素基因工程研究"获中国科学院科技进步奖二等奖。

③ 杨胜利（1941-），1962 年毕业于华东化工学院有机化工系，1980-1982 年在美国加州大学从事博士后研究。长期从事基因工程在酶、发酵和制药工业中的应用研究及开发及代谢工程研究，主持青霉素酰化酶基因工程研究，构建了高稳定性、高表达的基因工程菌，1988 年获中国科学院科技进步奖一等奖。1997 年当选为中国工程院院士。

工程实验基地、材料科学实验基地，为上海及地方经济建设多做贡献"[1]。在其任内，上海分院在生物学方面形成了分子生物学、细胞生物学和神经生物学三大分支学科，许多工作已经进入了国际前沿，出现了一批新的生长点，开辟了生物工程新领域，构成了上海地区作为国家现代生物学研究开发基地的传统和特色。以上海生物工程研究与开发实验基地的正式投建为契机，在上海市的支持和合作下，20 世纪 80 年代中期中国科学院上海分院系统又相继建设了三个中试基地，它们分别是化学新材料中试基地、蔬菜类食品辐射保藏中试基地、大规模集成电路研究开发基地。四个基地的建成促进了我国高技术的发展和新兴产业的建立，带来了直接和间接的社会经济效益[2]。

四个基地的建成可以说是池志强和上海分院这一届领导班子遵循《中共中央关于科学技术体制改革的决定》提出的"经济建设要依靠科学技术，科学技术工作要面向经济建设"的战略方针，取得的最出色成绩。

此外，池志强还以科研体制改革为抓手，促使各所的一些研究活动从"学院式的"小天地走向与国家发展规划相协调的"四化"大天地，让更多科技工作者把自己选题的着眼点从主要为显示能力和展现水平转变为解决特定的社会与经济发展问题。一批有良好科研背景、组织能力和开拓精神的同志积极参加到横向技术开发的科技改革实践中，并取得了一定成绩。

池志强以上海药物所为试点，探索科研成果与国外联合开发的途径，以寻求开发工作的高起点、高速度、高效益。在具体做法上总结了四种形式：一是阶段性成果转让—专利申请—共同开发，这种做法是把阶段成果有偿转让给对方，然后共同继续开发、取得成果，共同申请专利；二是工作开始即进行共同研究开发，即从课题从头开始就进行协作，对方每年提供一定额度的科研经费，研究成果产生社会效益时，在对方市场形成的由对方享有，在中方形成的由中方享有，在第三国市场形成的由双方对分；三是初步有结果的阶段性成果订立保密协议（必须有国际公证），即把初步成果根据秘密协议交对方重新验证，以确定进一步合作的方式；四是借助外商开拓国际市

---

[1]　池志强：中国共产党党员登记表（1985-02-28）。存于中国科学院上海药物研究所档案室。
[2]　庆志纯：改革在实践中。《科研管理》，1987 年第 2 期，第 26 页。

场。池志强还具体介绍了上海药物所与日本全药株式会社合作开发抗肿瘤化合物 AT-2153 的经验，上海技术物理所等所因借鉴而受益[①]。

　　池志强在分院副院长任内扶植青年成才也是值得一提的政绩。他在世界各国参观访问的时候，看到分子生物学、细胞生物学、神经生物学、遗传学领域的许多新突破大多是二三十岁的年轻人完成的。随着科技体制改革的深入，他越来越清醒地认识到，为了在科技领域激烈的国际竞争中保持充足的后劲，必须在占全分院人员近 1/3 的青年身上下力气。一是设立青年科研基金。中国科学院上海分院在 1985 年率先设立了青年科研基金，专门用来支持 35 岁以下的优秀青年科研人员开展有较高学术意义和研究水平的工作，帮助他们在课题研究中唱主角，让他们新颖独特的设想付诸实践。据后来了解，获得基金的青年，绝大多数课题进展良好，有的成绩突出。二是举办青年学术研讨会。1986 年和 1987 年上海分院主办了两次以青年人才为主的全国性学术会议，这就是别开生面的"青年生物科学工作者学术研讨会"和"青年材料科学工作者学术研讨会"。在这两次学术研讨会上，上海分院的青年与来自全国的 200 多位青年同行在学术论坛上互通信息、交流成果，开阔了眼界，活跃了思路，并提交了一批既有新意又有较高学术价值的论文。在经费紧张的情况下，池志强筹措这样的学术研讨会，财力的负担是相当大的，但是他觉得把有限的资金花在青年身上值得。三是提拔青年骨干担任课题负责人。在人才济济的中国科学院系统，提拔青年人担任课题组组长是池志强任期内出现的新事，他把这个举动视为是多出成果、快出人才的重要一环。上海分院打破旧观念的框框，把一批青年科研骨干推向了第一线，促使他们在实践中迅速成长。1986 年，硅酸盐研究所年仅 26 岁的姑娘胡海临被任命为"七五"攻关课题的课题组副组长，后来其所在的课题组在课题研究上取得了突出成果。四是选派青年参加国际学术会议。参加国际学术会议历来是高年资科研人员才能享有的，而在上海分院，青年人只要有真才实学，同样可以去国际学术讲坛上一试身手。

---

　　① 庆志纯：开展横向联系，促进技术开发——中国科学院沪区各所开发工作回顾。《中国科学院院刊》，1987 年第 1 期，第 62 页。

池志强在担任中国科学院上海分院副院长的五年内，不仅分管上海分院的科研和国际交流活动，还要兼管上海科学院的工作①。与此同时，他还是国防科研大协作组的学术负责人、上海药物研究所第五研究室主任。管理工作与科研业务之间会出现矛盾。对此，池志强曾做自我剖析：②

　　来分院工作时，领导上明确我的主要精力要放在分院工作上，在药物所仍兼任研究员，负责课题。实际上，矛盾很多，从事科研业务时间太少。如要我全部放弃科研工作，也不可能。今后任期满后，回到科研一线，没有研究基地也不行。这是一个苦恼的问题。

面对矛盾，池志强没有回避，而是正视矛盾，想方设法疏解矛盾。鉴于"目前已无法支持和参与更多的研究实践，今年开始就提出不再担任研究室主任的职务。我仍决心不脱离研究工作，使研究工作能稳妥健康地发展下去"③。事实上，他不当室主任的提议未被采纳，但积极促成了上海科学院体制调整方案的上报和落实④，使中国科学院上海分院与上海科学院脱钩，减轻了负担。在此期间，他所从事的阿片受体研究也得以延续并开花结果。他在分院副院长与首席科学家之间的角色腾挪转换得很辛苦，但似乎游刃有余，再次显示出他在科研管理、学术领导和专业进取诸方面同步发展的精彩。对此，当时仍在第五研究室工作的金国章院士有客观的评价：

　　池志强是一位全面发展的科技人才，既有对自己较合适的科研定位和表率作用，科研思维清楚，宏观洞察力强，又有科研的组织能力，这都是他事业成功的良好素质。在担任我所副所长期间，他为研究所综合平衡发展化学和生物两学科的研究工作、推动药物的基础研究发挥了重要作用。他在升任中国科学院上海分院副院长期间分管科

---

　　①　上海科学院于1977年11月成立，当时与中国科学院上海分院实行"两块牌子，一套班子"的管理机制。中国科学院上海分院下设三个处具体负责上海科学院工作，由池志强分管。

　　②　池志强：中国共产党党员登记表（1985-02-28）。存于中国科学院上海药物研究所档案室。

　　③　池志强：业务自传（1984-06-30）。存于中国科学院上海药物研究所档案室。

　　④　1987年7月，经中共上海市委、上海市人民政府批准，上海科学院实行独立建制。

研和外事活动，依然关注着神经药理学的发展①。他本人的许多杰出研究成果都是在此期间完成的。

1986 年，池志强代表中国科学院上海分院参加了著名冶金学家、陶瓷学家、教育家周仁②铜像在长宁路 865 号大院的安放仪式。中国科学院院士严济慈为周仁铜像题词：现代科学的先驱。时任上海市市长江泽民和中国科学院副院长严东生为铜像揭幕。安放仪式结束后，江泽民与中国科学院的领导和科学家亲切交谈并留影，勉励大家向周仁老先生学习，为振兴科技事业做贡献。池志强一直珍藏着这张照片。

国 际 交 流

1978 年，党的十一届三中全会做出了实行改革开放的重大决策，也为科技界打开了禁锢十余年的国门。同年 6 月，池志强担任上海药物所副所长，主管科研和外事，如何推动国际学术交流的开展就成为他的案头重要工作之一。

1978 年 6 月 23 日，邓小平在清华大学提出当年向国外派出 3000 人、次年派出 10000 人的决议。9 月，中共中央做出扩大派遣留学生的决策。科学院党组立即决定从 1978 年第一批招收的 1400 名研究生中选派 300 人出国留学，这不仅在科学院、更在全国莘莘学子中引起轰动。

这一年上海药物所招了陈凯先等 6 个硕士研究生，并无派出任务。但是这一年先后接待来自五大洲 11 个国家的国际友人 23 批 106 人，开创了历史纪录。来访者多为药学领域的专业人士，学术交流相当深入，增加了

---

① 金国章：祝贺池志强院士 80 岁寿辰。见：中国科学院上海药物所编，《池志强论文选集》。2004 年，贺词第 11 页。

② 周仁（1892-1973），江苏南京人。中国科学院院士。1910 年毕业于江南高等学校。同年，赴美国康奈尔大学机械系求学，获硕士学位。1928 年在上海创建了中央研究院工程研究所。是中国现代钢铁冶金学家和陶瓷学的开创者之一。

相互了解^①。

池志强上任的第二年，国际学术交流面逐渐扩大。1979 年，上海药物所共有 11 人参加了四个国际性的学术会议，报告了 12 篇论文，其中参加美国日本联合化学会（美国）1 人，宣读论文 1 篇；参加全国针麻学术会议（北京）2 人，宣读论文 2 篇；参加中国西德核酸蛋白质学术会（上海）5 人，宣读论文 5 篇；参加中美药理学讨论会（美国）3 人，宣读 4 篇论文。通过参加会议和宣读论文，宣传了我国的科研工作，促进了国际同行对我国的了解。同年，派出国进行考察的有 6 批 14 人次，主要考察了解国外有关学科发展及先进实验室技术设备情况。与此同时，与国外有关科研单位建立了业务联系，有利于进一步开展国际学术交流。1979 年，还接待了来自 20 个国家和地区的 94 批外宾共计 208 人，外宾也对上海药物所的一些工作进行了评价^②。

1979 年 8 月，池志强作为"文化大革命"后中国科学院首次组团的分子药理学代表团成员，与嵇汝运、邹冈、胥彬和周亦昌五人参加联邦德国药理学年会。会后，参观考察了联邦德国马普学会所属的生化、精神病、脑等研究所及肿瘤中心、分子生物学中心和瑞士慕尼黑大学所属研究所、日内瓦大学、伯尔尼三大药厂等。与马普学会神经及精神疾病研究所阿片类研究先驱 Herz 结识交流。当时池志强在第五研究室的课题也正在开展阿片受体

图 7-1　中国科学院分子药理学代表团赴 Wasserburg 途中留影（左起：胥彬、嵇汝运、池志强、周亦昌）

①　上海药物所 1978 年工作的主要安排（1978-03-01）。存于中国科学院上海药物研究所档案室。

②　上海药物所 1979 年工作总结（1979-03-01）。存地同①。

分离纯化及其选择性配体研究。据嵇汝运回忆：

> 在国外虽只有短短三个星期，但我们都感到收获不少。我们也展现出第三世界泱泱大国的风度，与国外学人交流漫谈。十年动乱后，我们对国外科研形势并不生疏，也有自己的特点，也能发表我们自己的看法，从而建立了与国外单位的联系与友谊。①

1980年，根据中国科学院的布置，在与有机所共同举办了中美天然产物化学讨论会上，包括墙报展讲在内共宣读论文10篇，体现了上海药物所天然产物化学方面的研究水平。上海药物所派员出席在法国召开的国际天然药物会议，并宣读论文3篇。这一年来组织外国专家来所讲学及报告的有21人，共演讲33次。全所派出国工作与进修的共16人。接待了来自15个国家和地区的外宾79批共计205人。

随着外宾来访申请的增加，池志强要求各室接待外宾时注意结合本所的研究方向和任务，有计划、有目的地邀请外国专家来所讲学。其中，美籍华人罗浩教授从事镇痛药理、吗啡受体研究、吗啡成瘾性机制的工作有较高的水平，对上海药物所的工作提了不少启发性的意见。美籍华人周绍甲教授来所讲学，了解到上海药物所需要解决的问题，他不仅在分子生物学研究中心做了关于替代模型心肌细胞的分离、培养、药物机制等学术报告，还将从美国带来的替代模型——四咀锥型原虫引进到上海药物所心肌细胞实验室做了示范实验，为上海药物所以后开展这方面的研究创造了有利条件。

由于自1979年派出国外留学的同志日益增多，截至1980年年底已有24人。为了做到有计划、有目标地培养干部，在听取科技人员意见的基础上，1980年池志强主持制订了"关于派出国人员进修的规定"，加强了对出国留学工作的领导：确定选送出国人员应根据所、室发展方向和薄弱环节，有计划、有步骤地定向培养；坚持从政治、业务、外文、身体四方

---

① 嵇汝运：祝老池健康长寿。见：中国科学院上海药物所编，《池志强论文选集》。2004年，贺词第7页。

面，通过考核择优选拔，并确定今后以派遣中青年科技骨干进修为主；副研以上高研人员主要应通过短期工作、出国考察、讲学及参加国际会议等途径来提高①。

从 1981 年起，结合上海药物所的科研方向，有计划、有目的地邀请外国对口专家来华讲学，收获较大。例如，根据中国科学院与联邦德国马普学会、英国皇家学会的交流计划，前来进行学术交流和考察的联邦德国药用植物代表团和英国植物化学家小组在药物所共做了 7 次高水平的报告；上海药物所也做了两次综述报告，并拿出 13 篇论文用大字报形式展讲，得到外宾的好评。单独主持这样两个高级学术代表团的学术活动并采取大字报展讲形式进行交流，这在上海药物所还是第一次，对科研人员在业务上和外语上都是一次锻炼和提高。其次，联合邀请外宾是新的创意。上海药物所和生化所、上海医工院、上海味精厂联合邀请美国药理代表团。因为一个单位单独邀请往往不可能把各方面专家一起请来，而联合邀请可扩大交流面，获得整体思想。可喜的变化是，外宾表示协作意愿的增多。如联邦德国药用植物代表团提出要与上海药物所合作多糖及其他免疫促进剂等，并表示可以提供资助；意大利皮赫尔制药集团与上海药物所合作共同研究中草药，并表示可以提供资助；几家外国制药公司还提出要求上海药物所科研成果的技术转让等问题，这都是外宾工作中的新情况、新问题②。

1981 年 6 月，池志强作为中国科学院生物学代表团之一参观考察了法国 INSERM 所属研究所及 CNRS 所属研究所、巴斯德研究所等单位。与法国 INSERM 洽谈两院合作。

1981 年第四季度，党委召开扩大会，对上海药物所三年多来选派出国人员的工作进行了总结检查。池志强认为：

> 我所选派出国人员工作总的来说还是好的，派出人员绝大多数能勤勤恳恳地在国外努力学习工作，取得了好的影响。三年来的工作，

① 一九八零年所工作总结（1981-02-04）。存于中国科学院上海药物研究所档案室。
② 一九八一年工作总结（1982-03-01）。存地同①。

达到了开辟出国进修的渠道，打开了局面，部分同志在国外工作中做出了较好的成绩，获得了国际同行的好评。已经回国的同志对科研工作有一定的设想，提出了一些好的建议，但也存在着不少问题，还要加强领导，加强管理。①

1982 年，上海药物所接待了来自 19 个国家和地区的外宾 79 批 201 人，组织外宾报告 15 次，听讲人数近千人次。这一年的工作特色是邀请美籍华人黄振球教授来所工作近 3 个月。从参观访问、学术讲座交流，发展到短期合作研究，是国际学术交流的深化和提高。尽管具体实施过程涉及许多具体问题，但池志强"摸着石头过河"开创了多个第一。

1983 年，上海药物所申请参加 6 个国际会议——中美天然有机会、中德色谱会、国际生理科学会、国家麻醉镇痛药研究会（INRC）、美国质谱学会、第三届国际儿茶酚胺会议。邀请来华人员有美国宾州大学邹冠军教授（肿瘤药理）、耶鲁大学 P. Greengard 教授（神经）、哈佛大学 A. Barton 教授（复杂分子合成）、纽约州立大学水牛城分校 T. J. Bardos 教授（肿瘤

图 7-2　1985 年池志强参加国务院慰问团慰问留学生（站立者为池志强）

化学）及张宽仁教授（神经）、加拿大天然产物化学两位教授、联邦德国天然产物化学 1 位教授、瑞士遗传工程 1 位教授、法国神经科学两位教授。同年，还派出人员去苏联、民主德国、波兰、匈牙利、保加利亚等东欧国家考察药学研究，去日本考察新药药理筛选评价 ①。

1983 年 2—4 月，池志强应美国国际合作研究中心邀请考察美国国立卫生研究院淡江大学冷泉港实验室，并商谈建立生命中心事宜。应加州大学旧金山分校医学院药理系罗浩教授的邀请交流讲学，参观哈佛大学、麻省理工学院和约翰霍普金斯大学等。这是他在美国待的时间最长的一个阶段，也是收获最大的一个阶段。这从他回国后在科研和领导岗位上挥斥方遒的灵感和创造足以佐证。

1984 年 12 月，池志强在担任中国科学院上海分院副院长期间，代表国家带团去北欧、苏联、南斯拉夫、罗马尼亚等七国慰问留学人员，向海外学子表达祖国对他们的殷切期望，希望他们学成后回国效劳。池志强是团长，成员有路甬祥（浙江大学副校长）、陈绍武（教

图 7-3　留学生慰问团在莫斯科红场留影（左起：陈绍武、池志强、路甬祥、刘中海）

①　中科院上海药物所 1983 年科研计划、总结及成果登记简表等（1983-03-01）。存于中国科学院上海药物研究所档案室。

育部留学生司副司长）及刘中海（中央书记处）。出发前胡耀邦总书记接见并交代任务，十分重视。代表团历时 50 天，取得圆满成功 [1]。

此后的几年，池志强通过广泛的国际交流，使他的科研成果——羟甲芬太尼（OMF）的发现及阿片受体选择性配体研究赢得了国外同行的认可和赞誉。

1986 年 6 月，在中美神经生物双边学术会议上，池志强介绍了高选择性的 μ 阿片受体的配体羟甲芬太尼，引起了美方代表团团长、美国科学院院士、美国斯坦福大学药理学教授 A. Goldstein 的兴趣和关注。会后他将羟甲芬太尼样品带回实验室与 47 种不同配体做了比较。当年年底 A. Goldstein 连续来信 [2]，告知羟甲芬太尼作为一个选择性的 μ 阿片受体配体在他的实验室得到证实；进一步实验表明羟甲芬太尼对 μ 阿片受体配体的选择性比 Sufentanyl 更好，大约与 DAGO 相当；鉴于羟甲芬太尼对 μ 受体的亲和力比 DAGO 强，羟甲芬太尼有可能作为最好的标记配体用以标记阿片结合位点；但对羟甲芬太尼的结构尚不够明了，希望尽快给予解释。池志强及时回信予以解答。1987 年 8 月 14 日，在布达佩斯召开的第二届世界神经科学大会上，池志强宣布中国科学院上海药物所第五研究室研究证明 OMF 是一种选择性最强的 μ 阿片受体激动剂。两年后，美国斯坦福大学 A. Goldstein 教授在 *Molecular Pharmacology* 发表论文：认为羟甲芬太尼特异性较 DAGO（当时一种选择性最好的 μ 配体）更高；对比 47 种阿片受体亚型配体的亲和力和选择性，羟甲芬太尼亲和力最强，在已有的 μ 激动剂中选择性亦最高。

1987 年 1 月 29 日，法国巴黎第五大学 INSERM 分子药理研究所的 Bernard P Roques 教授给池志强来信，表达了对池志强负责组织的中法神经科学研讨会成功召开的感谢，希望在多个领域加强中法合作，开展对羟甲芬太尼的联合研究 [3]。池志强给予了积极响应。4 月 30 日，Bernard P

① 池志强传记。见：中国科学院上海药物所编，《池志强论文选集》。2004 年，传记第 9 页。

② 池志强院士学术成长资料采集工程项目总目录清单（XJ-001-002）。资料存于采集工程数据库。

③ 池志强院士学术成长资料采集工程项目总目录清单（XJ-001-004）。存地同②。

Roques 来信告知羟甲芬太尼有非常好的亲和性[①]。7 月 29 日，Bernard P Roques 再次来信，询问池志强能否直接把羟甲芬太尼的衍生物和［³H］羟甲芬太尼寄给生物学研究部 D. Comar 主任[②]。

　　10 月 22 日，池志强收到法国 Saclay 核子研究所生物学研究部 Dominique Comar 教授来信，同意王虹硕士生次年赴法开展羟甲芬太尼合作研究[③]。10 月 26 日，池志强向白东鲁所长报告建议中法合作开展羟甲芬太尼在整体动物 μ 受体的分布研究，拟派送王虹硕士生去法国巴黎第五大学 INSERM 分子药理研究所工作一年；由我方提供 ¹¹C 标记的羟甲芬太尼的必要前体，由法国 Saclay 核子研究所负责 ¹¹C 标记的羟甲芬太尼合成，

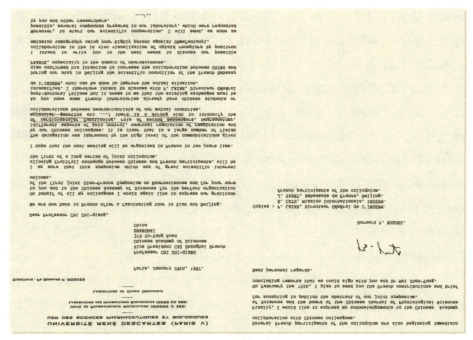

图 7-4　1987 年 1 月 29 日 Bernard P Roques 教授的来信

　　①　池志强院士学术成长资料采集工程项目总目录清单（XJ-001-005）。资料存于采集工程数据库。
　　②　池志强院士学术成长资料采集工程项目总目录清单（XJ-001-006）。存地同①。
　　③　池志强院士学术成长资料采集工程项目总目录清单（XJ-001-009）。存地同①。

并提供 PET scaning 实验条件 ①。10 月 31 日，池志强回复法国 Saclay 核子研究所生物学研究部 Dominique Comar 教授，欢迎 11 月 18 日来所参观并详谈 ②。后来，王虹如期赴法合作研究并取得成果。

1988 年 8 月，池志强卸任中国科学院上海分院副院长后，他领导的第五研究室已进入羟甲芬太尼手性化合物的研究和阿片受体的纯化及三维结构计算机模拟攻坚阶段。池志强更为忙碌，但仍注重国际交流，每年都参加国际会议，坚持不懈地以他独特的视角去开拓才思的源泉并与同行分享。他的一位部下这么评价：

> 他自己经常看文献，钻研一些东西。另外，他对科研上新的东西比较敏感，开一次会能带回来很多新的东西，对科研思路影响很大。有些新的事物，你去开一个会，不一定能清楚地了解。他开完会，那些比较新的他都能够带回来，接受能力相当强，真的，不是我恭维他，确实他有他的独到之处。③

1994 年 7 月 16—21 日，池志强参加在美国 North Falmouth 的 Sea Crest Resort 召开的第二十四届国际麻醉品研究学术会议，在会上做了"羟甲芬太尼 8 个立体异构体的镇痛能力和 μ 受体选择性"报告。会间，明尼苏达大学药理系 Wilcox 教授向其提出合作意向；会后收到德国学者来函，要求交流并索讨有关我方论文，对他们发表的文章中有关羟甲芬太尼工作征求意见。

1997 年 8 月，在香港召开的第二十八届国际麻醉品学术会议（INRC-1997）上，池志强做了"μ 阿片受体在感染 SF9 重组杆状病毒中的过表达"报告。2002 年 7 月 10—14 日，池志强参加在美国旧金山 Asilima 召开的第三十三届国际麻醉品学术会议（INRC-2002），交流了"μ 二聚体的研究"。他再一次站在了该领域的前沿。

---

① 池志强院士学术成长资料采集工程项目总目录清单（SG-001-001）。资料存于采集工程数据库。
② 池志强院士学术成长资料采集工程项目总目录清单（XJ-001-010）。存地同①。
③ 赵国民访谈，2012 年 11 月 13 日，上海。存地同①。

第八章
爱的奉献和收获

和 谐 团 队

一个团队是否和谐，关键是看团队成员的个体目标和共同目标是否一致，能否形成共同愿景。在共同愿景的实现过程中，领导者的作用十分关键——凝聚产生力量，团结诞生希望。能否构建一个和谐的科研团队直接影响到整个科研项目的成败命运。

池志强领导的第五研究室原本是为搞国防任务而建立的研究室。由于项目具有保密性，不能发表论文，不能对外交流，名利观念淡薄，需要参与者听从指挥，安安心心、踏踏实实地努力工作，按期完成任务，因此，通常认为这样一个研究室一定是严肃、紧张有余，团结、活泼不足，让人敬而远之。但事实并非如此，凡是在第五研究室工作过的学生或工作人员大多会有一个相似的感受，那就是第五研究室像一个温馨和睦的大家庭，而池志强宛如一位和蔼可亲的长辈。生活其中，让人心情舒畅、活力洋溢。这样的氛围常常使同所的其他室人员羡慕不已。

平易近人、和蔼可亲是池志强的基本色调，但他绝不缺少严厉。他对工作严格要求、认真负责，部下甚至有点"怕"他。第五研究室有定期集体交流工作的制度。有人在汇报工作时，结论和实验结果讲得有点脱节，池志强听了以后就不断地追问，因为不是实事求是的事情，追问下去漏洞就暴露出来了。据在场的戴淇源回忆[①]：

> 该同志就是怕老池"骂"，想把工作说得好一点，结果适得其反，挨了批评。对我的教育就是做科学实验，失败不要紧，失败后就要找失败的原因，假如你找出来，并且找出解决方法，那就是成功之母了。你找不出来就再做一遍，这时候你就要仔细考虑，仔细观察到底纰漏出在哪里，尽量找出来，多次找不出，那就要考虑设计路线。由于在五室长期多年的熏陶下，使我们逐渐认识到工作一定要实事求是，不能有半点虚假。

说起大家庭的掌门人，金文桥研究员的感受就是池志强知人善任，能调动大家的积极性。

> 老池对我们五室下面的每一个人都是比较了解的，知道你优点在什么地方，缺点在什么地方。发扬你的优点，这个就是他的领导才能……我们几个骨干每人都有一个小的领域，这个领域也不大，大方向他掌握，里面的东西要你自己去钻研的，这个方面他比较放手的，也很宽容的。他对创新也比较重视的，对我们要求比较严格的。工作中碰到困难的时候，叫我们不要畏难，要一直坚持下去。当时是有这样一个情况的：是不是把芬太尼放一放，搞别的方向。老池坚持了，我们一直搞芬太尼的工作，后来就搞出结果了。[②]

---

① 戴淇源访谈，2012 年 10 月 16 日，上海。存于中国科学院上海药物研究所档案室。
② 金文桥访谈，2012 年 10 月 16 日，上海。资料存于采集工程数据库。

对此，高级实验师戴淇源也有同感[①]。

老池坚持了强效镇痛剂作为我们五室的研究方向，这是稳定了军心。他在学术上站得高、看得远，接受新的研究手段，推出来自己着手去做。另外，对人也是这样，你只要安心地工作，做你自己的本职工作，你个人有什么困难，比如家属在外地，他会去分院帮你反映、争取，把太太调到上海来。他对人不仅是和气，而且不管你职称高低，在自己的工作岗位上能顶住、能站好岗的，他就认为你是好同志，会非常重视你、鼓励你，所以这样就把大家的积极性调动起来了。跟他共事这么多年，我们就养成了一个习惯，做好本职工作是首位。有些人喜欢调皮捣蛋，但是岗位工作做好不影响工作，还是好同志，生活上各方面遇到问题他会给予帮助……还有一个，他不断地在创造实验条件，包括向分院申请五室为重点实验室、院部重点装备实验室，物资大缺的年代，在老池的带领下，我们自力更生建造了 1000 平方米的实验大楼。充分发挥每个人的特长，因材而用。让每一颗螺丝钉都起到了作用，这台机器就会全面运转了，老池的设计思想就是这样得到了落实。

图 8-1　池志强（右二）在美国与原实验室工作人员徐珩全家合影

① 戴淇源访谈，2012 年 10 月 16 日，上海。存于中国科学院上海药物研究所档案室。

研究员徐珩也深有感触，她曾在一篇《池志强教授引导我走上神经药理研究之路》的文章中写道，"羟甲芬太尼研究成果能荣获国家自然科学奖二等奖，这与他敏锐的科研思路和非凡的组织能力是分不开的"[①]。

池志强在"文化大革命"中遭受了迫害。有些研究人员在"文化大革命"中犯了错误，但池志强并不计较个人的恩怨，就像家长对犯了错的孩子似的，给予改正错误的机会。对于自身的遭遇，他从不抱怨，也不愿对人提起。对伤害过他的同事，他用客观的态度一分为二，看到缺点的同时，也看到他的长处，给予回归集体、发挥作用的机会，调动了他们的积极性。正是他宽广的胸怀赢得了大家对他的信任、尊重和敬仰。

对于技术人员，池志强也一视同仁，关键时期的适时关心让人暖在心头。跟随池志强工作了40年的高级实验师陈洁同样忘不了老池的"及时雨"：

> 当年技术职称评审时，老池亲自给予关心和指导，职称评审报告怎么写、PPT怎么做、报告时如何突出重点、时间上要怎么控制，等等。就像一位家长面对孩子进入考场时的那种心情，千叮咛、万嘱咐，让人非常感动。

陈洁的述职报告得到了评审委员会的好评。继而，她在2010年被评为"中国科学院十佳技术能手"。

陈洁觉得获得的荣誉是池志强多年培养、帮助的结果。

> 在2001年，蛋白质组学还是一门较前沿的科学研究和技术。我们刚开始摸索和建立蛋白质组学的平台时，老池就教导我们，科学实验是靠大家齐心协力、互相交流、互相帮助的，这个平台的建立就是要服务于整个药物研究所。蛋白质组学研究中的关键技术是双向电泳和质谱分析。双向电泳技术步骤复杂，涉及蛋白的制备、灌胶的技术、染色的技术等，需要特别的细致和认真，分离效果直接影响到蛋

---

① 徐珩：池志强教授引导我走上神经药理研究之路。见：中国科学院上海药物所编，《池志强论文选集》。2004年，第XVI页。

白质分析的成败。通过我们的努力，成功地解决了双向电泳中的关键技术，达到了满意的结果，其图谱质量与国外报道的图谱相比毫不逊色。这个平台建立之后，在 2003—2006 年中已有许多兄弟课题组向我们学习和请教，我们都会毫无保留地告诉他们，甚至上门手把手地教，帮他们解决关键性的问题。由于我们的热情帮助，使得他们大大缩短了实验的时间，许多研究生们都做出成绩、按时毕业，科研人员写出好的文章。在 2012 年药物所 80 周年的庆祝会上，有一位毕业于药物所、现在澳门大学工作的当年博士研究生拉着我的手，非常激动地说："要是当年没有您的热情帮助，我不会这么顺利地毕业，也不会有今天这么好的工作环境"我得到了真诚的、发自内心的感谢，也感受到了在老池领导的大家庭里特别地舒心、快乐、幸福。①

池志强作为一个室的学术领导，主抓科研大事，公务繁忙，但有些小事他也会挂在心上。1999 年，他出国在外，当听到室内一位技术人员的小孩被烫伤时忐忑不安，就关注国外有什么先进的烫伤药物。回国后，他就把收集到的关于烫伤方面的资料给这位技术人员，并安慰和关心她，告诉她现在有一种疤痕贴对去除伤疤有显著效果。虽说这是一件非常小的事情，但池志强把下属的孩子视为自家孩子，使人倍感温暖。这样的事例很多，池志强就是这样在众多点滴小事上体现出家长般的体贴和关爱。

池志强与研究生的关系特别好。原因有两个，一是"因为研究生工作有奔头。研究生做的工作都是一些探索性的、前沿性的工作，这些工作往往和国际接轨。碰到困难的时候，老池会帮助、鼓励，坚持下去"②。二是，池志强不但在工作上关心和爱护学生，在生活上也是如此。20 世纪 80 年代的研究生很清苦，生活费补贴较低。每年在岁末的时候，池志强总是自己掏钱给回家的每位学生买上一份春节礼物（巧克力、糖果、糕点等），让远在他乡的学子回家探亲能孝敬父母。他的学生回忆："在那个年代，我们匆忙地完成学分，完成 SCI 论文，答辩，毕业，匆匆的五个冬天很快就

---

①　陈洁自述手稿（2012 年 12 月 27 日）。存于中国科学院上海药物研究所档案室。

②　金文桥访谈，2012 年 10 月 16 日，上海。资料存于采集工程数据库。

过去了，但每个冬天都会有这样的温暖，这种温暖让我们感觉在实验室就像在家一样，非常的团结、温馨、幸福。”

池志强实验室的接班人刘景根是 2003 年 7 月 3 日回国的，池志强为初来乍到的刘景根一家做了细致周到的安排。他的兼职秘书陈洁保留了 7 月 1 日池志强写给她的一封信①，信中写道：

> ……明天我要去政协开会。后天星期四是刘老师回国的日子，请务必落实接机事，要小洪（注：池志强的博士研究生洪民华）去接。弄一个写明刘景根老师名字的牌子，以便辨认。不过他一家三口、有行李，应较易辨认。另账号及划经费已办妥否？我意让刘一家好好休息。我于星期一（7 日）来张江与刘老师会面，并引见所领导，我已与陈所长谈过。中午请刘一家吃顿饭。听您说那一家不错，就去那一家即可。另去刘住处看一下，这两天为他办点吃的，以免刚到没法子。可能还要办一点炊具。如车子所里有，而且当晚回浦西原所址，次晨送上班，我也可考虑 3 日去接。请了解一下。谢谢。

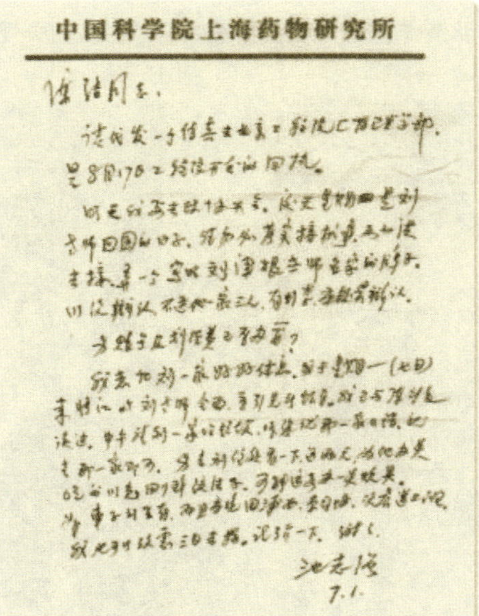
中国科学院上海药物研究所

陈洁同志：

池志强

7.1.

图 8-2　2003 年池志强给陈洁的信，叮嘱其安排接待刘景根等事情

另外，池志强还想到，刘景根刚从美国回来，身上可能人民币不多，都是美金，叮嘱陈洁到财务借了 5000 元人民币，好让他去买个冰箱、洗衣机什么的。此信和一番叮嘱体现了一个老科学家对年轻科技工作者的重视、关心、爱护，让刘景根感受到了大家庭的温暖。他要

① 池志强给陈洁的信，2003 年 7 月 1 日。资料存于采集工程数据库。

给接班人创建一个学习、生活和实验的良好环境。

正是池志强的言传身教，使和谐的科研团队精神得到了传承和发扬。刘景根课题组的科研人员互敬互爱、互相帮助，蔚然成风。有时，做动物行为学的实验较多，但仪器设备又少，容易产生实验仪器使用上的冲突，需互相商量。这时就会有人谦让，让别人先做，而自己晚上加班。这类事例数不胜数。又譬如，有的实验一个人是完成不了的，需要他人的协作和帮助，这时往往会有人自告奋勇地提出帮忙。

池志强培养了一代又一代科技英才。他的20余位硕士、博士生毕业后已广布海内外，在各自的工作岗位上发挥着科技骨干的作用。每逢年节，池志强总能收到一大沓来自国内、国外学生的问候，他的每位学生也始终将这位可敬、可亲的长辈铭记在心。

如今池志强已到了耄耋之年，第五研究室所有的退休人员每年都会聚会一到两次，其中一次是庆贺池志强生日，这已成为大家庭的例行聚会。大家在一起交流沟通，互相关心、互相诉说。作为家长，池志强会掏钱请大家吃饭。大家其乐融融地继续享受着大家庭的温馨、幸福和快乐。

图 8-3　池志强 70 岁生日时与全室科技人员及研究生在实验楼前合影

幸 福 家 庭

列夫·托尔斯泰在名著《安娜·卡列尼娜》中有这样一句名言："幸福的家庭都是相似的，而不幸的家庭总是各不相同。"与许许多多幸福家庭相似，池志强的一家和谐、包容，但更值得称道的是奉献。

从南宋宝祐二年（1254 年）始修、1994 年第 9 次续修的《黄岩池氏宗谱》中可以查见逐臻完备的"祖训十二则"，其中孝父母、敦友爱、戒奢侈、禁游惰、兴学校等传统美德是家庭人员和睦相处的准绳，也是黄岩池氏繁衍千年而不衰的基石①。

咸丰八年，池志强的高祖父池建功署理泉州提督建造"将军第"后，占地几十亩、有屋百余间的祖宅一直为池姓后裔数个池姓大家庭居住。由于社会动荡、民生凋敝，或有族人遇到贫病交加，大家庭里多有嘘寒问暖、援助之手。池志强考进浙江省黄岩县立中学时，正值父亲减薪，全家勉强糊口，池志强及其弟、妹三人的学费就是父亲出面向姑母等族中亲友借贷筹措的。后来抗战胜利了，池志强在等待浙江大学龙泉分校回迁杭州期间，经同住在"将军第"的婶婶介绍才得以回母校黄岩县中当老师。可以这么说，池志强是在池姓家族团结互助的氛围中长大的。

池志强的母亲读过私塾，有文化、有涵养，不重男轻女。在经济困难、生活拮据的情况下，母亲千方百计筹措学费，让池志强的两个姐姐和一个妹妹都念到高中以上。在艰苦的求学生涯中，使池志强养成了吃苦耐劳、勤劳朴素和奋发进取的生活作风。母亲平时对子女不管头管脚，很放手。除了督促，从不打骂，鼓励发挥天性。在这样一个宽松和包容的环境下长大的儿女，有着自己个人的特点和目标。

池志强兄弟姐妹五人，上有两个姐姐，下有弟、妹。两个姐姐给他的最深印象就是奉献和包容。1936 年，家庭生活困难。为了让三个弟、妹能

---

① 池氏宗谱修委员会：《黄岩池氏宗谱（第九次重修）》。1994 年 2 月 22 日，第 24 页。存于中国科学院上海药物研究所信息中心。

继续上学，大姐、二姐决定辍学，找了个小学老师岗位，一个位置两个人教，收入刚够吃饭。1943年初夏，池志强和大姐池志诚同时报取浙江大学龙泉分校。正当俩人整装待发之际，父亲突发病故，全家顿时断了经济收入。大姐料理完丧事后，考虑到小妹、小弟都在老家念中学，大妹在福建音乐专科学校求学，大弟刚考进浙江大学龙泉分校公费生，自己作为长女有责任把这个家撑起来，毅然决定放弃深造机会，继续当小学老师，以微薄的薪水维持全家的生活。

1945年，池志强的庶母病故，大姐在温州教书，二姐去了解放区，家中只剩弟、妹还在上中学。于是，池志强选择休学一年，回黄岩老家找了份教师工作，安排弟弟妹妹学习、生活，毅然挑起了家庭的担子。虽然在那个年代生活条件很艰苦，但池志强一家有着一股浓浓的兄弟姐妹之情，他们的关系和谐，有奉献精神，有包容理念，正是这样一种家庭氛围激励和影响着池志强的人生。

家庭是船，事业是帆，帆儿推动船行，船儿扬起风帆。提起池志强、胡文瑛夫妇，认识他们的人都会流露出羡慕的目光，因为他们有一个幸福美满的家庭。他们有一对非常优秀的儿女，儿子在20世纪80年代初期就出国深造，女儿为照顾二老留在了国内。夫妇结婚至今已有60个年头，夫妻恩爱、关怀子女、热心助人、邻里和睦。他们用工作、生活中的平平凡凡事、点点滴滴情诠释了家与爱的真谛。

由于夫妻二人平时工作都很忙，特别是池志强既要担任领导，又要从事科研，"每天日程都排得满满的，回到家里就不想动了"[①]，妻子总是抢挑重担，任劳任怨。

两个孩子的自立能力很强。每天清晨，母亲要起早买菜、准备早餐，把中饭也一起烧好。中午，念书的儿女回家，自己热饭菜，填饱肚子。傍晚儿女放学回家，要赶紧打开煤饼炉子烧晚饭，在母亲下班前先烧好，不然晚饭很迟才能吃上。母亲回家再烧菜。由于贪玩，晚饭时常烧焦。除了烧饭，两个儿女衣服也是自己洗。在洗衣服这件事上，父亲是表率，无论

① 池洪访谈，2012年6月22日，上海。资料存于采集工程数据库。

工作多忙，自己的衣服都自己洗，从不麻烦母亲。家里四个人，各洗各的衣服已成习惯①。

"文化大革命"期间，池志强遭受迫害，因被怀疑国民党特务和苏修特务而被隔离审查关了好几个月，受尽侮辱。当时孩子还小，夫人胡文瑛不离不弃，一方面挑起家里的所有重担，另一方面还要承担精神上的负担。她经常为池志强送去替换衣服等用品，看到他因吃不好、睡不好、人瘦得落了形，忍不住要掉泪。反过来，倒是池志强频频安慰夫人，让她要相信党、相信群众，问题一定会搞清楚的。回到家，夫人还要开导、安抚子女，因为那段时期子女心中也有创伤。池志强的儿子池洪回忆道：

> 当时那个情况还是蛮悲惨的。我同学当时在背后老是对我戳戳点点。同学的爸爸没受到冲击，蛮神气的。同学不理我，我当时心里也挺郁闷的。这件事像疤一样留在我心里。①

胡文瑛以实际行动尽力给予池志强物质上和精神上的支持，也让子女们坚信父亲是一位正直可靠的人。在这关键时刻，池志强夫妇互相理解、互相关心、互相支持，风雨同舟，度过了"文化大革命"的惊涛骇浪。

池志强解除隔离后不久就去了"五七"干校，从干校休假回到家中，他也会忙里忙外照顾家里子女的生活，非常体贴夫人。对此，儿子池洪记忆犹新："文化大革命"时期，爸爸从干校放假回到家，会做馒头给我们吃，记得他还会做熏鱼，这些都是他在干校里学会的。在干校里经过锻炼，身体也比以前结实了。以后每年过年，池志强都会把做熏鱼的事包下来②。

池洪印象最深刻的是父亲在学习上要求子女上进，但很包容。他考大学时，池志强亲自帮他补习外文。后来，池洪出国读了人类学硕士，又读了语言学博士，都是人文科学，与父亲从事的自然科学不沾边，但池志强尊重、支持儿子的选择。但在有些事情上，池洪认为父亲的要求是很严格的：

---

① 池洪访谈，2013 年 2 月 13 日，上海。资料存于采集工程数据库。
② 同①。

我当时在国外，是党员，他要帮我去付党费。我认为无所谓的，但爸爸认为不行，党费要按时缴的……第二件事更加厉害。我当时出去是一年，学校说保留一年工作的。我读了硕士要继续深造，而且申请到了 fellowship 奖学金。学校希望我回来，我爸要我听从学校的意见。他最反对我脚踏两只船了……[1]

图 8-4　1985 年池志强与孙子在家里合影

池志强儿子女儿结婚后，很快有了第三代。俗话说"隔代亲"，池志强也不能免俗。他百忙之中会抽出时间相伴孙子和外孙，以致儿子女儿都有点妒忌，父亲对孙辈的喜爱甚于自己小的时候。可能是接触频繁以及有遗传因子影响的原因，池志强在生命科学领域钻研了一辈子，孙子、外孙都接了班。孙子池翔在美国博士毕业，读的专业是生物学。外孙在武汉大学念二年级，读的专业也是生物学。在池志强眼里，外孙好像蛮有天赋，念初中时就参加科研小组，搞机械方面的小发明，他乐于找外公切磋商量，外公也乐于给予指点。到了高中，外孙陈曦参加青少年科技创新大赛，研究题目是"可吸入粉笔尘颗粒物对大鼠肺部病理影响的研究"，与外公的专业比较对口。于是，祖孙两人亲密如战友，外公从实验设计到数据处理给予帮助，外孙如虎添翼，写出了高质量的论文。2011 年 5 月，外孙获第 25 届上海市英特尔青少年优秀科技论文和发明创造奖一等奖，被评为"上海青少年明日科技之星"。

池志强业余爱好摄影。他留苏回来就买了照相机，这在 20 世纪 60 年代是很稀罕的东西。后来，儿子在美国又为他买了一台数码相机，出差、

---

① 池洪访谈，2012 年 6 月 22 日，上海。资料存于采集工程数据库。

开会都带着。他偏爱拍风景、拍建筑，譬如教堂等。在摄影知识方面他也是很超前的。市场上刚刚有彩色打印机时，数码相机连接彩打，许多人还不会，池志强就已经会了。他实验室种的昙花一现，他马上拍下来，回去彩打出来，到实验室给大家欣赏。半个世纪以来，照相机换了好几只，照相本积累了几十本，其中不少是花卉特写。据池志强本人说，他父亲喜爱种花。尽管当年父亲在家日子不多，但走南闯北的测绘队生涯，使他有机会把在深山老林中发现的叫不出名的奇草异卉带回家。于是，老家"将军第"花园里就有了一年四季开不败的花朵。在这种环境中熏陶成长的池家兄弟姐妹对莳花弄草都情有独钟。后来各自成家立业后，家家阳台上都是一个小花园。平时相互问候时还会问候花草。有一年，池志强去荷兰，带回郁金香籽，在二楼阳台上种了一排，郁金香盛开的季节家里好不热闹。20世纪80年代初，池志强出差到石家庄，从弟弟家搬回一盆米兰放到办公室窗台。那时上海米兰还很稀罕，米兰开花浓郁的香味引来许多人围观称赞。"乞得名花盛开"是宋朝著名文学家苏东坡《赏心乐事十六件》之一。池志强乐见快乐感染众人，他懊悔没有多带几盆回来送人。

池志强对音乐也有爱好。从早期的胶木唱片到近年的CD，他收集了不少。他早年求学的浙江大学音乐氛围一直很好，即便在艰苦的环境中，校园也弦歌不辍，乐音萦回求是园[1]。他二姐福建音乐专科学校毕业，耳濡目染，对他也有影响。2012年，

图8-5 2003年9月24日池志强夫妇在无锡游览

池志强因病住在华东医院，同室病友是一位音乐学院老教授，他偶然播放自己指挥得奖的音乐，池志强一下子就听出来这是他二姐当年作曲的《夏

---

① 雷道炎：抗战时期浙江大学的音乐活动。《浙江艺术职业学院学报》，2005年第3卷第4期，第1页。

令营旅行歌》，两人就此话题交谈甚欢，遂成莫逆之交，于是天天放音乐共欣赏。

池志强平时还喜欢看书。年少时看《水浒传》《三国演义》，年长时除了专业书外，什么书都看，涉猎很广。平时周围的同事、学生谈论什么流行书的内容，他都能插上话题。进入耄耋之年，他兴趣依旧。每周两次，他会拄着拐杖到路口书亭买《作家文摘》。《作家文摘》内有人物、艺苑、文史、纪实、连载、忆文、钩沉、随笔、财经、法制、环球、小说、世相、书香、社会等栏目，荟萃百家妙笔，他喜欢翻阅。在世态百状中他领略到了人生的真谛，他还在继续努力。

图 8-6　2003 年全家福（前排左起：胡文瑛、池志强、外孙，后排左起：儿媳、孙子、儿子、女儿、女婿）

结 语

经过近两年艰辛的努力，池志强学术成长传记已撰写完成。提炼总结池志强学术成长过程和特点，可以概括为这么几句话：天性多好奇，师范兴趣添；早树人生观，为国搞科研。在他学术成长的漫长过程中，关键性的影响因素有以下几方面。

名门、名校、名师的熏陶

从池志强的祖父起，上溯四代有六位清廷武将，可谓是将军世家。从小在"将军第"长大的池志强从父辈口中知晓先祖抗击英军的事迹，觉得很了不起，有自豪感。将军后裔拥有的遗传基因与社会因素在人才成长过程中如何起作用尚待研究，但潜移默化的影响是客观存在的。池志强的父亲是专业技术人员，母亲是念过书的家庭妇女，他们鼓励孩子发挥天性，培养自己主动学习的好习惯。在这样的家庭氛围中，池志强从小就养成有广泛的兴趣爱好，喜欢幻想，常与小伙伴在夏夜的星空下漫谈如何遨游太空、识别天空星座。这份从小就有的好奇心是创造力的种子，是他以后从事科研工作的内在动力。在家庭经济困难、生活拮据的情况下，父母亲千方百计筹措学费，让池志强兄弟姐妹五人都念到高中甚至大学，为池志强提供了充分的学习机会。

池志强就读的学校从南京崔八巷小学、黄岩县立中心小校、黄岩县立中学、浙江省立台州中学、浙江大学，直至留苏的列宁格勒儿科医学院（世界唯一的儿科专科医学院）都是历史久远的名校。这些名校具有深厚的文化底蕴、优良的办学传统和相对先进、完备的教学条件。这些优质教学资源为池志强提供了良好的求知环境和发展视野，是学术成长过程中知识积累和升华的支撑系统。

名师与名校是相辅相成的关系。抗战期间，为避战乱，黄岩县立中学、浙江省立台州中学和浙江大学龙泉分校都迁移或设置于山林寺院。上海、杭州等地的名校老师也因战乱避难而转移到当地名校任教，于是这些学校名师荟萃，极一时之盛。池志强曾多次提到，高中阶段化学老师的精彩示教给他留下了深刻印象，自己考大学最终选择化学专业深造，化学老师的影响起了决定性作用。从大学三年级起池志强转入药学系，他的学习成绩在浙江大学药学系首届毕业生中名列第一。池志强曾与三位同班同学回忆，孙宗彭教授成功创办的浙江大学理学院药学系有三个特点，其中之一便是"在国内、国外聘请了一流的专业授课教师"。池志强后来到上海药物所从事新药研究，有幸受到丁光生教授的欧美先进科研方法和专业基本功规范的系统培训。留苏期间的导师卡拉西克院士是苏联著名的药理学家。同门师弟秦伯益院士评价卡拉西克是一位"自己不明白的，全世界没人明白的，能带着学生去把它弄明白"的导师。名师出高徒，在池志强学术成长过程中，众多名师的传道、授业、解惑，起到了不可或缺的引导和促进作用。

较早具备社会责任感

池志强从初中起，家境贫困。中学在山林寺院上课，条件艰苦。高中毕业后，两次辍学，四次从教。他较早接触到生活在社会底层的贫困大众，体会到他们的疾苦和呼声。抗日战争全面爆发后，战争的残酷对池志强造成了强烈的震撼，家乡的抗日救亡活动以及受二姐早年参加革命的影响，使得池志强对中国共产党产生景仰。进入浙江大学后，由于不满国民党统治的现状，他卷入学生运动的洪流中。在如火如荼的爱国民主运动和护校斗争中经受了锻炼和考验，成为新中国成立前浙江大学 52 名地下党员之一，是带领同学投入革命洪流的中坚力量。受党教育，他较早树立了正确的人生观，顾大局，舍小我，毫无保留地服从组织调配，在各个岗位上发挥了共产党员的先锋模范作用，成为优秀的党务工作者。他做一行、爱一行、钻研一行的习惯是撬动整个人生的支点。他以强烈的事业心和责任感，无怨无悔地把自己的心血和精力奉献给祖国的需要和民众的健康事业，成为学习上的"优等生"，成为同学的"良师益友"，成为勇挑重担、不计名利的国防科研领军人物，成为学术成长征途上能带领团队、勇攀科学高峰的红色科学家。

博学、善学孕育人生的精彩

池志强念小学时就开始读《水浒》《西游记》《三国演义》；年长时涉猎更广。周围的同事、学生谈论什么流行书的内容，他都能插上话题。如今耄耋之年了，还购买《作家文摘》每期不落。他学养深厚，知识广博，视野开阔，这是他能够把握全局、高瞻远瞩做出决策的基础。

池志强记性好、善于学习是出了名的。他是浙江大学学生运动的中坚，学习则是全班第一名。留苏时是社会工作极其忙碌的列宁格勒市留学生党总支书记，但他看书很专心、很快、很得要领，考试成绩斐然。他的同事金文桥教授说："老池的记忆力特别好，过目不忘。这与他以前搞地下工作有关系。因为都要记住，不能留下书面痕迹。"花较少的时间能获得较好的学习效果，这是池志强才思超群的源泉。

博学、善学使池志强的人生踏实而精彩。我们整理分析已采集的资料，惊奇地发现在他人生的重要关口，无论是高中、大学的选择，专业的确定和更改，四次辍学从教，还是参加地下党，归队后到上海药物所，留苏的副博士课题以及归国后承担的国防科研任务等，他都能发现机遇、抓住机遇甚至创造机遇，做出经得起历史验证的正确的抉择。特别是 20 世纪 70 年代后期，在国防科研任务基本完成的情况下，他根据国际神经药理学的最新进展，以战略家的眼光，提出了军民结合和以任务推动学科发展的构想，首先在国内开展了阿片受体及其高选择性配体研究，把发现羟甲芬太尼这么一个应用性课题适时转入理论性基础研究，而后，经过十多年的坚持和努力，终于取得国际领先水平研究成果，并得到国际同行的承认和赞赏。"羟甲芬太尼——一种新的高选择性 μ 受体激动剂"获得国家科委的中国自然科学奖二等奖。他在学术成长的征途中登上了该领域的一个尚无人企及的高峰。

第五研究室的大环境

池志强一直把他领导第五研究室所取得科研成果归功于"集体的发现""集体的智慧"。但是他的同事、部下和学生都认为他"既是科研一线的实践者，更是学术研究的导向人"。第五研究室是为搞国防任务而建立的研究室，由于不能发表论文，不能对外交流，名利观念比较淡薄，需要参与者听从指挥，努力工作，按期完成任务，组织纪律要求强。以军工任务带学科的研究室建制为池志强提供了首席科学家充分施展才华的舞台。他学术成长的最亮点，是知道如何利用第五研究室这个特殊的科研平台，充分调动大家的积极性，充分发挥大家的聪明才智，来完善个人的设计思想，并且把它化为步调一致的集体行动。由他带领的这个团队，既有战斗力，能攻关排难，建树一个又一个里程碑，又非常和谐，各人能实现自身的价值。作为一个领军人物，从原来几个人的小组发展成包括药物化学、神经药理学、生物化学和分子生物学等多学科的 30 余人的综合性研究室，进而组织协调参事的十余个单位近百人的研究队伍，出色完成任务，其间凝聚了他大量的心血，彰显了他非凡的组织能力。研究人员由衷地感谢池先生对他们的严格要求和培养，鼓励他们大胆去探索、去创新。研究生的共同感受则是接受了有生以来第一次正规、严谨、扎实的科学研究训练。更多的部下则认为他为人正直、平易近人，富有人格魅力。池志强的学术成长过程是他谦虚谨慎、勤恳耕耘、开拓创新的过程，也是第五研究室人才辈出、团结和谐、协力奋斗的过程。用他部下的话就是"五室和老池不能分割，老池与五室也不能分割"。

政治领导素养和专业才华发挥的完美统一

在中国现代科学技术发展史上像池志强这样有革命经历的科学家并不少见。政治与业务是一对矛盾，但在他们身上却是相辅相成、可谓"又红又专"。

纵观池志强学术成长的全过程，他有大量的时间与精力分心于政治活动，有时甚至完全游离自己的专业。对他来说，其内心从来都是不愿意的，是有苦恼的。例如，当年组织上将他调离浙江大学药学系到浙江省文化局上班，不仅爱才心切的张其楷教授"花了很大的力气"找厅长说情留人，池志强本人更是"依依不舍告别了心爱的专业岗位"。"文化大革命"期间科研权利被剥夺，他"心痛不已"。再后来，池志强担任中国科学院上海分院副院长，他曾做自我剖析："来分院工作时，领导上明确我的主要精力要放在分院工作上，在药物所仍兼任研究员，负责课题。实际上，矛盾很多，从事科研业务时间太少。如要我全部放弃科研工作，也不可能。今后任期满后，回到科研一线，没有研究基地也不行。这是一个苦恼的问题"。然而，面临学术成长的过程中不断出现的政治与业务的矛盾，池志强并没有回避矛盾，而是正视矛盾，想方设法疏解矛盾，促进矛盾的转化。无论政治活动多么频繁，他的专业成绩都是出类拔萃得让人羡慕。池志强担任中国科学院上海分院副院长期间主管沪区 10 个研究所的科研工作和外事活动，也是各种兼职最多的时期，但他依然关注着神经药理学的发展，他所从事的羟甲芬太尼和阿片受体研究也得以延续并开花结果。

客观地讲，与强调个人作用的数学等纯粹基础科学不同，池志强留苏回国后从事的神经药理学研究，无论是承担抗放特种药物研究和 6003 国防科研项目，还是羟甲芬太尼系列和神经受体研究，都需要多学科团队合作参与。作为几十人、甚至近百人研究队伍的首席科学家，兼任一定的行政管理职务，虽然时间、精力有所分散，但便于调动资源、组织力量、贯彻自己的设计思想，对科研项目的实施还是有促进作用的。对于中国科学家来说"如果不参加这些社会活动，没有这些社会兼职，他们丧失的可能不只是时间问题"[①]。

基于专业的特点和主观努力，池志强在首席科学家与室主任、副所长及分院副院长之间的角色腾挪转换游刃有余，彰显了他在科研管理、学术

---

① 路振朝，王扬宗：二十世纪五六十年代中国科学家的科研时间问题。《科学文化评论》，2004 年第 1 卷第 2 期，第 5-24 页。

领导和专业进取诸方面协调发展的精彩。对此，当年曾在第五研究室工作的金国章院士有客观的评价：池志强是一位全面发展的科技人才，既有对自己较合适的科研定位和表率作用，科研思维清楚，宏观洞察力强，又有科研的组织能力，这都是他事业成功的良好素质。

除了上述关键因素，影响池志强学术成长的其他因素或许还有很多。不同的人站在不同的观察角度翻阅本传记，对于影响池志强学术成长的主要因素或许会有不同的认知和解读。我们欢迎有更多的人发表意见，参与讨论。但愿我们的分析、提炼和总结能起到抛砖引玉的作用。

附录一　池志强年表

1924 年

11 月 26 日，出生于浙江省湖州。

1928 年

父亲擢任南京国民政府建设委员会技士。随全家从湖州迁居南京。

1930 年

8 月，入南京市崔八巷小学求学。

1931 年

8 月，全家迁回黄岩县城关镇（西街池家祠堂）东门小校场 3 号"将军第"。

9 月，在浙江省黄岩县城内坦前巷的县立中心小学求学（二年级）。

1936 年

8 月，在浙江省黄岩县立初级中学读初中。因家庭生活困难，为筹学费，陪母亲上当铺典当，感受到生活的艰辛。

1938 年

10 月，为躲避日军空袭，全校一千多名师生西迁到离县城西面约二十千米的灵石村。

1939 年

6 月，从黄岩县立初级中学初中毕业。

8 月，在浙江省仙居县省立台州中学读高中。因屡遭日机轰炸，学校从台州搬到仙居县海拔 800 米的紫箨山山顶上的广度寺。

1942 年

7 月，高中毕业。

8 月，在浙江临海县东塍小学当小学教员。由于校长克扣教师的生活费，两个月后离职。

10 月，在浙江泰顺温州师范附属民教馆当教导主任。搞社会教育 10 个月，兼管图书馆工作。

1943 年

8 月，考入浙江大学龙泉分校理学院化学系，成为一名公费生。

1946 年

3 月，在浙江黄岩县中灵石分部教初中化学和外语。

8 月，从浙江大学理学院化学系转到药学系。

1947 年

1 月 1 日，参加浙江大学联合之江大学等大中学校学生 2500 余人举行的示威大游行，抗议美军强奸北大女学生沈崇。

5 月 24 日，参加浙江大学联合杭州其他学校千余学生举行的"反饥饿、反内战、反迫害"示威游行，抗议南京政府镇压学生代表的"五·二〇"惨案。

8 月，任钱江水文站水文观测员（勤工俭学）。

11 月，参加浙江大学师生发起的"反迫害、争自由"的"于子三运动"。

1948 年

8 月，再次在钱江水文站当水文观测员（勤工俭学）。

12 月 11 日，浙江大学学生自治会发表《为坚持不迁校告师长同学工友书》，并成立了"应变委员会"。池志强被选为应变委员会的候补委员，负责安全部的一部分工作以及组织医疗工作。

1949 年

1 月，由谷超豪同志介绍发展参加地下党。

5 月 3 日，杭州解放，开始在浙江大学学生联合会负责宣传工作。

7 月，完成大学学业，获马寅初校长签发的毕业证书。

8 月，留聘为张其楷教授的药物化学助教。此外，还兼任植物化学、药物分析等课程的助教，参与市场药品检验工作。

9 月，转正为中国共产党正式党员。由杭州市学联支部转入科协支部，参与中国科学工作者协会的组织工作。

1950 年

7 月，参加杭州市委主办的学校党员整风学习培训班 1 个月。

1951 年

1 月，任浙江省文化局科普科科员，从事杭州的科普协会工作近半年。结识夫人胡文瑛。

6 月，任浙江省文化局科普科（改名社会文化科）副科长。

9 月，陪同科普协会省分会主委陈立教授赴嘉兴参加科普协会嘉兴支会成立大会。

1952 年

4 月，任浙江省文化局电影科科长。

1953 年

春天，与原社会文化科同事胡文瑛结婚。

7 月，从浙江省文化局到中国科学院华东分院办事处报到，最后落实到上海药物所。

8 月，任中国科学院上海药物研究所党支部的负责人。在丁光生教授主持的药理室从事血吸虫防治新药研究，任实习员、室秘书。

1955 年

1 月 30 日，与朱巧珍、丁光生等五人合作完成的《防治血吸虫病药物的研究 III. 几项实验治疗常规的研讨》论文在中国生理科学会上海分会宣读，而后该文发表在《生理学报》上。

5 月 29 日，与曾衍霖、朱巧珍、丁光生等五人合作完成的《防治血吸虫病药物的研究 I. 小鼠口服 8 种二硫锑五环化合物的实验治疗》和《防治血吸虫病药物的研究 II. 五种药物对吐酒石毒性及疗效的影响》两篇论文在中国生理科学会上海分会宣读，而后发表在《生理学报》上。

7 月，参加在上海外国语学院举办的留苏选拔考试。

9 月 4 日，留苏预备班开学，赴北京俄语学院报到，分在 53 班。

1956 年

5 月，获得北京俄语学院"优等生"称号。

8 月 8 日，由北京火车站出发赴苏联。

8 月 18 日，凌晨 2 时整到达莫斯科站。

11 月，在世界上唯一的一所儿科医学教育和科研的机构——苏联列宁格勒儿科医学院药理教研室暨全苏医学科学院实验医学研究所药理学部做药理学研究生，指导老师为医学科学院的通讯院士 B.M.Kapacuk。期间，还担任中共列宁格勒市中国留学生党总支书记。

12 月，在苏联基辅召开的关于含巯基化合物在医学中问题的科学讨论会议上宣读论文《二巯基丙基磺酸钠对吐酒石之解毒作用》中的部分工作。

12 月，独立完成的《二巯基丙基磺酸钠对吐酒石之解毒作用》论文发表在《生理学报》上。

完成副博士论文《不同年龄动物对吐酒石耐受性的研究及巯基化合物对其解毒作用的研究》。证明苏联合成的二巯基丙基磺酸钠对吐酒石的解毒有效，但中国科学院上海药物研究所合成的二巯基丁二酸较二巯基丙基磺酸钠为优。还证明两种药物以不同给药方式均可获得解毒效果。对吐酒石的毒理机制研究提出 K^+ 在吐酒石毒性中的作用及对 ATP、Creatininie phosphate 等高能化合物的影响。相关的五篇论文发表在苏联药理学及毒理学杂志及巯基类化合物研究专著上。

10 月，通过答辩后获苏联医学副博士学位。

11 月，在苏联科学院及全苏医学科学院有关研究所做短期参观学习，进修放射生物学半年，为回国开展电离辐射损伤化学防护做准备。

6 月，接受国家科委的委托，担任我国防苏代表团的陪同翻译工作，并随同代表团回国。

应张昌绍教授邀请上门作客，回国投入药理学研究受到鼓励。

7 月，组建中国科学院上海药物所第五研究组，聘任主要负责人。先后承担国防科研项目"电离辐射损伤药物研究""推进剂 1014 的毒性及解毒剂研究"。至 1978 年 8 月圆满完成。

1961 年

在国防科委第十五专业组协作会议上宣读"推进剂 1014 的毒性及解毒研究"工作总结。

与金国章等在沪浙江大学药学系同学访问当年系主任孙宗彭教授及其夫人张儒秀教授。

10 月，参加在北京召开的中国生理科学会全国药理学学术讨论会。

1962 年

第五研究组改名为第五研究室，任第一副主任。

10 月 12 日，参加中国科学院上海药物所第二届学术委员会成立会议，当选学术委员。

1963 年

在全国放射生物和放射医学学术交流会做报告"预防放射病药物的研究 IX. 色胺类化合物对小白鼠及犬急性放射病的预防作用"。

1964 年

1 月，承接 6003 国防科研任务。

6 月，参加在大连举行的中国生理科学会学术会议。

1965 年

6003 课题组发现 6420 及其他几个化合物在大动物上的作用接近 6003 任务要求。

10 月，中国科学院党组书记、副院长张劲夫来所视察国防科研项目工作，池志强陪同观看实验。

11 月，三人小组负责人（另两人为本所周亦昌助研及中国医科院陈先瑜助研）率队赴捷克和罗马尼亚参观、考察有关药厂、科学院药理研究所及药物研究所。1966 年 1 月回国。

1966 年

12 月，第五研究室如期提供了基本符合电离辐射损伤防护技术指标的化合物——B6502。而后又两次派出科研人员奔赴东北某科研基地进行综合性野外试验，在实战现场收集第一手资料。

1968 年

10 月，被怀疑为"两线一会"特务集团人员（把原中央研究院和日伪时期上海自然科学研究所称为"两线"，把在地下党领导下的为反对国民党迁台而组织的应变委会员称为"一会"，把新中国成立前的科研人员几乎都当成"持务"），遭受隔离审查和体罚。

1969 年

1 月，春节前被解除隔离。

5 月，在上海奉贤海边科技"五七"干校学习劳动至 1970 年 1 月。

1970 年

进行全面系统学术调研，决定本所仍坚持 N 类药物作为 6003 任务的研究方向，尤其集中于 F 类和 P 类两类药物。

1 月，兼职中国科学院上海药物所科研生产组组员。

1971 年

4 月，不再担任所科研生产组组员，集中精力领导国防科研工作。

1972 年

带领第五研究室启动强效镇痛剂研究。

5 月，6003 课题组首次合成 F-7209，发现其作用比原型药强六倍以上。

1973 年

完成 F-7209 对家兔脑电、心电和呼吸影响的研究。

1974 年

参加在杭州召开的由军事医学科学院主持的"1759"鉴定会。

1975 年

1 月，根据国际神经科学发展动态，首先在国内开展阿片受体及其亚型选择性配体研究。

3 月，建立 6003 上海地区协作组，担任组长，并组织上海药物所、上海生理所、上海有机所、上海医工院、上海第二制药厂、上海职业病防治所和 89940 部队七家单位围绕上海药物所开发的 F 类和 P 类化合物开展更广泛的会战。

12 月，6003 课题组合成了七个与 F−7209 相当或更强的药物，其中以 7302 为最优。在 P 类药物中则发现 P−7521、P7611 为更强、更好的化合物。

1976 年

1 月 1 日，1759 化合物在原子弹爆炸现场确证对辐射损伤的大动物具有防治效果。

8 月，赴唐山处理第五研究室陈新凯后事。

10 月，6003 课题组先后合成 195 个化合物，经药物筛选、大动物实验、机理研究，最后挑选了三个候选药物供评价。

1977 年

任中国科学院上海药物所第三届学术委员会副主任。

1759 化合物抗辐射损伤研发成果获上海市重大科技成果奖。

国防科委投资 30 万元为上海药物所第五研究室 6003 任务组建造 1000 平方米的实验楼。

1978 年

1 月 24 日，参加所学术委员会 1978 年第一次会议，讨论制定八年规划等事宜。

3 月 18—31 日，全国科技大会召开。6003 产品获全国科技大会奖状。

6 月，任中国科学院上海药物所副所长，至 1979 年 8 月止。兼任中国科学院上海药物所科技处处长，至 1983 年 8 月止。

8 月，任中国科学院上海药物所研究员、第五研究室主任。倡导开展阿片受体分离纯化及其选择性配体研究。

1979 年

任中国科学院上海药物所第四届学术委员会委员，《中国药理学报》副主编、编委。

8—10 月，作为中国科学院分子药理学代表团成员，参加联邦德国药理学年会。会后，参观考察了联邦德国马普学会所属的生化、精神病、脑等研究所及肿瘤中心、分子生物学中心和瑞士慕尼黑大学所属研究所、日内瓦大学、伯尔尼三大药厂等。与联邦德国马普学会神经及精神疾病研究所阿片类研究先驱 Herz 结识交流。

1980 年

"6003 任务候选化合物 F-7302、P-7611、医工 -7610 等的合成及药理评介"获得中国人民解放军国防科学技术委员会颁发的 1978 年、1979 年国防科学技术工作重大成果奖二等奖。

7 月 15 日，参加在上海药物所会议室召开的《中国药理学报》编委（沪）第二次会议。

10 月，参加在安徽黄山举行的全国第一届神经药理学专业学术会议。

1981 年

根据曾在哌啶环三位引入甲基可以提高芬太尼镇痛强度的工作结果，带领全室科研人员合成了大量 3- 甲基芬太尼衍生物，从中找到了羟甲芬太尼。相关论文发表在《药学学报》上。

6 月，作为中国科学院生物学代表团成员，参观考察了法国 INSERM 所属研究所及 CNRS 所属研究所、巴斯德研究所等单位。与法国 INSERM

洽谈两院合作事宜。

11 月 14 日，任中国科学院上海药物研究所第五届学术委员会委员。

1982 年

1759 化合物抗辐射损伤研发成果在中国科学院成果展览馆国防馆展出。

第五研究室合成了一系列氮杂二环壬烷类衍生物，相关论文发表在《药学学报》上。

4 月 1 日，发电报到浙江大学，祝贺母校 85 周年校庆。

4 月，与中国科学院上海分院副院长万钧赴云南参观中国科学院昆明植物所、动物所、天文台。

5 月 25 日，在所长办公会议上汇报赴云南的工作情况，讨论所庆 50 周年的安排。

1983 年

2—4 月，应美国国际合作研究中心邀请，考察美国国立卫生研究院冷泉港实验室，并商谈建立生命中心事宜。应加州大学旧金山分校医学院药理系罗浩教授的邀请交流讲学，参观哈佛大学、麻省理工学院和约翰·霍普金斯大学等。

8 月，兼任中国科学院上海分院副院长（1988 年 8 月止），分管科研及外事工作。

11 月，与武汉公安局科研所合作，承担公安部和国家安全局特殊警用武器"WK683-1"研制项目。

1984 年

采用四种动物模型测定了羟甲芬太尼的镇痛作用强度，相关论文《强效镇痛剂羟甲芬太尼和 3- 甲芬太尼的镇痛作用与毒性》发表在《中国药理学报》上。

5 月 17—19 日，上海地区"6003"任务工作会议召开。以任务组负责人及中国科学院上海分院副院长的身份参加学术交流，参与上海协作组

"七五"规划的制定。

8月27日，参加中国科学院上海生化与分子生物学实验室可行性论证会。

9月，发现氮杂二环壬烷类衍生物 P-7521 的镇痛作用强度为吗啡的一千多倍，相关论文发表在《中国药理学报》上。

12月，带团出访北欧、苏联、南斯拉夫、罗马尼亚等国家和地区，慰问留学人员。

1985 年

1月30日，被温州医学院聘为药理学专业兼职导师。

3月，发现已合成的33个氮杂二环壬烷类衍生物中 P-7548 的镇痛作用强度最强，相关论文发表在《中国药理学报》上。

7月4日，陪同上海市委领导视察中国科学院上海光学精密机械研究所。

11月26日，参加在南宁召开的第二届中国神经药理学术研讨会。

12月，被上海市科学技术进步奖评审委员会聘请为"上海市科学技术进步奖"新兴技术专业评审组成员。

1986 年

3月，研究证明氮杂二环壬烷类衍生物 P-7548 与 μ、δ、κ 亚型均有较高亲和力，与 μ 亲和力最强。此外，还系统研究了其与受体结合的动力学过程，可作为研究及分离的探针。相关论文发表在 Chinese Journal of Physiological Sciences 上。

6月，在中美神经生物双边学术会议上介绍了羟甲芬太尼，引起了美方代表团团长、美国科学院院士、美国斯坦福大学药理学教授 A. Goldstein 的兴趣和关注。会后，他将羟甲芬太尼样品带回实验室与43种不同配体做了比较。

7月，担任中国首位国际麻醉研究会执行委员（1986年7月—1989年7月）。

7月28日，被上海市人事局和上海市科技干部局聘请为"上海专业技术人才使用现状及其对策研究"大型研究课题特约研究员。

10 月，被上海市科学技术进步奖评审委员会聘请为"上海市科学技术进步奖"新兴技术专业评审组成员。

10 月 20 日，法国巴黎第五大学 INSERM 分子药理研究所的 Bernard P ROQUES 教授寄来中法神经科学研讨会参会者简历，邀请池志强负责组织该研讨会的各项学术工作。

11 月 12 日，美国科学院院士、美国斯坦福大学药理学教授 A. Goldstein 来信，告知羟甲芬太尼作为一个选择性的 μ 阿片受体配体在实验室得到证实。

12 月 15 日，美国斯坦福大学 A. Goldstein 教授来信，望其对羟甲芬太尼的结构给予解释。

12 月 31 日，获上海药物所来所从事科研、技术管理工作三十周年荣誉证书。

1987 年

主持国家自然科学重大项目"阿片肽及其他神经肽"（1987—1992）。

1 月 29 日，法国巴黎第五大学 INSERM 分子药理研究所的 Bernard P ROQUES 教授来信，表达了对中法神经科学研讨会成功召开的感谢，希望在多个领域加强中法合作，开展对羟甲芬太尼的联合研究。

4 月 30 日，法国巴黎第五大学 INSERM 分子药理研究所的 Bernard P ROQUES 教授来信，告知羟甲芬太尼合作实验结果。

8 月 14 日，在布达佩斯召开的第二届世界神经科学大会上宣布 OMF 是一种选择性最强的 μ 阿片受体激动剂。

9 月 2 日，美国马里兰州 Rockville 市药物滥用国家研究所所长办公室 Yng-shiuh SHEU 博士来信，提供羟甲芬太尼测试结果。

10 月 22 日，收到法国 Saclay 核子研究所生物学研究部 Dominique Comar 教授来信，同意王虹硕士 1988 年赴法开展羟甲芬太尼合作研究。

10 月 26 日，向白东鲁所长建议中法合作开展羟甲芬太尼在整体动物 μ 受体的分布研究。

10 月 31 日，回复法国 Saclay 核子研究所生物学研究部 Dominique

Comar 教授，邀其 11 月 18 日来所参观。

11 月，首先采用中国特有的三齿草藤凝集素及 6- 琥珀酰吗啡二步亲和层析纯化 μ 受体，指导研究生在国际上首先克隆表达和纯化了 μ 阿片受体。相关论文《大鼠脑内活性阿片受体的分离纯化》发表在《中国药理学报》上。

11 月 23 日，"羟甲芬太尼———一种新的高选择性 μ 受体激动剂"获得中国科学院科学技术进步奖二等奖。

1988 年

主持国家自然科学基金重大项目"阿片受体的研究"。

担任中国科学院上海联合生命科学开放实验室学术委员会主任。

获"献身国防科技事业"荣誉证章。

参加在法国 Albi 举办的第十九届国际麻醉品学术会议。

1 月，WK683-1 研制项目通过公安部部级鉴定。

3 月 20 日，被中国科学院生物科学与技术局聘请为神经科学专业委员会委员（任期三年）。

8 月，当选上海市第七届政协委员。

8 月 1 日，获中国科学院颁发奖励升级证书。

8 月 22 日，被聘为中国科学院上海药物研究所第七届学术委员会委员。

10 月 15 日，创办《生物科学信息》杂志，被国家自然科学基金委员会生命科学部、中国科学院生物科学与技术局和中国科学院上海文献情报中心聘为《生物科学信息》主编。

10 月 18 日，参加中国科学院低氧生理开发研究实验室论证会。

12 月 10 日，"羟甲芬太尼临床前药理研究"被立为国家新药基金项目。

1989 年

被选为上海市第七届政协常委兼任科技委员会主任。

被中国科学院有机化学研究所生命有机化学国家重点实验室聘任为第三届学术委员会顾问。

7月9—14日，参加在加拿大蒙特利尔举行的第二十届国际麻醉品学术会议。

9月，发现氮杂二环壬烷类衍生物 P-7521 是一个主要作用于 μ 受体的强力、超长效阿片配体，相关论文发表在《中国药理学报》上。

9月26日，参加在北京举行的东西方疼痛国际会议，在会上做题为"一种选择性 μ 激动剂，羟甲芬太尼和一种不可逆的阿片配体环辛亚胺（Azacyclopropanes）"的报告。

10月15日，被中国药理学会聘请为《中国药理学毒理学杂志》第二届编辑委员会委员。

11月，"WK683-1 警用麻醉剂的研究"获中国科学院科学技术进步奖三等奖。

1990 年

6月1日，被中国科学院聘请为《中国科学院国防科学技术》卷编审委员会委员。

9月10日，被中国科学院教育局评为 1990 年度中国科学院优秀研究生导师。

11月26日，被中国科学院上海有机化学研究所生命有机化学国家重点实验室聘任学术委员会委员，任期三年。

1991 年

1月5日，被中国科学院上海生理研究所低氧生理开放研究实验室学术委员会聘任委员，任期三年（1989 年 6 月至 1992 年 6 月）。

5月4日，参加国家"七五"科技攻关项目农药解毒剂研究技术鉴定会。

11月20日，被化学工业出版社聘请为《化工百科全书》条目撰稿人。

12月23日，"羟甲芬太尼—— 一种新的高选择性 μ 受体激动剂"获得国家科委的中国自然科学奖二等奖。

12月30日，被国家自然科学基金委员会生命科学部、中国科学院生物科学与技术局和中国科学院上海文献情报中心聘为《生命科学》编辑委员会主编。

与他人合著论文《羟基化物对杀虫单、沙蚕毒素和卡特普急性中毒的解毒作用》被评为1988—1990年温州市自然科学优秀论文一等奖。

1992 年

获得国家攀登项目"脑功能的细胞及分子基础研究"子课题"阿片受体研究"的资助（1992—1997年）。

1月，《基础神经药理学》编著获中华人民共和国国家科学技术委员会颁发的国家科技成果完成者（第五完成人）证书。

2月18日，被中国科学院上海药物研究所评为1991年先进个人。

8月11日，被中国科学院上海药物研究所聘请为第三届学位评定委员会委员。

10月，被上海医科大学聘任医学神经生物学国家重点实验室第一届学术委员会委员。

10月26日，"氮杂二环烷类化合物的研究"获得上海市自然科学奖二等奖、中国科学院自然科学奖三等奖。

11月5日，被聘任中国科学院上海药物研究所第八届学术委员会委员。

1993 年

被上海医科大学医学神经生物学国家重点实验室学术委员会聘为副主任。

8月，被选为上海市政协之友社理事兼科技组组长。

12月15日，被国家自然科学基金委员会生命科学部聘为专家咨询组成员。

1994 年

组织上海药物所化学合成、药理学及计算机辅助设计三方面的研究力量，开展μ受体三维结构计算机模拟及与OMF结合特性研究。

4月，被中国药理学报基金会聘请为名誉理事。

7月，因"在军工史编纂工作中做出了重要贡献"获中国科学院颁发的奖状。

7月16—21日，参加在美国马萨诸塞州 North Falmouth 的 Sea Crest Resort 召开的第二十四届国际麻醉品研究学术会议，在会上交流了攀登项目子课题"阿片受体研究"的部分内容，题目是"羟甲芬太尼8个立体异构体的镇痛能力和μ受体选择性"。

11月16日，上海药物所举办庆祝池志强教授七十华诞活动。

1995 年

2月，被中国科学院上海药物研究所评为1992—1994年度有突出贡献先进个人。

5月，参加在天津召开的第五届全国生化药理学术研讨会。

5月27日，参加"复旦神经生物学讲座"创办十周年座谈会。

11月，因"担任中国科学院上海生理研究所低氧生理开放研究实验室学术委员会期间做出了贡献"获得表彰荣誉证书。

12月，羟甲芬太尼研究项目参加卫生部药政司组织的新药评审。与会专家对羟甲芬太尼一类新药工作的研究水平给予充分肯定。

1996 年

4月，建立了μ受体三维结构模型，并初步分析了 OMF 与受体结合的可能位点。相关论文"μ阿片受体及其与羟甲芬太尼互相作用的分子模拟"发表在《中国药理学报》上。

10月，被中国科学院上海有机化学研究所生命有机化学国家重点实验室聘任为第二届学术委员会委员。

12月20日，"羟甲芬太尼——一种新的高选择性μ受体激动剂"研究成果被中国"八五"科学技术成果编审委员会审定入选中国"八五"科学技术成果，特发荣誉证书。

12月31日，被中国科学院上海药物研究所聘请为顾问（1997—1999年12月）。

以指导及第二负责人承担国家自然科学基金委重点项目（39630350）
"阿片受体三维结构及其选择性配体作用机理"（1997—2000 年）。

1 月，当选为中国工程院院士。

4 月 3 日，值浙江大学百年校庆，回母校参加校庆活动。

4 月 5 日，与同学拜谒浙江大学校友于子三烈士之墓。

8 月，在香港召开的第二十八届国际麻醉品学术会议（INRC-1997）
上做报告"μ 阿片受体在感染 SF9 重组杆状病毒中的过表达"。

11 月，在珠海召开的全国生化药理与生物工程新药研制学术研讨会做
报告"从阿片受体研究进展看分子药理学与新药研究"。

12 月 14 日，与金国章一起回母校参加药学系系友聚会。

1998 年

获得国家攀登项目"脑功能的细胞及分子基础研究"子课题阿片受体
研究的延续资助。

1 月 1 日，被中国药理学会聘为《中国药理学通报》编辑委员会常务
委员。

1 月，获上海市突出贡献专家颁证。

被国家新药研究与开发协调领导小组聘为顾问组第二届人员，任期
三年。

4 月 1 日，被中国药理学会聘请为《中国药理学毒理学杂志》编辑委
员会委员，聘期四年。

5 月 20 日，被国家自然科学基金委员会生命科学部聘为专家咨询组成
员。在北京召开的专家咨询组会议上做"创新药物基础性研究"报告。

6 月 18 日，参加上海生命有机化学国家重点实验室第二届第三次学术
委员会会议。

7 月，在德国召开的第二十九届国际麻醉品学术会议（INRC-1998）
上做"羟甲芬太尼对动物的麻醉活性"报告。

9 月 10 日，与秦伯益、韩济生等院士发起的第 105 次香山科学会议上

达成共识，我国在戒毒领域的研究重点放在复吸预防、复吸机制以及干预治疗上。

11 月，在北京召开的"海洛因毒品成瘾机制及戒毒药研究学术讨论会"上做大会报告"阿片受体分子生物研究新进展"。

11 月 20 日，上午回黄岩县中母校参观新建校园和校史展览室并为母校题词："发扬黄中优良传统，培养优秀建国人才"。下午为全校师生做报告，晚上为教师做有关知识经济的讲座。

12 月，被少年儿童出版社特聘担任大型科普图书《十万个为什么》（新世纪版）编委。

在全国神经药理学会议上做大会报告"阿片受体分子生物学"。

12 月 20 日，参加在上海医科大学召开的浙江大学校友会。

1999 年

为研究生授课"神经药理"总论及受体两讲。

1 月 1 日，被《癌症》杂志编辑委员会聘为荣誉委员（无限任期）。

3 月 12 日，被上海文献情报中心特聘为专家咨询组成员。

被浙江大学药学院特聘为兼职教授。

4 月，与美国 NIAD Rothman 实验室合作，采用点突变技术复证了计算机模拟的结合位点。相关论文发表在 *Synapse* 上。

6 月，被上海市徐汇区人民政府授予"徐光启科技荣誉奖章"。

7 月，参加在纽约召开的第卅届国际麻醉品学术会议（INRC-1999）。会上做报告"左旋四氢巴马汀对吗啡耐受和依赖的作用"。会后应邀访问明尼苏达大学药理系，与系主任罗浩交流并讲学，还与中国科学院上海药物所留学人员座谈。

赴云南参加工程院组织的有关海洛因成瘾、戒毒和吸毒情况调查。

赴北京参加中国工程院院士评选活动。

8 月 1 日，在《上海老干部工作》杂志上登载了题为《心系祖国科学事业》的记者访谈。

9 月 21 日，在上海虹口公园特丽明茶室校友聚谈会上为母校浙江省黄岩中学题词。

10月10日，被上海医科大学医学神经生物学国家重点实验室学术委员会聘为副主任委员，聘期三年。

10月15—17日，参加在武汉举办的海峡两岸神经递质及受体讨论会，并做有关羟甲芬太尼研究的学术报告。

11月19—21日，参加由国家基金委生命科学部药物学与药理学学科召开的"学科发展与'十一五'优先资助研讨会"。在会上做了"对基金委药物与药理学学科'十一五'优先资助领域的意见"的系统发言。

11月，赴北京参加在香山饭店举办的研讨戒毒学术会议。参加中国工程院院士评选活动。

2000 年

参加由六位院士和六位专家组成的专家代表团，应云南省政府省委邀请为云南省党校干部讲课。

3月，承担的"973"项目"脑功能及其脑重大疾病的基础研究"子课题"阿片受体的结构与信号传导"（1999.10—2004.9）正式启动。

9月，被国家自然科学基金委员会生命科学部、中国科学院生物科学与技术局和中国科学院上海文献情报中心聘为《生命科学》编辑委员会名誉主编。

9月23—27日，参加在苏州召开的第七届生化药理学术讨论会，做题为"羟甲芬太尼立体异构体与μ阿片受体的相互作用"的报告。

10月15日，浙江大学药学院在杭州主办浙江大学新药研制高级学术研讨会，应邀做专题学术报告。

11月2日，被云南高新创业投资有限公司聘为高级顾问。

11月22—24日，赴北京参加香山科学会议第105-3次药物滥用与成瘾机理、流行学及防治学术研讨会。对我国药物滥用的基础研究做了评述。此外，还共同商讨申报"973"项目事宜。

12月16日，值黄岩县中百年校庆，借上海校友向母校赠送了《母校情结》铜牌。

2001 年

被聘为中国科学院上海药物研究所第十届学术委员会顾问。

3 月 2 日，被中国科学院上海药物研究所、上海市药理学会、家庭用药编辑部聘请为《家庭用药》特别编委会委员。

8 月 15 日，获中国科学技术发展基金会药学发展基金会 2001 年度药理学奖。

8 月 28 日，在山东省威海市参加由山东省政府和中国工程院联合主办的生物技术与药物科学前沿国际研讨会并做"八个羟甲芬太尼立体异构体对吗啡依赖的比较"的大会报告。

9 月，被《浙江大学学报》医学版编辑部聘为特邀编委。

10 月 16—18 日，参加由中国科学院上海分院组织的 9 位院士赴绍兴考察调研，促进院地合作。

10 月 18 日，被《中国药物与临床》杂志社聘请为学术指导委员会委员。

10 月 24 日，作为江苏省科技厅科教处的特邀专家，在徐州参加"三种受体离子通道介导脑缺血钙调素蛋白激酶 II 活性的变化及作用机制研究"科技成果鉴定会。

11 月 30 日，被人民军医出版社聘为终身首席顾问。

12 月，中国科学技术发展基金会药学发展基金委员会和中国药学会授予其 2001 年度中国药学发展奖（药理学奖获得者）。

12 月 30 日，《κ 阿片受体三维结构的模建及其与强啡肽 A（1–8）作用机制的研究》被评为《中国药理学报》2000 年度十佳优秀论文。

2002 年

完成 μ 二聚体、受体内吞转运及对 CREB 与 OMF 依赖关系的研究。

参加由国家基金委生命科学部药物学与药理学学科召开的"21 世纪的药学科学和我国的发展方向：总论"研讨会。

4 月 11 日，应云南省药监局邀请，在云南省昆明市红十字会医院药物依赖治疗康复中心与吸毒治愈者座谈，就云南省科技产业创业公司盛汝恒的大盛排毒胶囊戒毒中成药做调研，并提出进一步研究开发的建议。

3月，参加"中国药理学会第十届全国神经药理学术会议"，做大会报告"GPCR受体二聚体研究进展"。

7月10—14日，参加在美国旧金山Asilima召开的第三十三届国际麻醉品学术会议（INRC-2002）交流了μ二聚体的研究。

9月1日，被中国科学院研究生院聘为终身教授。

9月23—26日，在连云港市新药研发学术会议做大会特邀报告"对中药现代化的一些看法"。

10月25日—11月2日，应台湾中药研究所陈介甫所长邀请访台。

10月28日，在台中市中医药学院做"羟甲芬太尼的研究"报告。

10月29日，在台中市国立中医药研究所做"羟甲芬太尼的研究"报告。

10月31日，在台北市国立医学院药物研究所做"羟甲芬太尼8个立体异构体的药理特性研究"报告。OMF立体异构体的结构功能研究获得上海市自然科学奖二等奖。

11月24日，出席在上海召开的中国药理学会第八次全国代表大会暨全国药理学术会议。

12月8日，与朱谱强、高宣亮、周倩梅、左大珏、张淑改、金国章等校友访问顾学裘教授。

2003 年

继续"973"项目"脑功能和重大疾病研究"子课题"阿片受体的结构和功能研究"的组织领导工作，开展9202、9204、9207在精神依赖小鼠海马的CREB磷酸化及CaMKII、CaMKIV的影响研究。

在《科学时报》上发表治学格言：勤奋踏实，实事求是，开拓创新，勇攀高峰。

改选为政协之友社名誉理事。

1月27日，"手性强效镇痛剂（手性阿片受体选择性配体）的化学与生物学研究"获上海市政府科技进步奖二等奖。

8月，参加"中国院士希望书库"捐赠活动，向贫困地区的孩子们伸出关爱而温暖的双手。

10 月，被上海教育评估院聘为"上海市'重中之重'学科建设评估"专家组成员。

11 月，当选第四届中国药理学会生化药理专业委员会委员。

11 月 1 日，参加《中国药理学报》编辑委员会第五届五次会议。

12 月 20—22 日，作为"973"项目"精神活性物质依赖的生物学基础及防治"顾问，在北京参加了项目启动会议，对 16 个课题申请答辩进行了评审并做了阿片类药物相关领域的专题报告。

2004 年

被选为上海市欧美同学会名誉理事。

2 月 27 日，被陈嘉庚科学基金会聘任为陈嘉庚科学奖推荐及同行评审专家。

6 月 25 日，被中国科学院上海药物研究所、上海药理学会、《家庭用药》编辑部再次聘为《家庭用药》特别编委。

8 月 2—5 日，应国家"973"重点项目办公室的邀请，在兰州市参加"脑功能和脑重大疾病基础研究"重点项目 2003—2004 年度总结交流会。

撰文推荐兰州大学生命科学院院长王锐教授为教育部长江学者候选人。

11 月 16 日，获中国工程院资深院士证书。

12 月，被上海市禁毒委员会聘请为上海市禁毒专家委员会委员。

2005 年

8 月 1 日，荣获中国科学院上海药物研究所终身成就奖。

8 月 17 日，被广西医药产业人才小高地建设领导小组聘为高级顾问。

9 月 16 日，参加中组部组织的"院士中秋西部行"，赴广西医药产业进行调研、开展咨询服务。

10 月 15 日，获何梁何利基金科学与技术进步（医学药学）奖。

11 月 25 日，被《中华医药杂志》专家编辑委员会聘请为常务编委。

参加"973"项目"阿片类成瘾机理及戒毒药研究"的顾问工作。

完成《当代药理学》一书中"阿片受体及强效镇痛剂"一章的撰写。

5 月 21 日，被浙江大学校友总会聘请为顾问。

6 月 8 日，为《希望书库基金会》捐赠书籍 10 册。

9 月 12 日，参加上海药物所举行的欢庆教师节座谈会，通过自己的亲身经历谈教书育人的经验和感受。

1 月，被《生命科学》编辑部聘为名誉主编。

5 月 20 日，参加浙江大学 110 周年校庆，向母校赠送锦绣"春来报"并与药学院师生交流。

6 月 26 日，撰文《追念孙宗彭教授及其办学理念》，后正式发表在《浙江大学学报》上，与陈宜张、金国章和洪孟民院士集体撰文追念浙江大学药学系创办人孙宗彭教授及其办学理念。

7 月 6 日，参加上海药物所庆祝建所 75 周年庆祝大会，代表老科学家发言。

9 月 24—26 日，参加"百名院士沈阳行"活动。在东北制药总厂做专题报告"对创新药物研发的一些看法"，并座谈关于镇痛药的研究。

被沈阳市人民政府聘为咨询顾问。

12 月 3 日，出席在中国科学院上海药物研究所建所 75 周年之际举办的 2007 年学术年会。

5 月 10 日，获中国科学院研究生院"杰出贡献教师"称号。

6 月，获首批中国科学院"杰出贡献教师"称号。

10 月 21 日，参加在江苏昆山召开的庆祝《生命科学》创刊 20 周年暨《生命科学》2008 年编委会。

11 月 28 日，参加中国科学院上海分院组织的院士代表团，赴嘉兴考察中国科学院嘉兴应用技术研究与转化中心。

2009 年

1 月 21 日，出席"973"重大研究项目"精神活性物质依赖的生物学基础及防治"正式全面启动誓师大会。

1 月 23 日，江苏省科技厅颁发《江苏省企业院士工作站管理办法（试行）》。池志强被扬子江药业集团南京海陵药业有限公司特聘，成为江苏省首批院士工作站成员。

2 月 16 日，参加上海药物所二巯丁二酸钠注射液、二巯丁二酸胶囊的情况调研座谈会。

11 月 5 日，出席纪念王仲良同志诞辰 110 周年座谈会。

12 月 7 日，获上海市徐汇区人民政府颁发的徐光启科技荣誉奖章。

2010 年

8 月 15 日，参加华东地区浙江大学校友会联谊会第六次年会，对母校的发展提出建议。

11 月 17 日，参加黄岩县立中学 110 周年校庆座谈会。

2011 年

4 月 19 日，将自己数十年来精心收藏的从创刊号迄今的千余册珍贵的《中国药理学报》《生命科学》《医学文萃》和《处方药》等杂志无偿捐赠给复旦大学药学院。

7 月 9 日，参加在河北省张家口市召开的《神经药理学报》创刊暨第一届编委会议，并任顾问委员。

7 月 23 日，参加丁光生六十年科研生涯暨九十华诞庆贺会。

10 月 14 日，应邀赴京参加中国人民解放军军事医学科学院建院 60 周年庆祝大会。

11 月 24 日，以名誉主编的身份参加在中国科学院上海生命科学研究所生命科学信息中心召开的《生命科学》编委会会议。

2012 年

5 月，因体检发现肺部不明阴影而入住上海华东医院复查。

6 月，为中国科学院上海药物研究所所庆八十周年题词"创建国家药物创新体系，创新药物研究开发目标"。

9 月 20 日，参加中国科学院上海药物研究所所庆八十周年活动。

11 月，因脑梗及冠心病入住上海华东医院治疗。

2013 年

2 月 8 日，病情缓解，出院返家休养。

2 月 9 日，出席夫人胡文瑛追悼会，忍痛与爱妻告别。

5 月 18 日，为浙江大学药学院举行百年校庆题词"值此浙江大学药学院建立百周年纪念，特敬贺浙江大学药学院取得更辉煌的成就"。

6 月 24 日，谢毓元、池志强院士九十华诞暨学术生涯六十余载庆贺会在中国科学院上海药物研究所举行。庆贺会上发布了《药海求索　神乎其经——池志强九十华诞志庆集》。

9 月 10 日，以荣誉主编的身份参加《生命科学》编委会会议。

附录二 池志强主要论著目录

论文

[1] 曹衍霖，朱巧真，池志强，等. 防治血吸虫病药物的研究 [J]. 生理学报，1956，20（3）：125-131.

[2] 池志强. 二巯基丙基磺酸钠对吐酒石之解毒作用 [J]. 生理学报，1958，22（4）：323-328.

[3] 金文桥，徐珩，朱友成，等. 3—甲基芬太尼衍生物的合成、镇痛活性及其与受体亲和力关系的研究 [J]. 中国科学，1980（12）：1219-1227.

[4] Xu H, Jin WQ, Xia XL, et al. Binding of 8 glycolate esters with muscarinic cholinergic receptor in mouse brain [J]. *Acta Pharmacologica Sinica*, 1980, 1（2）：76-81.

[5] Zhou DH, Li ZY, Ni CH, et al. Interaction of seven 3—methyl fentanyl compounds with cerebroside sulfate [J]. *Acta Pharmacologica Sinica*, 1981, 2（4）：226-230.

[6] Jin Wenqiao, Xu Heng, Zhu Youcheng, et al. Studies on Synthesis and Relationship between Analgesic Activity and Receptor Affinity for 3—Methyl Fentanyl Derivatives [J]. *Scientia Sinica*, 1981, 24（5）：710-720.

［7］ Ye SZ，Li GF，Chi ZQ． Autoradiographic studies on binding of glycolate esters with muscarinic cholinergic receptors in mouse brain［J］. *Acta Pharmacologica Sinica*，1982，3（1）：1-5.

［8］ 朱友成，吴瑞琴，仇达萍，等． 顺 -3- 甲基芬太尼的 4-N- 丙酰基的结构改变与镇痛活性［J］．药学学报，1983，18（8）：591-596.

［9］ Zhu YC，Wu RQ，Chou DP，et al． Studies on potent analgesics． VI． Modification of 4-N-propionyl group of cis-3-methylfentanyl and analgesic activity［J］．*Acta Pharmaceutica Sinica*，1983，18（8）：591-596.

［10］周德和，李志毅，倪崇虎，等． 水溶性阿片受体及其特性的研究［J］. 科学通报，1984（4）：244-246.

［11］李志毅，周德和，倪崇虎，等． Triton X-100 和去氧胆酸钠两种去垢剂对阿片受体作用的影响［J］．生物化学与生物物理进展，1984（5）：80-81.

［12］徐珩，陈洁，池志强． 羟甲芬太尼（Ohmefentanyl）：一个新的 μ 阿片受体激动剂［J］．中国科学，1984（8）：733-739.

［13］周德和，李志毅，倪崇虎，等． 氚标记强效镇痛剂 3-（β 苯乙基)-9β - 甲氧基 -9α-（间 - 丙酰氧基苯基）-3- 氮杂二环［3，3，1］-壬烷的制备以及与阿片受体结合的某些特征［J］．科学通报，1984（12）：759-761.

［14］黄忠明，周杰，陈新建，等． 强效镇痛剂羟甲芬太尼和 3- 甲芬太尼的镇痛作用与毒性［J］．中国药理学报，1984，5（3）：153-158.

［15］汪大渊，池志强． 五个 3- 氮杂二环［3，3，1］壬烷类衍生物镇痛活性与鸦片受体结合亲和力的关系［J］．中国药理学报，1984，5（3）：158-163.

［16］汪大渊，池志强． 五个 3- 氮杂二环［3，3，1］壬烷类衍生物对离体豚鼠回肠肌间神经丛纵肌标本的作用［J］．中国药理学报，1985，6（4）：236-238.

［17］Yao Yi-He，Xu Heng，Chi Zhi-Qiang． Cataleptic effect of

ohmefentanyl in the rat [J]. *Chinese Journal of Physiological Sciences*, 1985, 1（2）: 151−158.

[18] 金昔陆, 赵国民, 金文桥, 等. 88047 对动物中枢神经系统的麻醉作用 [J]. 新药研究基金会报, 1985（5）: 57−65.

[19] Xu H, Chen J, Chi ZQ. Ohmefentanyl−a new agonist for mu−opiate receptor [J]. *Sci Sin B*, 1985, 28（5）: 504−511.

[20] 金文桥, 陈新建, 池志强. 羟甲芬太尼对离体器官阿片受体亚型的选择性 [J]. 中国科学（B 辑 化学 生物学 农学 医学 地学）, 1986（6）: 642−646.

[21] 李志毅, 周德和, 范曼芳, 等. 人胎盘阿片受体的分离与鉴定 [J]. 科学通报, 1986（12）: 949−951.

[22] 姚一禾, 池志强. 阿片类药物的僵住作用及其受体调节机制 [J]. 国际药学研究杂志, 1986（2）: 83−85.

[23] Zhou J, Zheng WJ, Chi ZQ. Effects of potent analgesics, ohmefentanyl and mefentanyl, on respiration and electroencephalogram in rabbits [J]. *Acta Pharmacologica Sinica*, 1986, 7（2）: 100−103.

[24] 王锋, 李志毅, 池志强, 等. 洋地黄皂贰／氯化钠溶性阿片受体的特征及其与六种凝集素相互作用的研究 [J]. 科学通报, 1986（12）: 952−955.

[25] Jin WQ, Xu H, Chi ZQ. Absorption, distribution and excretion of 3−methyl [carbonyl−14C] fentanyl in mice [J]. *Acta Pharmacologica Sinica*, 1986, 7（5）: 399−401.

[26] Wu SW, Jin WQ, Chi ZQ. Characterization of opioid receptors in the golden hamster brain [J]. *Acta Pharmacologica Sinica*, 1986, 7（6）: 495−498.

[27] Xu Heng, Chen Jie, Chi Zhiqiang. Binding of 3−（β−phenylethyl）−9β−methoxy−9α−（m−propionoxyphenyl）−3−azabicyclo [3, 3, 1] nonane（P7548）to different types of opiate receptors [J]. *Chinese Journal of Physiological Sciences*, 1986, 2（1）: 55−60.

［28］金文桥，吴士渭，陈新建，等. 甲八肽酰胺和甲八肽氨酸作用于豚鼠迴肠与小鼠输精管 κ 受体［J］. 科学通报，1987（9）：711-713.

［29］Jin Wenqiao，Chen Xinjian，Chi Zhiqiang. The Choice of Opioid Receptor Subtype in Isolated Preparations by Ohmefentanyl［J］. *Scientia Sinica*（*Series B*），1987，30（2）：176-181.

［30］Wang Feng，Chi Zhi-Qiang. Isolation and purification of active opioid receptor from rat brain［J］. *Acta Pharmacologicas Sinica*，1987，8（6）：490-493.

［31］周杰，郑维君，池志强. 强效镇痛剂 3-（β-苯乙基）-9β-甲氧基 -9α-（间-羟苯基）-3- 氮杂二环［3，3，1］- 壬烷（P-7521）对兔的镇痛与抑制呼吸作用［J］. 中国药理学报，1987，8（1）：10-13.

［32］Wu SW，Jin WQ，Chi ZQ. Binding characteristics of ［³H］ etorphine with kappa receptors in the golden hamster brain［J］. *Acta Pharmacologica Sinica*，1987，8（3）：196-200.

［33］Xu H，Yao YH，Zhu YC，et al. Potent 3-methylfentanyl analogs：morphine-like catalepsy and receptor binding characteristics［J］. *Acta Pharmacologica Sinica*，1987，8（4）：289-292.

［34］周德和，葛邦鑰，徐学军，等. 长效镇痛剂 3-（β-苯乙基）-9β- 甲氧基 -9α-（间-羟苯基）-3- 氮杂二环［3，3，1］壬烷（P-7521）对体外阿片受体结合的影响［J］. 中国药理学报，1988，9（6）：511-515.

［35］王虹，叶淑贞，李桂芬，等. 大鼠、豚鼠和兔中枢神经系统阿片受体个体发育的放射自显影比较［J］. 中国药理学报，1988，9（3）：205-212.

［36］Yao YH，Chi ZQ. Inhibitory regulations of ohmefentanyl and morphine on postsynaptic dopamine receptors［J］. *Acta Pharmacologica Sinica*，1988，9（1）：15-18.

［37］Zhou J，Zhao GM，Jin WQ，et al. Analgesic effects and non-dependence of ipalbidine［J］. *Acta Pharmacologica Sinica*，1988，9（2）：107-111.

[38] Yao YH, Xu H, Li GF, et al. Autoradiographic distribution of [^{3}H] ohmefentanyl binding sites in rat corpus striatum [J]. *Acta Pharmacologica Sinica*, 1988, 9 (3): 212−215.

[39] Zhou J, Zheng WJ, Chi ZQ. Effect of ohmefentanyl injection to the region of nucleus tractus solitarius on discharge of phrenic nerve in rabbits [J]. *Acta Pharmacologica Sinica*, 1988, 9 (4): 196−199.

[40] Zhao GM, Zhou J, Chi ZQ. Effects of potent analgesic 3− (beta−phenylethyl) −9 beta−methoxy−9 alpha− (m−hydroxyphenyl) −3−azabicyclo [3, 3, 1] −nonane (p−5721) on electroencephalography in rabbits [J]. *Acta Pharmacologica Sinica*, 1988, 9 (4): 300−303.

[41] 曹伯进，陈志康，池志强，等. 巯基化合物对杀虫单、沙蚕毒和巴丹急性中毒的解毒作用 [J]. 中国医药工业杂志，1989, 20 (1): 44.

[42] JIN Wenqiao, FAN Liqun, CHEN Xinjian, et al. P−7521−a new irreversible opioid ligand [J]. *Acta Pharmacologica Sinica*, 1989, 10 (3): 205−210.

[43] WANG Feng, Li Zhiyi, CHI Zhiqiang. Active opioid binding protein from rat brain—a glycoprotein containing α − methyl − D− mannoside residues [J]. *Acta Pharmacologica Sinica*, 1989, 10 (6): 481−484.

[44] 曹伯进，陈志康，池志强. 巯基化合物对杀虫单，沙蚕毒素病卡特普急性中毒的解毒作用 [J]. 中国药理学报，1990, 11 (2): 180.

[45] 卢中秋，陈志康，池志强，等. 二硫基丙磺酸钠并用安定对杀虫单急性中毒的解救 [J]. 中国医药工业杂志，1990, 21 (1): 43−44.

[46] 翁坚慧，徐修容，朱友成，等. 3−甲基芬太尼衍生物构效关系及受体结合特征研究 [J]. 药学学报，1990, 25 (3): 178−185.

[47] 赵国民，周红宇，郑维君，等. [^{3}H] 羟甲芬太尼在大鼠的药物动力学 [J]. 中国药理学报，1990, 11 (5): 406−411.

[48] Chi ZQ, Jin WQ. A potent and long−lasting ligand, azabicyclononane (P−7521) [J]. *Prog Clin Biol Res*, 1990 (328): 1−4.

[49] Weng JH, Xu XR, Zhu YC, et al. Studies on structure−activity

relationships and receptor binding feature for 3−methylfentanyl derivatives [J]. *Acta Pharmaceutica Sinica*, 1990, 25（3）：178−185.

[50] Cao BJ, Chen ZK, Chi ZQ. Antidotal effects of sulfhydryl compounds on acute poisonings by sodium ammonium dimethyl−2−（propane−1, 3−dithiosulfate）monohydrate, nereistoxin and cartap [J]. *Acta Pharmacologica Sinica*, 1990, 11（2）：180−184.

[51] Cao BJ, Chen ZK, Chi ZQ. Neuromuscular blocking and respiratory depressing actions of sodium ammonium dimethyl−2−（propano−1, 3−dithiosulfate）monohydrate [J]. *Acta Pharmacologica Sinica*, 1990, 11（3）：207−210.

[52] Wang H, Pélaprat D, Roques BP, et al. [³H] ohmefentanyl preferentially binds to mu−opioid receptors but also labels sigma−sites in rat brain sections [J]. *Eur J Pharmacol*, 1991, 193（3）：341−350.

[53] 范力群，金文桥，池志强. 九个慢解离阿片配体 3 —氮杂二环壬烷类化合物对 μ、δ、κ 受体的作用特性 [J]. 中国药理学报，1991，12（3）：245−249.

[54] Hong Wang, Alain Sarrieau, Didier Pélaprat, et al. Characterization and Distribution of [³H] Ohmefentanyl Binding Sites in the Human Brain [J]. *Synapse*, 1991（8）：177−184.

[55] 池志强. 羟甲芬太尼——一种新的高选择性 μ 阿片受体激动剂 [J]. 生理科学进展，1992，23（4）：371−373.

[56] Zhao GM, Gu JJ, Chi ZQ. Effects of ohmefentanyl on CA1 field potentials in rat hippocampus slices [J]. *Acta Pharmacologica Sinica*, 1992, 13（4）：301−306.

[57] Masuo Y, Wang H, Pélaprat D, et al. Effect of brain lesions on [³H] ohmefentanyl binding site densities in the rat striatum and substantia nigra [J]. *Chem Pharm Bull*（*Tokyo*），1992，40（9）：2520−2524.

[58] Lu YF, Li GF, Chi ZQ. Characterization and distribution of mu opioid receptors in rabbit cerebellum [J]. *Acta Pharmacologica Sinica*, 1993,

14（6）：489-491.

［59］陆亦风，魏爱丽，童春香，等. 抗羟甲芬太尼单克隆抗体和抗羟甲芬太尼独特型抗体的特性研究［J］. 中国科学，1994，24（4）：406-412.

［60］朱友成，C. Prenant，C. Crouzel，等. 新的高强度高选择性阿片μ受体激动剂［11C］－羟甲芬太尼的合成［J］. 药学学报，1994，29（11）：823-828.

［61］LU Yi-Feng，TONG Chun-Xiang，WEI Ai-Li，et al. Monoclonal antibodies specific for ohmefentanyl［J］. *Acta Pharmacologica Sinica*，1994，15（4）：303-307.

［62］Zhi Xianwang，You Chengzhu，Wen Qiaojin，et al. Stereoisomers of N-［1 -（2- Hydroxy - 2- phenylethyl）- 3- methyl -4- piperidyl］- N - phenylpropanamide：Synthesis，Stereochemistry，Analgesic Activity，and Opioid Receptor Binding Characteristics［J］. *Reprinted from Journal of Medicinal Chemistry*，1995（38）：3652-3659.

［63］Jin Wenqiao，Wang Zhixian，Chen Jie，et al. Analgesic activity and selectivity for opioid receptors of enantiomers of ohmefentanyl［J］. *Acta Pharmacologica Sinica*，1996，17（5）：421-424.

［64］池志强，朱友成，金文桥，等. 羟甲芬太尼—— 一种新的高选择性μ阿片受体激动剂［J］. 中国科学基金，1997（4）：280-283.

［65］金昔陆，池志强. 阿片受体及其信号转导［J］. 中国药理学通报，1997，13（6）：488-491.

［66］金昔陆，金文桥，周德和，等. 麻醉剂量羟甲芬太尼对大鼠血浆皮质酮、皮质醇和抗利尿激素含量的影响［J］. 药学学报，1997，32（3）：228-230.

［67］戎锁宝，蒋华良，池志强，等. 3- 甲基芬太尼衍生物立体异构体的QSAR 研究［J］. 药学学报，1997，32（6）：420-425.

［68］金昔陆，唐琴梅，金文桥，等. 麻醉剂量羟甲芬太尼对大鼠脑内单胺递质及其代谢物含量的影响［J］. 中国药理学与毒理学杂志，

1997，11（1）：71-72.

[69] 陈必义，金文桥，池志强. 3-甲基芬太尼——一个高选择性的 μ 阿片受体激动剂 [J]. 临床神经科学，1997，5（2）：68-69.

[70] Rong Suobao, Jiang Hualiang, Chi Zhiqiang, et al. Molecular modeling of interaction between opioid receptoe and 3 − methylfentany lisothiocyanate [J]. *Acta Pharmacologica Sinica*，1997，18（3）：219-224.

[71] Jin XL, Jin WQ, Zhou DH, et al. Effects of ohmefentanyl at anesthetic dose cn plasma levels of corticosterone, cortisol and antidiuretic hormone in rats [J]. *Acta Pharmaceutica Sinica*，1997，32（3）：228-230.

[72] Rong SB, Zhu YC, Jiang HL, et al. Molecular modeling of mu opioid receptor and receptor-ligand interaction [J]. *Acta Pharmacologica Sinica*，1997，18（4）：317-322.

[73] Wang CH, Zhou DH, Chen J, et al. Binding properties of C-truncated delta opioid receptors [J]. *Acta Pharmacologica Sinica*，1997，18（4）：337-340.

[74] 池志强. 阿片受体研究最新进展——分子药理学研究动向 [J]. 生命科学，1998，10（2）：90-93.

[75] 周明正，金文桥，陈建强，等. 阿片类药物在豚鼠离体回肠中的交互依赖性和交互耐受性 [J]. 中国药理学与毒理学杂志，1998，12（4）：271-274.

[76] 金文桥，张鸿萍，陈新建，等. 颅痛定对吗啡耐受性和依赖性的影响 [J]. 中国学术期刊文摘（科技快报），1998，4（9）：1136-1140.

[77] Wang Chunhe, Zhou Dehe, Chen Jie, et al. Binding properties of C-truncated delta opioid receptors [J]. *Acta Pharmacologica Sinica*，1997，18（4）：337-340.

[78] Wang Chunhe, Zhou Dehe, Cheng Zhijie, et al. The C-Truncated δ-opioid Receptor Underwent Agonist-Dependent Activation and Densensitization [J]. *Biochemical and Biophysical Research Communication*，1998（249）：321-324.

[79] Wei Qiang, Zhou Dehe, Shen Qingxiang, et al. Human μ-opioid receptor overexpressed in baculovirus system and its pharmacological characterizations [J]. *Acta Pharmacologica Sinica*, 1998, 19 (3): 218-222.

[80] 魏强，王铁琳，陈洁，等. 在昆虫细胞中表达的人阿片受体与内源性 G 蛋白功能偶联 [J]. 生物化学与生物物理学报，1999, 31 (5): 598-600.

[81] 池志强，朱友成，徐珩，等. 羟甲芬太尼——高选择性 μ 阿片受体激动剂及与 μ- 阿片受体相互作用的研究 [J]. 生命科学，1999, 11 (6): 273-277.

[82] 金昔陆，池志强. μ 阿片受体激动剂舒芬太尼的药理作用和应用 [J]. 中国现代应用药学杂志，1999, 16 (1): 1-5.

[83] 金昔陆，周德和，池志强. δ 阿片受体研究新进展 [J]. 中国药理学通报，1999, 15 (1): 1-4.

[84] Heng Xu, Yi Fenglu, John S, et al. Opioid Peptide Receptor Studies 11: Involvement of Tyr148, Trp318 and His319 of the Rat μ-Opioid Receptor in Binding of μ-Selective Ligands [J]. *Synapse*, 1999 (32): 23-28.

[85] Wang Chunhe, Zhou Dehe, Chen Jie, et al. Leucine-2-alanine enkephalin induced δopioid receptors internalization expressed stably in CHO cells [J]. *Acta Pharmacol Sin*, 1999, 20 (6): 491-494.

[86] Chen Biyi, Jin Wenqiao, Chen Jie, et al. Analgesic Activity and Selectivity of Isothiocyanate Derivatives of Fentanyl Analogs for Opioid Receptors [J]. *Life Sciences*, 1999, 65 (15): 1589-1595.

[87] Wei Q, Zhou DH, Shen QX, et al. Human mu-opioid receptor overexpressed in Sf 9 insect cells functionally coupled to endogenous Gi/o proteins [J]. *Cell Res*, 2000, 10 (2): 93-102.

[88] Gui Wenguo, You He, Wen Qiaojin, et al. Comparison of physical dependence of ohmefentanyl stereoisomers in mice [J]. *Life Sciences*,

2000（67）：113-120.

[89] Wei Qiang, Zhou Dehe, Shen Qingxiang, et al. Human μ-opioid receptor overexpressed in Sf9 insect cell functionally coupled to endogenous Gi/o proteins [J]. *Cell Research*, 2000（10）：93.

[90] Jiang Hualiang, Huang Xiaoqin, Rong Suobao, et al. Theoretical Studies on Opioid Receptors and Ligands. I. Molecular Modeling and QSAR Studies on the Interaction Mechanism of Fentanyl Analogs Binding to μ- Opioid Receptor [J]. *International Journal of Quantum Chemistry*, 2000（78）：285-293.

[91] Wan Xuhu, Huang Xiaoqin, Zhou Dehe, et al. Molecular modeling of Kappa Opioid receptor-Gi Protein Recognition [J]. *Protein and Peptide Letters*, 2000, 7（6）：403-409.

[92] Wan Xuhu, Huang Xiaoqin, Zhou Dehe, et al. Buiding 3D-structural model of kappa opioid receptor and studying its interaction mechanism with dynorphine A（1-8）[J]. *Acta Pharmacol Sin*, 2000, 21（8）：701-708.

[93] 高灿，池志强. G 蛋白偶联受体二聚化研究进展 [J]. 生命科学，2001, 13（5）：193-197.

[94] Chen Liwei, Feng Yaping, Zhou Dehe, et al. One-Step Affinity Purification of Human Mu-Opioid Receptor Overexpressed in Baculovirus System [J]. *Protein and Peptide Letters*, 2001, 8（4）：265-272.

[95] Guo Guiwen, Liu Zhonghua, Jin Wenqiao, et al. Quantitative comparison of ohmefentanyl isomers induced conditioning place preference in mice [J]. *Life Sciences*, 2001（68）：2383-2390.

[96] Chen Biyi, Jin Wenqiao, Chen Xinjian, et al. Analgesic Activity and Opioid Receptor Selectivity of Stereoisomers of Ohmefentanyl Isothiocyanate [J]. *European Journal of Pharmacology*, 2001（424）：195-198.

[97] Feng Yaping, Chen Liwei, Zhou Dehe, et al. Analysis of binding domain and function of chimeric μ/κ opioid receptors to ohmefentanyl stereoisomers [J]. *Acta Pharmacol Sin*, 2001, 22 (11): 981-985.

[98] Chen Liwei, Gao Can, Zhou Dehe, et al. Homodimerization of Human Mu-Opioid Receptor Overexpressed in Sf9 Insect Cells [J]. *Protein and Peptide Letters*, 2002, 9 (2): 145-152.

[99] Mou QY, Chen J, Zhu YC, et al. 3-Pyrroline containing arylacetamides: a novel series of remarkably selective kappa-agonists [J]. *Bioorg Med Chem Lett*, 2002, 12 (17): 2287-2290.

[100] 陈晓岚, 池志强. 划时代的新药武器——蛋白质组学及其对新药研发的意义 [J]. 中国处方药, 2003 (4): 46-49.

[101] 陈晓岚, 池志强. 蛋白质组学在神经科学中的应用 [J]. 生命科学, 2003, 15 (1): 51-52.

[102] Chen Liwei, Gao Can, Chen Jie, et al. Internalization and recycling of human μ opioid receptors expressed in Sf 9 insect cells [J]. *Life Sciences*, 2003 (73): 115-128.

[103] Gao Can, Chen Liwei, Chen Jie, et al. Ohmefentanyl stereoisomers induce changes of CREB phosphorylation in hippocampus of mice in conditioned place preference paradigm [J]. *Cell Research*, 2003, 13 (1): 29-34.

[104] Gao Can, Chen Liwei, Tao Yimin, et al. Effects of ohmefentanyl stereoisomers on phosphorylation of cAMP-response element binding protein in cultured rat hippocampal neurons [J]. *Acta Pharmacol Sin*, 2003, 24 (12): 1253-1258.

[105] Liu Zhonghua, He You, Jin Wenqiao, et al. Binding affinity to and dependence on some opioids in Sf 9 insect cells expressing human μ-opioid receptor [J]. *Acta Pharmacol Sin*, 2003, 24 (9): 859-863.

[106] Liu ZH, Jin WQ, Dai QY, et al. Opioid activity of C8813, a novel and potent opioid analgesic [J]. *Life Sci*, 2003, 73 (2): 233-241.

［107］池志强. 我的科研生涯［J］. 生命科学，2004，16（5）：312-315.

［108］陈晓岚，刘景根，池志强. 阿片成瘾的细胞分子机制［J］. 中国药理学通报，2005，21（8）：901-904.

［109］洪民华，池志强，刘景根. G蛋白偶联受体固有活性研究进展与新药开发［J］. 中国药理学通报，2005，21（9）：1030-1033.

［110］张从芬，彭代银，李庆林，等. G蛋白偶联受体二聚化研究进展［J］. 中国药理学通报，2006，l22（7）：774-779.

［111］吴照球，陈晓岚，卢刚，等. 慢性吗啡引起的抑制海马神经元 Na^+，$K^+-ATPase$ 活性和降低能量代谢酶的表达可能参与小鼠吗啡依赖的形成［J］. 中国药物依赖性杂志，2006，15（3）：165-167.

［112］Wu ZQ, Li M, Chen J, et al. Involvement of cAMP/cAMP-dependent protein kinase signaling pathway in regulation of Na^+, K^+-ATPase upon activation of opioid receptors by morphine［J］. *Mol Pharmacol*, 2006, 69（3）：866-876.

［113］Liu Zhonghua, He You, Jin Wenqiao, et al. Effect of chronic treatment of ohmefentanyl stereoisomers on cyclic AMP formation in Sf9 insect cells expressing human μ-opioid receptors［J］. *Life Sciences*, 2004（74）：3001-3008.

［114］Wu ZQ, Chen J, Chi ZQ, et al. Involvement of dopamine system in regulation of Na^+, K^+-ATPase in the striatum upon activation of opioid receptors by morphine［J］. *Mol Pharmacol*, 2007, 71（2）：519-530.

［115］Lin X, Li Q, Wang YJ, et al. Morphine inhibits doxorubicin-induced reactive oxygen species generation and nuclear factor kappaB transcriptional activation in neuroblastoma SH-SY5Y cells［J］. *Biochem J*, 2007, 406（2）：215-221.

［116］Chen XL, Lu G, Gong YX, et al. Expression changes of hippocampal energy metabolism enzymes contribute to behavioural abnormalities during chronic morphine treatment［J］. *Cell Res*, 2007, 17（8）：689-700.

［117］Tao YM, Li QL, Zhang CF, et al. LPK-26, a novel kappa-opioid receptor agonist with potent antinociceptive effects and low dependence potential [J]. *Eur J Pharmacol*, 2008, 584 (2–3): 306–311.

[118] Hong MH, Xu C, Wang YJ, et al. Role of Src in ligand–specific regulation of delta–opioid receptor desensitization and internalization [J]. *J Neurochem*, 2009, 108 (1): 102–114.

[119] Li M, Hou YY, Lu B, et al. Expression pattern of neural synaptic plasticity marker–Arc in different brain regions induced by conditioned drug withdrawal from acute morphine–dependent rats [J]. *Acta Pharmacol Sin*, 2009, 30 (3): 282–290.

[120] Lin X, Wang YJ, Li Q, et al. Chronic high–dose morphine treatment promotes SH–SY5Y cell apoptosis via c–Jun N–terminal kinase–mediated activation of mitochondria–dependent pathway [J]. *FEBS J*, 2009, 276 (7): 2022–2036.

[121] Hou YY, Liu Y, Kang S, et al. Glutamate receptors in the dorsal hippocampus mediate the acquisition, but not the expression, of conditioned place aversion induced by acute morphine withdrawal in rats [J]. *Acta Pharmacol Sin*, 2009, 30 (10): 1385–1391.

[122] Hou YY, Lu B, Li M, et al. Involvement of actin rearrangements within the amygdala and the dorsal hippocampus in aversive memories of drug withdrawal in acute morphine–dependent rats [J]. *J Neurosci*, 2009, 29 (39): 12244–12254.

[123] Wang YH, Sun JF, Tao YM, et al. Paradoxical relationship between RAVE (relative activity versus endocytosis) values of several opioid receptor agonists and their liability to cause dependence [J]. *Acta Pharmacol Sin*, 2010, 31 (4): 393–398.

[124] Lu B, Li M, Hou YY, et al. Initial experience of heroin use under a two–chained operant schedule influences drug–seeking behavior after one month of abstinence [J]. *Acta Pharmacol Sin*, 2010, 31 (4): 387–392.

[125] Lu G, Zhou QX, Kang S, et al. Chronic morphine treatment impaired hippocampal long-term potentiation and spatial memory via accumulation of extracellular adenosine acting on adenosine A1 receptors [J]. *J Neurosci*, 2010, 30 (14): 5058-5070.

[126] Cheng Y, Tao YM, Sun JF, et al. Adenosine A (1) receptor agonist N (6) -cyclohexyl-adenosine induced phosphorylation of delta opioid receptor and desensitization of its signaling [J]. *Acta Pharmacol Sin*, 2010, 31 (7): 784-790.

[127] Wang YH, Sun JF, Tao YM, et al. The role of kappa-opioid receptor activation in mediating antinociception and addiction [J]. *Acta Pharmacol Sin*, 2010, 31 (9): 1065-1070.

[128] Xu C, Hong MH, Zhang LS, et al. Serine 363 of the {delta}-opioid receptor is crucial for adopting distinct pathways to activate ERK1/2 in response to stimulation with different ligands [J]. *J Cell Sci*, 2010, 123 (24): 4259-4270.

[129] Sun JF, Wang YH, Li FY, et al. Effects of ATPM-ET, a novel κ agonist with partial μ activity, on physical dependence and behavior sensitization in mice [J]. *Acta Pharmacol Sin*, 2010, 31 (12): 1547-1552.

[130] 王宇华, 陶奕敏, 陈洁, 等. 济泰片对吗啡损伤小鼠免疫功能的影响 [J]. 中国药物依赖性杂志, 2011, 20 (1): 22-25.

[131] Liu Y, Zhou QX, Hou YY, et al. Actin polymerization-dependent increase in synaptic Arc/Arg3.1 expression in the amygdala is crucial for the expression of aversive memory associated with drug withdrawal [J]. *J Neurosci*, 2012, 32 (35): 12005-112007.

[132] Wang WS, Kang S, Liu WT, et al. Extinction of aversive memories associated with morphine withdrawal requires ERK-mediated epigenetic regulation of brain-derived neurotrophic factor transcription in the rat ventromedial prefrontal cortex [J]. *J Neurosci*, 2012, 32 (40): 13763-13775.

论著

[133] 池志强. 内源性类阿片物质［M］. 化工百科全书，北京：化学工业出版社，1996.

[134] 池志强. 第 1 篇总论. 第一章 受体，药理学和药物治疗学［M］. 北京：人民卫生出版社，2000.

[135] 池志强. 从阿片受体研究最新进展看分子药理学研究方向，院士笔下的现代医药，中国工程院医药卫生工程学部［M］. 福建：福建科学技术出版社，2002.

[136] 池志强. 创新药物研究展望. 院士展望二十一世纪，上海市对外文化交流协会编［M］. 上海：上海科学技术出版社，2000.

[137] 池志强. 羟甲芬太尼八个立体异构体与 μ 阿片受体的相互作用. 药理学进展（2001）［M］. 北京：人民卫生出版社，2001.

参考文献

［1］全国血吸虫病研究委员会编辑小组. 血吸虫病研究资料汇编（1956年）［M］. 上海：上海卫生出版社，1957.

［2］王玉芝，罗卫东. 图说浙江大学——浙江大学校史简本［M］. 杭州：浙江大学出版社，1957.

［3］邹冈. 基础神经药理学［M］. 北京：科学出版社，1988.

［4］樊鸿业. 《中国科学院编年史（1949-1999）》［M］. 上海：上海科技教育出版社，1999.

［5］李滔. 中国留学教育史录（1949年以后）［M］. 北京：高等教育出版社，2000.

［6］《丁光生八十年》编辑小组. 丁光生八十年［M］. 上海：中国科学院上海药物研究所，2001.

［7］上海药物研究所. 《中国科学院上海药物研究所七十年光辉历程（1932-2002）》［M］. 上海：上海药物研究所，2002.

［8］谷超豪. 奋斗的历程——谷超豪文集［M］. 上海：复旦大学出版社，2005.

［9］梁世瑞，李魁武，梁恒. 科技大师创新成功的奥秘［M］. 北京：新时代出版社，2002.

［10］竺可桢. 竺可桢日记［M］. 上海：上海科技教育出版社，2006.

［11］唐纳德·里奇. 大家来做口述历史（第二版）［M］. 王芝芝，姚力译. 北京：当代中国出版社，2006.

［12］王卫平，金国章. 张昌绍教授诞辰一百周年纪念［M］. 上海：第二军医大学出版社，2006.

［13］白春礼.《杰出科技人才的成长历程》［M］. 北京：科学出版社，2007.

［14］单刚，王英辉. 岁月无痕——中国留苏群体纪实［M］. 北京：中央编译出版社，2007.

［15］李鹏. 建国初期留苏运动的历史考察（博士学位论文）［D］. 上海：华东师范大学，2008.

［16］杨正润. 现代传记学［M］. 南京：南京大学出版社，2009.

［17］王扬宗，曹效业. 中国科学院院属单位简史［M］. 北京：科学出版社，2010.

［18］月章云龙. 清献影像［M］. 杭州：西泠印社出版社，2010.

［19］刘深. 葛庭燧传［M］. 北京：科学出版社，2010.

［20］叶永烈. 钱学森［M］. 上海：上海交通大学出版社，2010.

［21］杨澜，朱冰. 一问一世界［M］. 南京：江苏人民出版社，2011.

［22］张纯如. 蚕丝——钱学森传［M］. 北京：中信出版社，2011.

［23］沃尔特·艾萨克森. 史蒂夫·乔布斯传［M］. 北京：中信出版社，2012.

［24］中国科学院院史编研组.《院史资料与研究》（内刊刊物）. 北京：中国科学院院史文物资料征集委员会办公室.

后 记

　　春节假期明天就要结束了。今年春节单位放了 14 天假，可我们采集小组的主要人员除了看春晚节目外，其余时间几乎都在《神乎其经：池志强传》的最后加工和导言、结语的写作中度过了。当然中间也外出过：年初四，去华东医院探望了去年 11 月因脑梗和冠心病住院的池志强老先生。接着就借医院的电话间采访了池先生的女儿。此事几个月前就想进行，无奈她父母同时住院，哥哥在美国，一个人每天要跑两个医院，实在不忍再给她添麻烦，就一直拖到现在。另外，就是帮助料理池先生夫人胡文瑛老师的丧事，除夕那天上午还参加了胡老师的追悼会。

　　这两年来，胡老师多次住院，但每次住院时间都不长。因采访池先生和收集池先生的照片，我们几次上池先生家都是她开的门，见面打招呼笑眯眯的，毫无病态。谁知这次住院，因肺部感染伴发心脏病，前一分钟还在与女儿交谈，转眼就驾鹤西去。我们原先向胡老师讲过，要采访她的，如今已成无法弥补的遗憾。池先生的家人中，远在美国的儿子，住在外地的姐姐、弟弟我们都采访到了。近在附近的胡老师，采访失约了，我们很自责。

　　这两年来，我们采集小组工作一直很努力。由于是兼职人员，工作压力很大。采集小组人员吴慧，女儿尚在哺乳期时，出差从不推辞；有病请假，在家还工作。采集小组人员陈洁为采访工作两次摔倒、两次骨裂，打着绑带上班。组长戴志强是退休返聘研究员，两年来从不请假，早出晚归，每天上班 9 小时以上。尽管我们很努力，但由于缺乏经验，安排上存在前松后紧、顾此失彼，还是没有把工作做到最好。

这两年来，除了胡老师，我们采集小组原计划要采访的对象因病去世的还有池先生浙江大学龙泉分校的同学、浙江文化局的同事、是好友又是入党介绍人的谷超豪教授。另外，还有一位是池先生浙江大学药学系同班同学、后来又是上海药物所的同事张淑改研究员。我们都未能及时留下他（她）们与池先生相处共事的回忆，对于池志强学术成长资料采集工程来说是莫大的损失。由此，我们更深刻体会到学术成长资料采集工程是一项抢救性工程，老科学家以及与他们早年相处、相关的人员都年事已高，时不待我，机不可失。通过我们的努力，及时采集他们学术成长的资料，把这笔丰厚的遗产继承下来，是示范后人、功德无量的好事，再苦再累的付出也是值得的。

这两年来，在采访的过程中，我们也常常被采访者的叙述所感染，被池先生的事迹所感动，这也是不断激励我们把工作做好的动力。可以这么说，撰写传主学术成长资料研究报告的过程是我们学习的过程，也是接受教育的过程。这个过程是人生难得的机遇，我们为有这样的机遇而庆幸。

实物资料采集捐赠是学术成长资料采集工程的重要内容。池先生本人深明大义，非常支持，非常配合。经多方协调，去年 11 月，第一批捐赠了 18 件书信、手稿。12 月，又捐赠了 22 件曾经使用过的实验用具与仪器。最近，打算再捐赠 41 件证书，其中有郭沫若的委任书、池先生浙江大学毕业证书和大学五年的全部考试成绩单。后者特别珍贵，因为池先生是药学系首届毕业生中的第一名，曾有多家单位索要保管均未获同意。文字资料和实物的长期保存和展示需要严格的温、湿条件。现国家出资建造的老科学家学术成长资料采集工程馆藏基地无疑是安放采集资料的最佳选择。所以，各有关部门做好协调工作，把老科学家的珍贵的学术成长资料集中保存和展示的条件已经具备，这是老科学家的心愿，也是我们采集小组的心愿。

最后，还要感谢在我们采集资料过程中给予我们帮助的所有人，感谢接受我们采访的所有人。耄耋之年的丁光生教授（双目已失明）采访时眉飞色舞的神态，秦伯益院士在白天日程已满、晚上接待我们时忘却疲惫地侃侃而谈都令人印象深刻，让我们非常感动。特别要感谢浙江省台州市黄岩区人民政府办公室、黄岩区地方志办公室、仙居县广度乡人民政府、浙江省台州中学和黄岩中学为我们采集工作提供的便利和资料赠送；还要向原第五研究室、池先生的老同事和研究生们致谢，没有你们的大力支持，我们是无法完成这项任务的。池先生的老部下金文桥研究员在照料夫人病体的同时，还参与了第五章部分内容的撰写，在此深表谢意。

老科学家学术成长资料采集工程丛书
已出版（76 种）

《卷舒开合任天真：何泽慧传》　　　《此生情怀寄树草：张宏达传》

《从红壤到黄土：朱显谟传》　　　　《梦里麦田是金黄：庄巧生传》

《山水人生：陈梦熊传》　　　　　　《大音希声：应崇福传》

《做一辈子研究生：林为干传》　　　《寻找地层深处的光：田在艺传》

《剑指苍穹：陈士橹传》　　　　　　《举重若重：徐光宪传》

《情系山河：张光斗传》　　　　　　《魂牵心系原子梦：钱三强传》

《金霉素·牛棚·生物固氮：沈善炯传》　《往事皆烟：朱尊权传》

《胸怀大气：陶诗言传》　　　　　　《智者乐水：林秉南传》

《本然化成：谢毓元传》　　　　　　《远望情怀：许学彦传》

《一个共产党员的数学人生：谷超豪传》　《没有盲区的天空：王越传》

《含章可贞：秦含章传》　　　　　　《行有则　知无涯：罗沛霖传》

《精业济群：彭司勋传》　　　　　　《为了孩子的明天：张金哲传》

《肝胆相照：吴孟超传》　　　　　　《梦想成真：张树政传》

《新青胜蓝惟所盼：陆婉珍传》　　　《情系粱菽：卢良恕传》

《核动力道路上的垦荒牛：彭士禄传》　《笺草释木六十年：王文采传》

《探赜索隐　止于至善：蔡启瑞传》　《妙手生花：张涤生传》

《碧空丹心：李敏华传》　　　　　　《硅芯筑梦：王守武传》

《仁术宏愿：盛志勇传》　　　　　　《云卷云舒：黄士松传》

《踏遍青山矿业新：裴荣富传》　　　《让核技术接地气：陈子元传》

《求索军事医学之路：程天民传》　　《论文写在大地上：徐锦堂传》

《一心向学：陈清如传》　　　　　　《钤记：张兴钤传》

《许身为国最难忘：陈能宽》　　　　《寻找沃土：赵其国传》

《钢锁苍龙　霸贯九州：方秦汉传》　《虚怀若谷：黄维垣传》

《一丝一世界：郁铭芳传》　　　　　《乐在图书山水间：常印佛传》

《宏才大略：严东生传》　　　　　　《碧水丹心：刘建康传》

《我的气象生涯：陈学溶百岁自述》　　《我的教育人生：申泮文百岁自述》

《赤子丹心 中华之光：王大珩传》　　《阡陌舞者：曾德超传》

《根深方叶茂：唐有祺传》　　　　　《妙手握奇珠：张丽珠传》

《大爱化作田间行：余松烈传》　　　《追求卓越：郭慕孙传》

《格致桃李半公卿：沈克琦传》　　　《走向奥维耶多：谢学锦传》

《躬行出真知：王守觉传》　　　　　《绚丽多彩的光谱人生：黄本立传》

《草原之子：李博传》

《宏才大略 科学人生：严东生传》　　《探究河口 巡研海岸：陈吉余传》

《航空报国 杏坛追梦：范绪箕传》　　《胰岛素探秘者：张友尚传》

《聚变情怀终不改：李正武传》　　　《一个人与一个系科：于同隐传》

《真善合美：蒋锡夔传》　　　　　　《究脑穷源探细胞：陈宜张传》

《治水殆与禹同功：文伏波传》　　　《星剑光芒射斗牛：赵伊君传》

《用生命谱写蓝色梦想：张炳炎传》　《蓝天事业的垦荒人：屠基达传》

《远古生命的守望者：李星学传》